美国国家体能协会
美式橄榄球体能
训练指南

美国国家体能协会（National Strength and Conditioning Association）

[美] 杰里·帕尔米耶里（Jerry Palmieri） 主编

达伦·克赖因（Darren Krein）

曹晓捷 邢天宇 马震 译

人民邮电出版社

北京

图书在版编目（CIP）数据

美国国家体能协会美式橄榄球体能训练指南 / 美国
国家体能协会，（美）杰里·帕尔米耶里
（Jerry Palmieri），（美）达伦·克赖因
（Darren Krein）主编；曹晓捷，邢天宇，马震译. --
北京：人民邮电出版社，2021.8（2022.1重印）
　ISBN 978-7-115-55826-8

　Ⅰ. ①美… Ⅱ. ①美… ②杰… ③达… ④曹… ⑤邢
… ⑥马… Ⅲ. ①橄榄球运动－体能－身体训练－美国－
指南 Ⅳ. ①G849.22-62

中国版本图书馆CIP数据核字(2021)第001113号

免责声明

本书内容旨在为大众提供有用的信息。所有材料（包括文本、图形和图像）仅供参考，不能替代医疗诊断、建议、治疗或来自专业人士的意见。所有读者在需要医疗或其他专业协助时，均应向专业的医疗保健机构或医生进行咨询。作者和出版商都已尽可能确保本书技术上的准确性以及合理性，并特别声明，不会承担由于使用本出版物中的材料而遭受的任何损伤所直接或间接产生的与个人或团体相关的一切责任、损失或风险。

内 容 提 要

　　美式橄榄球是一项对抗激烈、速度较快的运动项目，司职各个位置的运动员需要具备出众的身体素质才能获得竞争优势，并降低损伤风险。本书由美国国家体能协会（NSCA）组织众多体育专家编写而成，提供了能有效帮助运动员综合提升力量、速度和爆发力等关键身体素质的橄榄球体能训练技术、训练计划及其设计方法。书中既详细讲解了适合美式橄榄球运动员的测试方法及全身、上肢、下肢和核心练习，又分析了美式橄榄球运动及其不同位置的特点和需求，还提供了针对不同位置的休赛期、赛季前、赛季中和赛季后训练计划。此外，读者还将学习到如何根据赛季长度和位置目标来重组这些计划。无论是专项教练、体能教练、私人教练等从业人员，还是美式橄榄球运动员、爱好者，都将从书中的内容获益。

◆ 主　　编　[美]美国国家体能协会
　　　　　　（National Strength and Conditioning Association）
　　　　　　杰里·帕尔米耶里（Jerry Palmieri）
　　　　　　达伦·克赖因（Darren Krein）
　　译　　　曹晓捷　邢天宇　马　震
　　责任编辑　王若璇
　　责任印制　周昇亮

◆ 人民邮电出版社出版发行　北京市丰台区成寿寺路 11 号
　　邮编　100164　电子邮件　315@ptpress.com.cn
　　网址　https://www.ptpress.com.cn
　　三河市中晟雅豪印务有限公司印刷

◆ 开本：700×1000　1/16
　　印张：20.25　　　　　　　　2021 年 8 月第 1 版
　　字数：406 千字　　　　　　2022 年 1 月河北第 2 次印刷
　　著作权合同登记号　图字：01-2019-7052 号

定价：198.00 元

读者服务热线：(010)81055296　印装质量热线：(010)81055316
反盗版热线：(010)81055315
广告经营许可证：京东市监广登字 20170147 号

目录

汤姆·库格林（Tom Coughlin）

　　美式橄榄球（以下简称"橄榄球"）这项运动适合魁梧有力的运动员参加。运动员需要具备强壮的体格和出众的速度，才能在这项运动中取得优异成绩。因此，我一直支持我们球队使用科学的力量训练计划。球队必须依靠强壮的攻防锋线才能赢得线上对抗。实现这个目标的最佳方法就是让我的球员在力量房进行训练。对我来说，提升上场球员的身体素质是重中之重，因此我要求力量教练观看比赛录像，确定哪支球队的进攻组、防守组、特勤组在总体上赢得了身体上的比拼。

　　在球员方面，我在组建球队时就下定决心要选择强壮、具有优秀身体素质和职业素养的球员。1995年，我首次参加美国职业橄榄球联盟（National Football League，NFL）选秀。当时我作为杰克逊维尔美洲虎队的总教练进行队伍扩建，选中了第2顺位的托尼·博塞利（Tony Boselli），他也是我们球队选中的首位球员。托尼是一名魁梧有力的天才左截锋。在那次选秀中，我们选中的第2位球员是大块头跑卫，来自田纳西大学的詹姆斯·斯图尔特（James Stewart）。我们选中的第3位球员是另一名魁梧有力的进攻线锋，名为布莱恩·德马科（Brian DeMarco）。随后是名为布莱恩·施瓦茨（Bryan Schwartz）的大块头线卫。我想对我们会成为什么样的团队设定一个期望。多年后，当我担任纽约巨人队的总教练时，队内一名出色的线卫杰西·阿姆斯特德（Jesse Armstead）向球员讲话。他告诉大家，每当对阵美洲虎队，他都不知道自己的球队会赢还是会输，但他确定那将会是一场身体对抗强度非常高的比赛。

　　巨人队曾赢得两次超级碗（Super Bowl），两支冠军队的球员身体都非常强壮。迈克尔·斯特拉恩（Michael Strahan）、奥西·乌梅尼奥拉（Osi Umenyiora）、贾斯汀·塔克（Justin Tuck）、杰森·皮埃尔·保罗（Jason Pierre Paul）、林瓦尔·约瑟夫（Linval Joseph）和安东尼奥·皮尔斯（Antonio Pierce）等防守球员都让对手大吃苦头。我们的进攻线锋包括克里斯·斯尼（Chris Snee）、肖恩·奥哈拉（Shaun Ohara）、贾里姆·麦肯齐（Kareem McKenzie）、戴维·代尔（David Diehl）、里奇·塞伯特（Rich Seubert）和凯文·布特（Kevin Boothe）等大块头。我们还有布兰登·雅各布斯（Brandon Jacobs）和艾哈迈德·布拉德肖（Ahmad Bradshaw）这样强壮的跑卫。我们的队长伊莱·曼宁（Eli Manning）全年都非常认真地在力量房进行训练。在我担任总教练的整整12年中，伊莱在赛季中的每个星期二都会去健身房进行附加训练。

力量训练是高中和大学橄榄球运动员成长之路的重要组成部分，因为其中许多人的身体仍未完全发育成熟。没有参加过高质量力量训练的运动员不仅在球场上表现不佳，而且更容易受伤。这些年轻运动员的成长速度差异很大，不当的训练会使一名运动员在与他人对抗时处于身体上的劣势。橄榄球运动的身体对抗强度较高，因此这种劣势可能会导致运动员受伤。

　　如果你是一名橄榄球教练，我鼓励你学习如何指导橄榄球运动员进行力量训练。这本书是一个很好的起点，因为一些才华横溢且经验丰富的力量教练在书中分享了他们的知识和经验。另外，我建议你聘请一名优秀的力量教练。1993年，当我担任波士顿学院的橄榄球队主教练时，我聘请了杰里·帕尔米耶里作为我们的力量教练。杰里致力于培养更优秀的橄榄球运动员，而不是力量举运动员、举重运动员或健美运动员。必须知道的是，针对橄榄球运动的训练不仅仅是进入力量房完成二头肌和三头肌训练。尽管上半身的训练很重要，但运动员必须拥有结实、有力的髋部和双腿。他们需要跑得快、跳得高、推开对手使其无法拿到球并擒抱对方的持球球员。

　　如果你是一名运动员，请努力让自己变得更魁梧、更强壮、更快速，努力而又合理地进行力量训练，进行那些帮助你在球场上变得更优秀的训练，使你在橄榄球比赛中表现得更出色。这本书是进行力量训练的极佳指南。请明白，成功是没有捷径的。

　　最后，我坚信力量房的价值和运动员身体素质发展的重要性。没有身体素质出色的球员，球队就不可能取得成功。不要低估力量训练在橄榄球比赛准备阶段的价值。刻苦训练，好好训练，并在球场上占据统治地位。

推荐序二

迈克·金特里（Mike Gentry）

体能训练职业自问世以来一直在发展。根据美国国家体能协会（National Strength and Conditioning Association，NSCA）网站上的资料，该职业的历史可以追溯到20世纪60年代末至70年代初。内布拉斯加大学田径队总监兼橄榄球主教练鲍勃·德瓦尼（Bob Devaney）及当时的橄榄球助理教练汤姆·奥斯本（Tom Osborne）注意到在内布拉斯加大学力量房中进行训练的一名年轻的田径运动员博伊德·伊普利（Boyd Epley）。据说，伊普利自愿与受伤的内布拉斯加大学橄榄球运动员一起训练，而这些运动员回归赛场时比受伤前还强壮，这一切都给奥斯本留下了深刻的印象，使他在1969年说服德瓦尼教练聘请伊普利作为内布拉斯加大学有史以来第1位体能教练。在最近与伊普利教练的私人交流中，他向我透露，德瓦尼教练告诉他，只要有一名球员的速度因为力量训练变慢，他就会被解雇。为了能一直从事体能教练这个职业，谢天谢地，没有发生这样的事。伊普利成为第1位受到高度关注的体能训练专业人士，他的出现引领了一种趋势，使我们今天拥有了这个职业。

内布拉斯加大学橄榄球队和其他成功的大学橄榄球队及职业橄榄球队渐渐因抗阻训练而闻名，他们的对手很快也都聘请了知识渊博的教练来帮助培养其运动员。在这些早期教练中，大多数人的背景涉及与抗阻训练相关的3个竞赛领域之一：健美、力量举或奥林匹克举重。对于最大力量和爆发力评估，公认的最好测试是卧推、颈后深蹲和高翻的一次重复最大力量（1RM）测试。卧推和颈后深蹲能反映上半身、下半身的力量水平，而高翻则用于评估全身爆发力。

在整个20世纪80年代，橄榄球进攻的主流战术变成了强力冲跑战术。在这种战术中，球场上至少有两名跑卫带球跑动，拥有块头更大、速度更快、更强壮球员的球队就拥有优势。体能训练的作用得到了认可，大多数学校的球队都在一定程度上进行了这方面的训练。

该职业的规模和任务目标都在发展，因为大多数教练看到了通过有组织的抗阻训练帮助个人和团队提高成绩的机会。随着大学体育收入的增长（源自电视合同和体育捐助者的收入），各体育部门都加入了备战竞赛，通常主要包括体能训练设施及相关工作人员的募集聘用。备战竞赛进一步巩固了体能教练在大学体育中的地位。

大学橄榄球的进攻战术套路逐渐演变成更注重传球的分散式进攻，会安排更多的接球手分布在整个球场上。这种进攻战术要求安排更多有速度优势的防守后卫来防守传球。这种战术

变化导致了选拔重点的转移。体能训练专业人士也对训练进行了调整，以更好地适应需求。通常，这些调整包括不再强调较慢的传统绝对力量训练，而是将重点放在更加多样化的训练种类上，如高翻、挺举和抓举等奥林匹克举重的变式及更多的快速伸缩复合训练，强调后链肌群力量训练和单侧力量训练。

针对特定运动专项和场上位置的训练进一步发展，使用弹力带和铁链来获取适当的阻力，使用多种方法测量杠铃杆的移动速度。这些先进的训练方法使橄榄球运动员可以更有效地训练爆发力。最近，使用柔性杠被证明可提高功率输出及稳定肌激活程度，这种训练器械在大学和职业橄榄球队中越来越流行。

所有这些训练器械和训练策略都要求体能教练主动适应变化和学习。这是一个激动人心的时刻，因为教练不仅必须学习使用新方法，而且必须了解应用它们的技巧。为了更有效地使用训练方法和策略，教练必须了解运动员的训练水平及其在训练周期的训练时间。

橄榄球运动员仍然需要发展绝对力量，进行肌肥大训练、更有针对性的爆发力训练及速度和加速度训练，还有反应性和预定技能敏捷性训练。这些训练大多是同时进行的。在这些领域中，最优先考虑的因素通常是运动员的训练经验和年龄、位置要求以及比赛的临近程度。如今，要最大限度地提高橄榄球运动员的运动表现，就需要根据优先级安排体能训练的各个方面。

体能教练的主要作用之一是改善运动员的身体条件，以最大限度地降低运动员受伤的风险。大多数橄榄球教练都同意，在整个赛季中保持运动员无伤是成功的关键。关键运动员受伤直接导致高排名球队的排名大幅下降的情况并不少见。这是该专项的残酷现实。

现代橄榄球体能训练专业人士必须在通过训练提高运动表现的多个方面接受过良好的教育，包括增强力量和爆发力、提高线性速度、进行功能性动作和敏捷性训练，以及代谢调节。他们还必须与球队的运动防护师密切合作，制定有效的康复性训练方案，以解决和降低出现与橄榄球相关的常见和严重伤病的风险。

现代体能教练必须精通训练科学，并在这项运动中正确使用训练方法。他们必须能够赢得运动员和教练的信任。

我认为，从高中到职业级别的橄榄球队如果能了解全面、科学、合理的年度体能训练计划的重要性（更理想的情况是拥有能够与运动员、运动医疗人员及橄榄球教练有效沟通的体能教练），这些球队就会比训练计划中缺少这些重要组成部分的球队具有更明显的竞争优势。

第1部分

专项抗阻训练的原则

第 1 章

抗阻训练的重要性

安东尼·卡泰里萨诺（Anthony Caterisano）

随着体能教练职业的发展，体能训练的科学和应用也因科学研究而发展，并且与运动员训练有关的技术也有所改进。大多数教练都承认，与几十年前的情况相比，当今的橄榄球运动员更魁梧、更快速、更强壮。这既是因为体能训练知识的发展，也是因为训练器械的技术进步。当今的体能教练专业知识更丰富，尤其是美国大学体育协会（National Collegiate Athletic Association，NCAA）要求所有在大学任职的体能教练必须获得认证，这为该级别所有教练需具备的科学知识建立了最低标准。除了有助于制定更好的计划外，新颖的训练器械还为训练提供了更多的方法，教练可以根据运动员的具体适应情况使用这些器械。这不仅有助于提高运动表现，还有助于防止受伤，并让运动员有更多的机会在球场上取得成功。这些创新与过去久经考验的方法相结合，为训练运动员提供了坚实的基础。

最大限度地提高运动表现：抗阻训练的作用

运动生理教科书通常对最大力量有几个定义。有些人认为，它只是施加力的能力[16]。更详细的定义是，肌肉或肌群在特定动作模式和特定速度下可以生成的最大的力[23]。本章稍后，将讨论力与速度之间的关系，特别是在通过抗阻训练增强爆发力的方面。但是对于体能教练而言，力量训练所包含的内容远远超出了这些简单的定义。力量是运动表现的基础，是伤病预防的主要因素，是获得健康的身体成分的关键因素，也是运动员的巨大动力，因为力量是可以衡量的且是被同行认可的成就。许多运动员以其一次重复最大力量（1RM）作为自豪感和荣誉感的来源，这有助于他们运动生涯的发展。下面就让我们看看力量在这些方面所扮演的角色。

竞技能力金字塔：最大力量是基础

最大力量是增强爆发力的基础。研究表明，力量与爆发力之间有着很强的相关性[2, 34, 36, 39, 40]。最大力量是在无限长的时间内生成的力。最大爆发力则是在最短的时间内完成的功[1, 45]。因此，最大力量被定义为在没有时间限制的情况下通过肌肉动作生成最大作用力的能力[12]。在区分最大力量和最大爆发力时，时间因素变得非常重要。从纯粹物理应用的角度来看，力量是作用力的生成（质量乘以加速度），功是力乘以距离或位移，**功率（爆发力）**的计算方法为力乘以距离除以时间。从逻辑上讲，只要不改变力的生成时间，提升运动员力的生成能力就会对爆发力的生成能力产生积极影响。图1.1展示了**竞技能力金字塔**，即最大力量、爆发力、速度和敏捷性之间的关系，其中最大力量是爆发力的基础[12]。

功率（或某些时候所说的爆发力）被定义为在最短时间内生成最大作用力的能力[12]。在未经训练的人中，仅增强力量就可以导致爆发力的增强，这证明了力的生成在获取爆发力中的直接作用[39, 40]。对于训练有素的运动员，爆发力可能会更直接地转化为运动表现，因此缩短生成最大作用力所需的时间成为高优先级事项。

当测量到未经训练的运动员的最大力量提升时，通过纵跳和立定跳远可以测量到其爆发力显著增强[2]。10码（约9米）冲刺等短距离冲刺的速度也有所提升[26]。对于未经训练或训练不足的运动员，能够向地面施加更多作用力将提升其跳跃爆发力和短距离冲刺速度。由于这种关系的存在，人们认为在训练中，对竞技能力金字塔的其他部分影响最大的组成部分是最大力量。因此，对于经验不足的运动员来说，通过安全、有效的训练增强其最大力量是非常重要的。对于经验丰富的橄榄球运动员，通过安全、有效的训练在休赛期增强绝对力量，并在赛季前和赛季期间保持这种力量也很重要。

爆发力赤字（Explosive Strength Deficit，ESD）的概念描述了运动员在无限长的时间内可以生成的力与其在有限的运动表现时间内可以生成的力之间的差异。这个概念对于增强爆发力

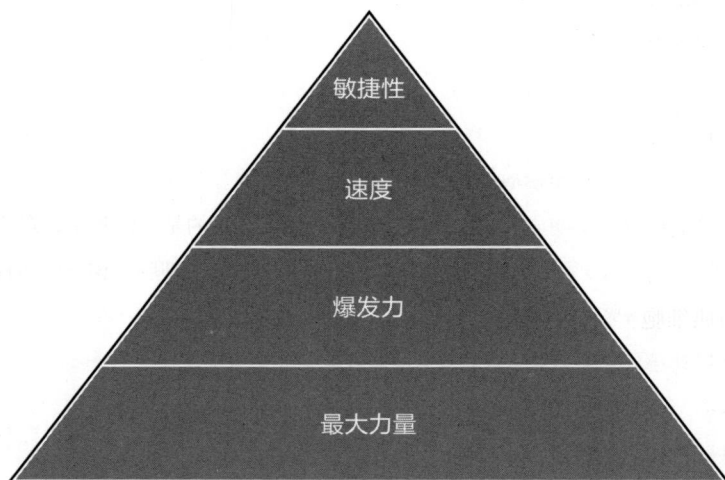

图1.1 竞技能力金字塔

［经许可，源自：M. Gentry and A. Caterisano, *The Ultimate Guide to Physical Training for Football* (New York: Sports Publishing, 2013), 6–18.］

至关重要[45]。根据时间与作用力的关系，许多运动项目的动作不会让运动员有足够的时间来生成最大作用力。例如，冲刺涉及爆发性的髋关节伸展。运动员的脚接触地面的时间与进行最大力量的颈后深蹲练习时不一样。在最大力量的颈后深蹲中，髋关节伸展发生在更长的一段时间内。在冲刺中，有机会生成作用力的时间非常短，可能是1/100秒，但在颈后深蹲中，时间却是无限长的。减少ESD可能需要结合特定的速度训练和大重量的抗阻训练，使运动员能够在实际运动表现的时间限制内产生其1RM的最高比例值。

速度涉及爆发力的应用，其定义为每单位时间移动的距离[16]。它衡量的是加速和达到最大速度的能力。大多数人想到的应用是冲刺。短跑运动员试图生成最大的地面反作用力并进行爆发性髋关节伸展，以增大步幅，并且迅速交换双腿，以提高步频。每一步都会对地面应用爆发力，使地面反作用力最大化，同时也会对屈曲和伸展髋和膝的肌肉应用爆发力，以提高步频。

敏捷性比竞技能力金字塔的前3个组成部分复杂得多，因为它需要良好的反应、平衡、协调和其他运动能力。敏捷性的两个主要组成部分是速度和认知因素[16]。敏捷性被定义为响应特定运动刺激的快速加速、减速和变向的能力[16]。研究表明，敏捷性涉及运动员的感知和决策能力，这些能力可通过反应敏捷性练习进行训练[35]。

增强力量

通过抗阻训练来增强力量需要大重量的负荷。为实现这一目标，教练通常通过运用随着时间推移而逐渐增大负荷的原则，并采用某种形式的周期化概念。周期化概念的核心是训练时间表，通常安排为6~9周，从大训练量、较低强度的重要多关节训练开始，转向小训练量和高强度的训练。在训练周期中发生的神经和肌肉适应有助于运动员增强最大力量。

要理解其中的原因，就需要先了解一下肌细胞是如何被激活的。肌细胞在人体细胞中独树一帜，因为它们可以收缩或缩短，这一过程是通过收缩蛋白（肌动蛋白和肌球蛋白）的作用，以类似棘轮运动的方式耦合和解耦而完成的。有两个因素会影响肌肉收缩的速度：肌肉的**收缩速率**（按肌纤维类型分为快缩或慢缩）和激活速率，后者描述的是激活频率，最终可形成最高水平的作用力[45]。**运动单位**是由单个α运动神经元刺激的一组肌细胞，该α运动神经元支配与其关联的所有肌细胞。根据执行任务所需的力，按需激活每个运动单位。如果需要较小的力，则仅激活几个运动单位。当需要较大的力时，例如在举起大重量负荷的情况下，要么提高运动单位的激活速率，要么激活更多的运动单位，或者两者兼有。提高激活速率通常发生在较小的肌群中，这些肌群依赖于提高激活速率来增加收缩力[9]。大肌群通常会通过募集更多的运动单位并提高其激活速率来增强力[12, 45]。即使在一块大肌肉中，仍然可以通过部分调节激活速率来实现力的增强（甚至达到最大力量的0~70%）[9]。

运动单位募集的模式不是随机的，而是遵循一个非常有序的层次结构，即海勒曼（Henneman）大小原则。海勒曼大小原则指出，首先募集与慢缩肌纤维相关的最小的运动神经元（低阈值运动单位），但是当需要更大的力时，被激活的运动神经元越来越大（更高阈值的运动单位）。越来越多的力最终产生 1RM，即募集了大多数可用的运动单位，包括由 II x 型纤维制成的运动单位。II x 型纤维曾经被称为 II b 型纤维（某些教科书将快缩肌纤维称为 II b 型纤维），是最大、收缩最快的肌细胞。

增强爆发力

爆发力训练比力量训练要复杂一些，但两者息息相关。爆发力的结构涉及多个方面，综合了力的生成、位移、速度和时间[25]。它似乎并不是一成不变地募集更多运动单位即可。事实上，它与以更短时间生成力的过程中，以及随后做功的过程中所涉及的神经因素有关。在针对性的速度训练（例如，快速伸缩复合训练、重复冲刺和其他高速抗阻训练）中，它通常用于减少爆发力赤字，从而使运动员在更短的时间内生成更大的作用力。研究表明，肌纤维的传导速度在肌肉生成力量的速度方面起着主要作用[11]。这种更快速募集运动单位的能力，以及更快的激活速率是增强爆发力的关键因素。

在体能训练中可以了解到，要提高橄榄球运动员的运动表现，关键在于将重点放在增强爆发力的训练方法上。抗阻训练就是其中一种方法。教练们了解到，如果使用传统的杠铃、哑铃或壶铃，则这些器械的移动速度非常重要，必须予以强调。可以使用设备测量杠铃的移动速度并向教练和运动员进行反馈，这样的方法非常有用。这种反馈也将极大地激励运动员。

由单脚跳、跨步跳或跳跃组成的快速伸缩复合练习是增强下肢爆发力的练习，其效果已得到证实[7]。快速伸缩复合练习利用了肌肉的拉长–缩短特性，其中包括离心和向心的肌肉动作[15]。大多数快速伸缩复合练习都利用了肌肉固有的弹性特性和拉长反射来完成特定速度的肌肉动作。肌梭是肌肉中的感觉结构，可检测肌肉何时会快速拉长。这会触发该肌肉的收缩反射，以保护运动员免于受伤。快速伸缩复合练习中也经常使用药球（例如，增强式仰卧推药球）来增强上肢爆发力[7]。弹性杠铃和其他同类型柔性杠铃可以要求以最大作用力来控制杠铃的运动，同时保持生成爆发力所需的移动速度，从而增加地面反作用力并激活稳定肌[19]。一项研究将弹性杠铃训练计划与包括奥林匹克举重和快速伸缩复合练习在内的较传统的训练方案进行了比较。与采用传统方案训练的小组相比，使用弹性杠铃进行训练的运动员在下肢爆发力方面表现出更大的进步[6]。由此可见，存在多种方法的专项速度练习可以加入增强爆发力的训练计划中。

在传统训练方案中，高翻或借力挺举动作（及多种变式）被认为对橄榄球进攻线锋和防守线锋最有帮助，基于这项运动的特点，他们必须与其他体形和体重相近的运动员碰撞并推开对方。快速移动较重的物体也会增强运动员自身的爆发力[29]。

在增强爆发力的方法中，远离争球线的橄榄球运动员在奥林匹克举重训练中采用比橄榄球线锋们更低的 1RM 百分比可以更好地提升爆发力，因为他们的移动速度高于线锋。这些速度快的球员的体重比线锋更轻，他们可以比线锋更安全地完成用于增强爆发力的跳跃练习和快速伸缩复合练习。

抗阻训练还可以通过激活后增强效应（Postactivation Potentiation，PAP）来有效地增强爆发力，这是在进行与爆发力相关的训练之前通过阻力激活神经肌肉系统的一种方法。PAP 的思路是，骨骼肌在被激活时具有"收缩史"，激活类似于引发钙离子在整个肌细胞中的分配，从而使肌细胞为随后的肌肉收缩做好准备[33]。钙离子供应是肌肉收缩的主要调节剂，而增加钙离子供应对于增强运动单位的收缩力量至关重要。这导致肌肉在更低的刺激频率下拥有生成更大作用力的能力。这种现象通常被称为收缩增强[18]。通过预激活这些通路，更容易重新激活它们并对激活速率产生积极影响。已有研究证明，这种 PAP 现象在快缩肌纤维中最为普遍。对于橄榄球运动员的训练，整合了 PAP 训练概念的一种常用训练方法称为复合训练。许多体能教练会使用的复合训练是在一组大重量深蹲后紧接着做一组爆发性跳箱练习。

提高速度和敏捷性

速度是爆发力在一些专项动作（如直线冲刺）中的体现，但它也包括橄榄球项目中不同位置运动员的手和脚的移动速率[12]。有些力量训练计划使用诸如快速伸缩复合训练和速度力量训练之类的训练方法来尝试模拟比赛中用到相同的速度的动作。这种方法使用专项速度的抗阻训练，例如快速伸缩复合练习和速度练习，以提高速度[32]。过去的研究表明，无论表现出的速度如何，抗阻训练均可有效提高速度[3]。高强度训练和低强度的专项速度训练的结合可能最适合用于提高速度。

对于体能教练而言，橄榄球运动员的速度训练首先要发展最大力量，这是对地面施加更大作用力的有效方法。由于球员还通过专项速度的抗阻训练来训练下肢爆发力，增强将作用力施加到地面的能力可以体现为减少施加作用力所需的时间。球员还可以通过爆发力训练来减少 ESD。

橄榄球专项速度训练通常是指将更大重量的训练负荷放置在阻力撬上，由线锋和其他靠近争球线的球员进行推拉。与使用较轻负荷时相比，较重负荷下的推拉距离较短。而以速度为导向的位置（如进攻后卫、接球手和防守后卫）是冲刺型球员，他们推拉的重量通常较轻。

敏捷性可能是竞技能力等级体系中最复杂的参数，因为它除了纯粹的身体爆发力外，还包括平衡、反应、协调和活动范围等能力。敏捷性不仅需要运动员快速生成作用力来加速，还需要冲量以使其立刻减速并改变方向[17]。抗阻训练在提升敏捷性方面的作用不像对于其他参数的作用那么明显，但是有证据表明，它在提升运动员的运动能力方面的确发挥了作用[37, 42]。两项研究认为，快速伸缩复合练习和控制练习是训练年轻运动员变向能力的有效方法[35, 37]。

运动员必须进行敏捷性训练，这样才能提升其平衡、加速和减速能力。但是，最大力量、爆发力和速度等基础能力都有助于运动员灵活地移动。爆发力训练可以提高快速向地面施加作用力的效率，这是提升加速能力的关键组成部分，而加速能力正是敏捷性的基石。在力量训练中学习和练习的动作模式，例如高翻、挺举或抓举，可能有助于提高运动员在比赛时减速的效率和安全性。

防止受伤

如推荐序所述，保持运动员的健康保证其能够上场参赛很重要。无法让最优秀的球员在比赛日上场，将严重影响球队的表现。体能教练的主要作用之一是对运动员进行体能训练，以最大限度地降低其受伤的风险。除力量训练外，体能训练必须能通过间歇冲刺、阻力跑和快节奏训练来改善运动员的能量代谢能力。适当的能量代谢能力将降低潜在灾难性事件（如中暑、发生镰状细胞贫血和劳累性横纹肌溶解症）发生的风险。

包括个案研究和多案例研究分析在内的许多研究都支持以下假设：力量训练可预防运动员受伤[4, 10, 14, 36, 41, 44]。运动员的强健的肌肉被撕裂的可能性较低，并且在主动肌和拮抗肌处于平衡状态时，可以降低强健肌肉对薄弱肌肉产生不利影响的风险。

可能与肌肉失衡有关的最常见伤病是在运动员冲刺时发生的腘绳肌拉伤（股二头肌、半腱肌、股薄肌和半膜肌）[13, 41, 44]。当运动员过度锻炼股四头肌而忽视对腘绳肌的锻炼时，就会发生这种情况。随着橄榄球运动更加注重速度，运动员的训练重点也有所转变，其中一个转变就是强调训练后链肌群。采用的训练旨在通过更有力的腿部提高速度，而增强腿部力量也就意味着增强臀大肌、腘绳肌和下背部肌肉的力量。这种力量的增强也更好地解决了股四头肌与腘绳肌之间的肌肉失衡。常见的后链肌群训练包括臀大肌–腘绳肌伸展、反向背部伸展和罗马尼亚硬拉。

斯堪的纳维亚地区的研究人员提供了一些证据，表明大重量的力量训练可能会影响肌–腱接头（MTJ，即肌肉和肌腱相连处）中的选定胶原蛋白 XIV 和巨噬细胞密度[20, 21]。MTJ 是肌腱和肌纤维的连接中的薄弱环节，肌腱是相对密集的结缔组织，而与肌腹处的肌纤维相比，在肌腱附近的肌纤维分布得更稀疏。胶原蛋白是构成肌肉和肌腱的结缔组织的基本成分，研究发现，与未接受训练的对照组相比，经过仅仅 4 周的大重量力量训练后的小组，其胶原蛋白 XIV 的水平更高[20, 21]。

力量发展对于预防损伤也很重要，尤其是下部的伤病。与附着在骨盆上的附肢骨骼相关的肌肉，就像连接到轮子中心轴的辐条一样，通常被称为**解剖学核心区域**（更多内容请参见第8章）。起点为骨盆，止点为骨盆上方的肌肉，包括腹肌（腹直肌、腹内斜肌、腹外斜肌和腹横肌），这些肌肉与下背部肌肉（竖脊肌）是拮抗关系，有助于人体保持直立姿势。高质量的力量训练计划应该针对这些核心肌肉，并且由于这些核心肌肉大多都是姿势肌，因此强烈建议在训练时配合具有针对性的柔韧性训练计划。起点为骨盆下部的肌肉包括臀大肌、腘绳肌和股四头肌。训练前的热身活动可以包括动态拉伸。此外，在力量训练中要鼓励运动员将动作达到最大幅度，这也是提升柔韧性的良好策略。运动员在充分热身后，可以进行静态拉伸，特别是在训练结束的时候。

除了减少肌肉组织的机械性损伤外，有间接证据表明，力量训练可以帮助防止运动员出现肌肉损伤或其他损伤。一项研究发现，与肌肉力量较弱的运动员相比，健壮的运动员的肌肉损伤较少，其判断指标为健壮运动员的血清肌酸激酶水平较低[28]。该水平较低可能有助于防止运动员出现劳累性横纹肌溶解症和其他过度使用类型的肌肉损伤。另一篇已发表的论文表明，通过预防性力量训练计划可以降低前交叉韧带（Anteriov Cnciate Ligamnent，ACL）撕裂等关节损伤出现的风险[24]。预防性 ACL 撕裂训练的两种常见应用包括减少屈曲过程中过度的膝外翻，以及指导运动员起跳后正确着地。

另有充分证据表明，强化颈部力量的训练方案可以在诸如橄榄球等有身体接触的运动项目中有效减少运动员脑震荡的次数[8, 17]。更强壮的颈部有助于在高强度碰撞中稳定头部。稳定的头部位置可以最大限度地减少颅骨内的脑部移动，从而减少在颅骨内的脑部过度移动所造成的损伤。由于与橄榄球运动项目相关的头部和颈部受伤可能非常严重，体能教练必须特别重视有效地训练运动员上背部和颈部的肌肉，以降低风险。实现此目标的训练包括那些需要耸起肩胛骨的动作，例如奥林匹克举重训练（例如，翻杠抓举变式）以及使用杠铃、哑铃和固定器械的直接耸肩训练。还建议使用直接针对颈部肌肉 4 个方向的训练器，以及与训练伙伴一起完成 4 个方向的颈部手动抗阻训练。

力量训练还被证明在配合适当的营养摄入的条件下，随着时间的推移可增加骨密度[13, 30, 31, 38]。这些发现的结论是，力量训练可以降低发生骨折和其他相关机械性损伤的风险，这类损伤在橄榄球这样的运动项目中很常见。

改善身体成分

身体成分指标指人体中脂肪组织与无脂肪组织的相对比例。脂肪组织包括皮肤和肌肉之间的脂肪（皮下脂肪）、器官周围的脂肪（内脏脂肪组织）、肌肉内脂肪（包裹在肌肉中），以及构成血脂、细胞膜和髓磷脂的其他脂肪，这些是神经组织的组成部分。无脂肪组织包括肌肉、肌腱、韧带、软骨、器官和骨组织，其密度变化很大，对于身体成分的测量是一个很大的挑战，因为体能教练通常使用全身评估（例如，皮褶、生物电阻抗、静水密度法或水下称重、使用 BOD POD 身体成分测量仪或空气置换体积描记法等）进行身体成分测量[27]。话虽如此，许多人体脂肪评估技术都具有良好的重测信度，因此可以测量两次测试之间的人体脂肪含量变化[22, 43]。这些测试对于监测运动员体重增减时的人体脂肪百分比变化非常有用。

纵向研究表明，橄榄球运动员确实可以从体能训练计划中受益，他们获得瘦体重，从而改善其身体成分[5, 38]。这包括增加骨骼质量和肌肉质量，即使某些情况下身体脂肪水平保持相对不变。

小结

资深的体能教练可能会说，他们最初的任务只是增强橄榄球运动员的力量，并让他们的体形更加魁梧。早期的计划培养了块头更大、更强壮的球员。在诸如内布拉斯加大学橄榄球队这样的知名球队中，这一点尤为明显，并且该职业也在此扎了根。多年来，许多大学体育部门都开始进行某种形式的体能训练计划。任务也从以力量和体形为优先考虑转变为认可其他运动表现参数（例如爆发力、速度和敏捷性），这些都对橄榄球运动员的身体素质的提高起到了重要作用。最大力量仍然是竞技能力的基础，并且在一年中的某些时候仍然占据着主导地位。爆发力是在短时间内的施力，因为它是特定于速度的。速度是爆发力在专项技术（如奔跑或跳跃）中的运用。敏捷性是一个更复杂的参数，它要求运动员根据运动项目特点进行加速、减速和变向。速度在提高敏捷性方面起着关键作用。很难同时使这4个运动参数都最大化，除非过度训练运动员。使训练得到显著效果的关键是要了解如何根据赛季的每个阶段确定训练的优先级。除了改善运动表现外，其他好处还包括防止受伤和改善身体成分。强壮而平衡的肌肉骨骼系统可减少损伤并预防损伤的出现。改善身体成分不仅使运动员运动时更高效、体能更好，而且还对其自信心和自尊心产生积极影响。

第2章

橄榄球运动及其场上位置的分析

布雷特·巴塞洛缪（Brett Bartholomew）

大多数体能教练刚刚入行时都会被教导：在开始制定训练计划时，首先必须对运动项目本身以及与之合作的运动员进行彻底的需求分析。笔记本、电子表格和白板上会慢慢地填满笔记、时间表、后勤信息和运动员生理数据，如纯比赛时间、一场比赛的时间长度以及跑动的距离等。但是随着体能教练的职业发展，他们有时会忽视甚至省略这一步骤，纯粹依靠经验来制定训练计划，而不是通过收集和分析数据。橄榄球是一项快速发展的运动，采取这种方法对待橄榄球运动员是愚蠢的做法。仅仅使运动员变得更魁梧、更强壮，甚至更快已不再足以培养现代橄榄球运动员。

整体生理分析

为了跟上这项运动的现代化步伐和更快的比赛节奏，体能教练必须能够帮助运动员提高其动作效率和体能，以应对更高的身体素质的要求。接下来我们将探讨橄榄球运动的生理要求，并概述高水平比赛中对运动员身体素质的各种要求。

肌肉力量和爆发力的作用

无论比赛的水平如何，能够迅速而爆发性地发挥出次最大力量和接近最大力量水平的能力对于获得最佳运动表现和降低受伤风险都至关重要[2]。橄榄球既是一项身体冲撞型运动，又是一项攻击/躲避型运动[33]，因此运动员每次与其他运动员或地面碰撞时不仅会生成很大的作用力，而且也会承受这些作用力。

肌肉力量是对外部物体或阻力施加作用力的能力[22, 24]。肌肉力量的增强是提高和有效生成爆发力的必要先决条件。肌肉力量不仅会极大地影响加速度和最大速度，还会影响敏捷性以及变向和跳跃的能力[5, 31, 34]。这些素质对橄榄球运动中所有位置的运动员都很重要。移动效率是一个关键特征，四分卫需要在很短的时间内完成传球，防守端锋试图将进攻线锋逼到边缘，或者游卫需要移动到最佳位置执行战术。

橄榄球运动员可以通过多种方法增强其肌肉力量和爆发力。无论是使用负荷为0~50%1RM的弹震式训练，还是负荷为50%~90%1RM的举重的变式[7]，体能教练的主要职责都是确定最适合球员的方法，需要考虑的因素包括球员的经验水平、训练年龄、可以使用的资源，以及伤病史等。

需要注意的是，力量和发力速度对于橄榄球训练和优化运动员的竞技能力都很重要[26]，不过培养精英橄榄球运动员才是最重要的。真正能够转移到球场上的优势是竞技能力的全面提升，而不仅仅是增强力量。除了提高球员的运动储备，体能教练还要提升球员的疲劳极限和机动能力。但近年来，这种想法已在某种程度上消失了，部分原因是年轻橄榄球运动员出现早期专业化的趋势，使他们现在几乎可以全年参加比赛。

体能教练必须记住，单单增强力量并不能使橄榄球运动员更优秀，但是增强肌肉的力量可以帮助球员在比赛中生成更多的力及更好地对抗施加在其身体上的大量作用力。肌肉力量是有助于提高球员运动表现和预防损伤的身体素质基础。

发力速度

鉴于这项运动需要高爆发力，橄榄球运动员不仅必须生成巨大的力，还必须在多个运动平面上精确地快速生成力。大量的研究证明肌肉力量和发力速度之间有着明显的协同关系[1, 10, 18, 25, 26]。发力速度是指在短时间内增强力量的速度，也被称为爆发力，可以在最激烈的橄榄球运动场景中体现出来，而这些场景会立刻影响比赛的结果。此外，橄榄球运动的高度反应的特性决定了无论球员在场上的哪个位置，他们都必须能够尽快追逐、阻截、追赶或躲避对手。因此，许多训练计划要求以不同的负荷（强度）和速度（速率）完成各种练习。

瘦体重

尽管上文介绍的生理特征很重要，但橄榄球训练计划要解决的不仅仅是力量和爆发力。可以明显改善身体成分和提高力量水平的球员将同时提高其力量与体重的比率，从而使其更具爆发性、躲避能力更强、更耐疲劳，并且也许最重要的是，其意志会变得更坚韧并且更能够承受碰撞。

公众非常关注橄榄球运动危险性方面的问题，如果球员获得适当的训练，遵守规则并努力提高其运动表现水平，则受伤的风险将大大降低。但需要注意，所有运动项目都存在受伤的风险，因此，正确实施力量训练计划并分析球员的瘦体重对于预防损伤至关重要。瘦体重对于球员受伤后的恢复尤为重要。如果允许因减少活动而导致大范围的肌肉萎缩，并且不加以解决，那么可能会延长康复过程以及重返赛场所需的时间[4, 12, 13]。

先前的研究已为某些位置的橄榄球运动员给出了最佳身体脂肪百分比的建议[32]。但是，该研究和其他类似研究中的信息来自进攻战术和比赛节奏与现在截然不同的时代。随着大学橄榄球运动最近不断地出现混合分散进攻和快节奏进攻模式，各个球队现在都会招募不同类型的球员担任常见的位置，而且一些以前很重要的位置（例如全卫）则被淘汰了。

　　无论如何，这里的要点是，瘦体重的提高对于各个年龄段和各个级别的橄榄球运动员在比赛中发挥最佳表现都起着至关重要的作用，并且为了提高瘦体重，没有其他方案可以替代实用的定期力量训练方案。

速度

　　可以在短时间内从橄榄球场上的某个位置快速移动到另一个位置的球员（也就是可以表现出速度的球员）是会让任何主教练都垂涎的"宝物"。无论是跑卫在躲避防守球员并在后场找到切入点向前冲向边线，还是特勤组球员在追赶可能回攻的对手，橄榄球运动讲究的不仅是毫厘之差，更是分秒之别。球员达到并保持高速移动的能力会让自己比对手更具优势。为了使速度最大化，在休赛期和赛季中教练都必须认真对球员进行速度训练。

灵活性

　　人们通常认为灵活性是柔韧性的代名词，或等同于关节或关节系统中的绝对活动度。实际上，关节内的灵活性应更准确地定义为关节（两根骨头相遇的空间）在受到周围组织（如肌腱、肌肉或韧带）限制之前可以移动的范围。值得注意的是，很好的柔韧性并不等同于很好的灵活性，甚至也不等同于高效移动的能力。柔韧性较好的人可能不具备完成给定动作所需的力量、协调性或稳定性。灵活性也反映了神经特征和运动计划，相较于遗传因素或人体测量学，有过之而无不及。尽管近年来涌现出许多提高灵活性的方法，但集中精力进行全活动范围的动态热身和力量训练就是帮助球员不断提高其灵活性的简便有效的方法。由于球员在其运动生涯中会大量重复这些固有模式和频率的热身和力量训练活动，所以灵活性提高的效果尤其明显。

协调性

　　希腊哲学家亚里士多德（Aristotle）说："对运动的无知，也就是对大自然的无知。"鉴于如今对运动学习和运动表现的了解，这一真理再怎么强调也不为过。在橄榄球运动中，至关重要的是，球员不仅要精确控制自己的动作，而且要敏锐地意识到自身周围各种类型的运动，两者都是生物反馈的形式。球员必须不断利用它们达到最佳位置，完成战术布局。协调性的定义是，为了组织有效实现所需任务目标的高效动作模式而限制系统的可用自由度的过程[23, 27]。协调性是指在运动的特定时间点，人对头部、躯干和四肢之间关系的意识能力，从这个角度去思考可能有助于对协调性进行理解。

　　如冲刺、切入、跳跃和接球等技巧性动作的完成方式被称为**自由度问题**[6]。为了完成通常被认为是理所当然的动作，神经系统必须不间断地工作以管理独立的元素，例如神经、肌肉和许多可能的关节运动。因此，体能教练必须时刻注意各种神经机制对运动表现的贡献。这再次表明了参加全面的体能训练计划的重要性，这样的训练计划不仅包括传统的抗阻训练（如深蹲、卧推和硬拉），还包括更具爆发性的动作，如高翻、抓举、挺举、药球投掷和各种快速伸缩复合练习。这些练习组合起来就像一支乐团一样，能演奏出人体全身变化的交响曲。

敏捷性与变向

像灵活性和柔韧性那样，敏捷性和变向乍看之下似乎是同义词。多年来，敏捷性和变向这两个术语已在体能训练业界内被互换使用。两者之间的区别在于，变向指的是运动员使用改变动作的方向、速度或模式所需的技能和能力的特定时刻[8]，而**敏捷性**是为响应运动的特定刺激而进行的快速全身运动，伴随着速度或方向的改变[21]。对刺激的反应是区分两者的关键，由此我们可以区分那些真正知道如何分析环境、对手和当下背景的人。

从严格意义上讲，敏捷性和变向的归类都更偏向于协调能力，而不是生理能力，特别是运动员在变得更强壮、更健康时，不一定会变得更加敏捷。最重要的是要记住，力量训练的重要性不仅仅是指提高运动表现，它还要能让运动员减少损伤。提升运动员的敏捷性和变向能力可以使其避免一些会对人体造成累积性损耗的冲击力。

能量系统需求

橄榄球运动是短暂而激烈的多轮活动，持续时间为3~6秒（时间差异取决于战术方案、人员、战术执行结果、场上位置和计时情况），其后是20~40秒的休息时间（具体取决于上述变量）。尽管有一些指导原则规定了更具体的时间框架[20]，但橄榄球运动的不可预测性使其并不能保证球员有确切的工作与休息比率。虽然需要注意这些数字和范围，但它们仅提供了一般性的经验法则。

而且，这项运动的发展，特别是在进攻战术上的演变，要求体能教练不断调整其训练方法和计划，以最好地配合主教练的最新方案、对球员的需求，以及通过监测球员的运动表现来获得反馈。同样值得一提的是，应用专项性原则的程度不应上升到在每次训练活动中都试图模拟比赛需求。这样做将无法实现激发球员产生更高的生理适应性的目的。不断地使球员承受相同的压力将导致真正产生适应的超负荷原则无法发挥作用。

在仔细研究橄榄球运动员需要的特定能量系统时，需要考虑的第1个关键点是，没有一个能源系统能够单独发挥作用。尽管磷酸肌酸系统（也称为ATP-PC系统）和有氧（氧化）供能系统是比赛中让球员感到压力的主要能量系统（后者在比赛或进攻/防守轮次之间的恢复中起着更重要的作用），它们都会发挥出巨大的作用。我们可以通过一个类比来帮助说明能量系统之间的这种相互依赖与结合关系，它们就像各种形式的货币，如一个人的工资、手头的现金和一张信用卡（表2.1）。

表2.1 能量系统和支付系统的类比比较

能量系统	类比示例
磷酸肌酸（ATP-PC）系统*	信用卡
无氧（乳酸）供能系统	现金
有氧（氧化）供能系统	工资

*尽管目前使用的更多的是非乳酸，但由于文献表明即使是在极短的高强度活动中也存在乳酸，因此使用磷酸肌酸（ATP-PC）来代替非乳酸。

在这个例子中，一个人的工资可以像有氧（氧化）供能系统那样，因为它可以"资助"或补充所有其他形式的支出。这特别说明了拥有完善的有氧供能系统和生物能"货币"总容量对于恢复运动员身体机能的优势。无氧（乳酸）供能系统的功能与现金非常相似，它可以快速获得，因此可以在紧急情况下被调用，但是如果不去银行或ATM机则无法快速或轻松地补充它。最后是磷酸肌酸（ATP-PC）系统，它可以被看作人体的信用卡。信用卡允许立即获得可用资源，但是如果使用得太频繁，它们也将使人体更容易积累"债务"，在体育运动中，这会导致运动员的运动表现水平下降。

这个例子说明了一个观点：所有能量系统都应被视为综合系统的一部分，其中每一个系统都依赖于其他系统的健全性。无论运动员在做什么活动、活动强度如何，其身体的所有能量系统都在某种程度上做出了贡献，无论是在一轮攻防中刺激爆发性动作的能量需求，或帮助在各轮攻防之间补充三磷酸腺苷。

关于能量系统要考虑的第2个关键点是，在特殊情况下，运动员被推到代谢副产物丰富的环境中（例如，H^+离子、氨、K^+、P_i）。这些情况可能包括2分钟模拟进攻训练、训练营的严苛条件，甚至是橄榄球教练决定用极端或过度形式的体能训练来惩罚球队队员。从临床或研究的角度来看，如果目标是优化训练引起的适应，则最好避开这些代谢副产物丰富的环境。但是，实际上，球员会在某个时候处于这种环境，因此，他们有时必须承受这种压力，以便为竞技运动环境做好充分的准备。尽管乳酸的积累通常与疲劳和运动表现水平下降相关[11]，但乳酸并不是"坏蛋"。事实上，乳酸可以转化为丙酮酸，随后可以被氧化甚至用来合成葡萄糖和糖原，两者都可以很容易被人体吸收，提供能量[8]。这个过程再次证明了在训练过程中必须涉及人体所有能量系统的重要性，因为训练过程中需要所有代谢通路共同发挥作用。

最后一点，一定要记住，尽管每个球队的场上位置和计划都有其独特的要求，但有远见的教练应着重于建立坚实的整体基础，以提升球员的运动技能和生理能力。如果教练在训练的早期就强迫球员仓促接受过于高级或具有针对性的训练方法，可能会使球员将来更容易受伤或训练过度。

一般生物力学分析

橄榄球运动是人体在动作中表现出弹性和复杂性的最佳例子之一。部分原因是每个球员的体格和球队的位置分配、战术方案或风格，以及文化背景都存在独特性和多样性。总而言之，在橄榄球场上的动作都是协调性、节奏、爆发力、准确性和时机的完美配合，即使是对橄榄球比赛没有兴趣的人也很难不去注意或欣赏它们。橄榄球不仅仅是力量、爆发力和速度的运动；它也是位置、时机和动作质量的运动。尽管速度很重要，但是那些速度较慢或能力稍逊的球员可以出色地利用追击角度或身体姿势撞倒、遏制速度更快的球员或以其他方式击败他们。他们可能拥有超乎常人的知识、经验或直觉（或所有这些因素的结合），不过，我们由此能够明确一点，仅依靠强壮的身体或快速移动并不能保证球队在比赛中获得成功。成功也是一个相对的概念，因为就算团队在赛季的成绩不佳，球员个人也可能会有出色的表现。橄榄球终究是一项团队运动，领导人物的表现出色并不总是会为球队赢来胜利。

考虑到上述所有原因，至关重要的是，橄榄球运动员在训练过程中要接触大量运动技术。这不仅有助于提升运动员的整体运动技能，而且还有助于降低其在比赛和训练中因冲刺、跳跃、切入或落地生成的相关压力不适当或不足而可能导致的软组织损伤风险。在比赛过程中发生的各种综合性动作（向后躲闪、侧滑步、冲刺等）是将橄榄球归类为非周期性运动的原因。相反，要求在一个主要运动平面上进行单一高度重复性动作的运动（例如长跑）将被归类为周期性运动[19]。常见的移动或过渡到另一个运动平面的模式可以包括以下一种或多种动作。

- 侧滑步
- 冲刺
- 跳切或侧向弓箭步
- 交叉步跑
- 向后躲闪
- 交叉步
- 开放步
- 后撤步
- 鱼跃
- 跳跃
- 角度切入变向

这些动作中没有所谓最好的动作。哪个动作最合适要取决于球员在场上的位置，球员的竞技能力特点、身体结构和身体能力，比赛场上的形势以及对手的移动战术。在练习这些动作时，至关重要的是，在力量房中所教的内容与在球场上发生的动作必须保持一致。例如，帮助线卫了解在力量房中完成的侧向弓箭步和深蹲可以如何帮助他们在球场上更有效、更安全地移动。这种方法非常关键，不仅能让球员更愿意接受这种训练方法，而且还可以帮助他们更好地理解训练计划，以及训练计划是如何帮助其延长运动生涯和提高在场上的运动效率的。

针对位置的分析

在橄榄球运动中，球员的位置分为6类：进攻线锋和防守线锋；近端锋、全卫和线卫；外接手和跑卫；防守后卫；四分卫；踢球手和弃踢手。每类位置都有着不同的战术策略和身体要求[19]。在第3部分针对赛季的内容中，将按这些位置类别展示相应的训练计划。

必须了解各类位置的要求和不同类别之间的差异，因为它们会影响教练为球员创建合适的周期化训练计划。对大学橄榄球运动员的一项分析表明，非线锋球员（如外接手、防守后卫、全卫和四分卫）通常会跑动得更多，而外接手和防守后卫的总跑动距离超过球场上的其他位置[29]。尽管个性化元素在大众媒体中经常被过度炒作，但在制定力量训练计划，尤其是针对下肢肌肉的力量训练计划时，必须考虑到诸如球员负荷、跑动距离和准备状态等因素。

从碰撞适应的角度出发，一项对大学橄榄球运动中的撞击进行的评估显示，与其他位置类别相比，跑卫和防守截锋所遭受的猛烈重度碰撞（定义为大于10倍重力）要多得多[30]。这些证据进一步证明了体能教练必须考虑位置差异。不过这项研究有其局限性，因为文献中列出的位置组别通常很宽泛，并且会因进攻或防守方案、运动员动作是否规范、分离动作技能水平、训练计划设计、用于收集数据的工具、球队规模、所处的赛季时间（如训练营、赛季前、赛季中）、运动员的年龄和比赛级别（如青少年、大学、职业）而异。由于最近出现了更加有条理和完善的GPS数据收集，针对每个组别的全部身体需求的量化是有限的。话虽如此，我们还是在下文中列出了一些要点以供参考，以便更好地阐明每个位置组别的关键生理特征。

进攻线锋和防守线锋

橄榄球比赛无论胜负，都是一场"贴身肉搏战"。因此，需要强壮、有力和快速的进攻线锋。进攻线锋通常以屈膝前倾或蹲伏的姿势开始比赛。由于他们必须承受和传递冲撞负荷，所以他们对最大力量的需求通常远远大于球场上其他位置的需求。与其他位置的球员不同，进攻线锋在几乎每一轮的攻防过程中都要持续尝试移动或挡住对手。进攻线锋必须具备良好的体能才可以适应这种身体对抗。该位置所需的生物力学姿势，加上进攻线锋经常压在他人身上或被他人压住，都要求进攻线锋及其体能教练必须采取特殊的预防措施，以防止膝、肩、手和脚踝等受伤。

防守线锋通常是场上最魁梧的球员。在书中给出关于该位置球员的理想的体重或身高范围是不切实际的，从华纳青少年联盟到美国职业橄榄球联盟（National Football League，NFL），这些身体数据会有很大的差异，并且因主教练所选择的防守方案而有所不同。通常，防守线锋需要表现出比进攻线锋更具侵略性的打法，但是，与跑卫和外接手等位置相比，防守线锋和进攻线锋需要共同完成大量针对其位置的动作（游、上摆臂过人、转身、冲传、侧滑步、踢步等）。防守线锋可能会根据防守组合及其个人能力以不同姿势（直立、三点式站位）列队。考虑到其大体重，以及与其他人发生碰撞的频率和性质，列阵在赛场中间的进攻线锋的膝盖和脚踝特别容易受伤，因此，他们必须特别注意下肢的力量训练和灵活性训练。

近端锋、全卫和线卫

作为最独特的位置之一，近端锋可能会在某些战术中充当额外的线锋或跑阵开路者，而在另一些战术中则可能充当额外的接球手。他们的冲刺比进攻线锋和防守线锋多，但通常少于跑卫、防守后卫和外接手。近端锋必须强壮且有耐力，才能以最快的速度应对对方的线卫、线锋甚至防守后卫的突袭。他们还必须具有外接手的一些素质，能够把握时机，拥有手眼协调性和准确性。

全卫曾经在各个比赛级别都是标志性角色，负责单刀直入地进行具有爆发力的进攻，但如今这个位置已经不那么具有标志性，或者说，这个角色变得更加多样化了。虽然在现代橄榄球比赛中，全卫主要在跑阵和传球战术中负责阻挡或清障，但用他们来辅助完成接球目标的情况也并不少见。全卫通常身材比较矮壮（即重心较低），这对于阻挡或冲过防守球员来说是一个巨大的优势。全卫不会像进攻线锋或防守线锋那么频繁地与对手有身体接触，但相比于跑卫和外接手，他们的身体接触又多得多。他们所承受的碰撞和运动负荷与线卫或近端锋较为相近。全卫通常是球队中下肢最强壮的球员，虽然他们在绝对速度［30码（约27米）冲刺等］方面并不突出，但当他们加速或强行突破一群防守球员时，他们在下肢力量和力量输出方面的优势就很明显。

线卫通常被称为防守的四分卫，对于观众和教练来说，他们可能是最让人激动的球员。该位置是非常粗暴的，承受的冲击力甚至会超过进攻线锋和防守线锋，但它还需要速度和体能，才能后撤到传球范围或接应从中线过来的外接手。像防守后卫一样，线卫也需要具备大范围移动能力，包括直线冲刺、横向冲刺、侧滑步、交叉步跑、向后躲闪和跳跃。线卫的高速冲刺通常也会比防守线锋更多，但不如防守后卫多。

外接手和跑卫

外接手和防守后卫面对的力量负荷通常要大于橄榄球运动中的其他位置[28]。在每周训练和比赛过程中的高速直线冲刺、路线跑动中的多种切入动作，以及阻挡职责，都可能很快对外接手的小腿、脚踝、跟腱和腘绳肌造成损伤。体能教练必须特别注意，确保在球员负荷最重的时期减少对其下肢进行大训练量的力量训练。当然，在所有位置上都应如此，但是除了防守后卫外，很少有位置会承受与外接手同样多的额外力量负荷。促进适应性和弹性刺激的最佳方法是反复地使其承受压力。对于外接手来说，这意味着他们不仅必须提高力量素质（特别是那些本身就具有保护意义的离心力量），而且还必须在力量房完成针对后链肌群的高速动作，例如双臂壶铃甩摆、各种举重衍生训练、甚至抛掷药球等弹震式训练。

跑卫是橄榄球场上最会闪躲和最具爆发力的球员。尽管他们的参与度、高速跑动的总距离和力量负荷会根据战术方案的不同而有巨大差异，但跑卫必须具有极高水平的下肢力量才能突破截锋，并在阻挡对方防守球员时保持坚实的运动基础和较低的重心。他们还必须具有出色的视野和接球能力，因为他们经常被要求接住从后场传出的过人短传和其他短距离传球，以误导对方的防守球员。与他们的进攻队友相比，跑卫的累计冲刺距离历来比进攻线锋、全卫、近端锋和四分卫更多，但少于外接手（取决于进攻体系）。像防守后卫和全卫一样，跑卫也会受到更高速度的冲击力，这可能会增加脑震荡、前交叉韧带撕裂、肩关节脱臼等受伤风险。因此，在整个训练过程中必须提升其疲劳耐受度、力量和爆发力。

防守后卫

由于这项运动的要求，以及分配给其角色的独特性，防守后卫通常需要使用多元化的动作模式，包括向后躲闪、侧滑步、后撤步和开放步技术、线性（直线）跑动以及交叉步跑动。当追踪覆盖范围内的外接手时，或者试图击落或拦截已掷出的球时，防守后卫可能会以45度、90度甚至180度的角度伸展或后撤。即使以次最大速度完成，也需要防守后卫具备极强的本体感觉、灵活性、视敏度和时机把握能力。此外，尽管目前尚无研究直接比较向后躲闪和交叉步跑，但已有研究探讨过横向、向后和向前运动的一般形式。这表明，在直线跑动过程中，髋部伸肌（臀大肌和腘绳肌）、膝部伸肌和踝屈肌（较小程度）生成了推进力，而在向后跑步过程中，大多数推进力是通过膝部伸肌和髋部屈肌生成的[3, 9, 15, 16, 17]。除了外接手和跑卫，防守后卫在场上的防守区域通常是最大的，尽管他们不必承受与进攻线锋、防守线锋、近端卫和线卫同样的碰撞频率，但由于他们在撞击时的速度很快，所以他们体验到的撞击力通常要比上述位置的球员大得多。

四分卫

多年来，几乎没有其他位置像四分卫发展得那么快。四分卫可以有很多种不同的体形，并且不应期望像指挥三重选项进攻那样的在职业化进攻体系中的四分卫都具有相同的身体素质。无论是分析美国职业橄榄球联盟还是大学橄榄球队级别的球员，这都是事实。在一周之内，防守球员可能必须准备应对像卡姆·牛顿（Cam Newton）这种真正的双重威胁，而在下一周，他们可能需要应对马特·瑞安（Matt Ryan）这种更传统的口袋传球手。即使在这些球员退役时，这种典型（双重威胁和口袋传球）仍然会存在，就像他们已存在40多年一样。所有类型的四分卫都必须具备上肢力量、肩部灵活性和稳定性、躯干稳定性，以及下肢力量和灵活性。所有这些因素将共同帮助四分卫生成力和在动力链中传递力。这些身体素质对于橄榄球运动中的所有位置都至关重要，因为这项运动要求运动员的整个身体系统运转良好，从而最大限度地提升其运动表现和弹性。

踢球手和弃踢手

虽然特勤组的作用经常被忽视和低估，但高素质的特勤组却是团队成功的关键。踢球手和弃踢手都被指定在某些最紧张的情况下迅速参与比赛，他们必须能够在巨大的压力下集中精力，并表现出超乎寻常的准确性、时机把握能力和精确度。由于该位置的单侧主导性质，体能教练在特别重视改善和提升摆动腿的灵活性及稳定性的同时，也必须给予支撑腿同样的重视。由于完成动作的频率较高，在支撑腿和摆动腿之间会存在一些力量、爆发力和灵活性的不对称性（在某些情况下会影响动作学习、肌肉激活速率和发力等），但教练应致力于尽可能地改善那些不对称性，训练中应定期进行由髋部和股四头肌主导的单腿训练（例如，分腿蹲和弓箭步的变式、罗马尼亚单腿硬拉的变式、臀桥和仰卧后屈腿的变式，以及迷你带行走）以及单腿爆发力训练（跳箱、跨栏等）。此外，可以通过一些训练来提升稳定性和本体感觉，包括球员从箱子上落地，要求单脚软着陆，或者甚至通过从双脚跳下单脚落地来提高训练难度。这些训练都应在不同的条件下进行（例如在额状面、矢状面和水平面上进行力量训练和快速伸缩复合练习），以确保运动员多种素质的全面发展。

小结

由于橄榄球是极受欢迎的运动，它吸引了许多媒体争相报道，许多参加最高级别比赛的运动员（其中许多人成了名人）的训练方案被曝光，于是出现了无数个关于最佳训练方法的传闻。这些训练方法大多数都没有科学依据，它们更多地是为了吸引大众注意力，或者是为了销售昂贵的训练设备，而不是推广某种科学的训练方法。本章提供的信息应作为进一步反思和研究对橄榄球运动员的生理要求和位置要求的坚实起点，它将作为本书其他章节中介绍的训练方案的补充。

总体而言，运动表现的提升和执教艺术都不可以脱离实际。正如橄榄球运动员必须依靠各种各样的运动技能才能取得成功一样，体能教练也必须使用各种训练计划、科学的方法、评估手段，甚至有时需要体能教练即兴创作，以确保没有忽略对运动员进行爆发性多平面运动所需的身体能力和复杂运动技能的训练。迄今为止，还没有长期的、经过同行评审的科学数据能够显示球队的力量训练计划与其输赢记录之间的明确关系[14]。然而，体能教练要对球员负责，不仅要发展其动作技术，还要对球员进行教育，使其了解为什么实现某些生物力学姿势既可以提升运动表现又可以防止受伤。体能教练的目标应该是帮助球员拥有长久而富有意义的职业生涯，为了实现这一点，我们可以制定战术框架来帮助指导球员的训练计划。

第3章

测试方案和运动员评估

扎克·伍德芬（Zac Woodfin）

本章将提供有关测试方案和运动员评估的信息，以及使用每种方案的适当时间。包括可对任何运动项目或年龄的运动员使用的测试方案，以及基于年龄或比赛级别评估运动员在特定测试的标准化区间的信息。测试应在运动员的成长过程中持续进行。

一般测试准则

关于在开始训练计划时是否应立即对运动员进行测试的观点并不统一。这样做有好处也有坏处，具体应由体能教练做出判断。当运动员能在所测试的动作模式上表现出熟练的技术能力时，就是进行测试的最佳时机。如果教练选择在训练计划开始时进行测试，则应以尽量降低受伤风险的方式进行力量、爆发力和速度测试。例如，进行3~5次最大重复次数测试而不是1RM测试，或者是进行10码（约9米）冲刺而不是40码（约37米）冲刺。动作质量较差的运动员使用最大负荷或最大努力冲刺通常会导致其产生短期或长期的损伤。

在开始训练计划之前测试运动员的好处是，测试结果可以为教练提供设置训练计划的适当负荷的依据。所有测试均应由受过良好教育、训练有素且具备资格的专业人士进行。这将确保测试方案的一致性、可靠性和有效性。

测试能为运动员和教练提供客观信息，帮助他们制定训练计划和实现目标。每次都必须以相同的方式进行测试，以确保有效性。测试的有效性表示测试对预期测量内容的实际测量效果[2]。测试运动员时，可靠性也十分关键。测试的可靠性是以完全相同的方式一致且重复地对运动员进行测试的能力[5]。测试还为想要实现既定目标的运动员提供了动力和挑战。

测试方案

教练提供的测试方案应包括准确的描述，还应包括确保有效性和可靠性的说明。在测试一个或多个运动员时，需要严格遵循测试方案，以确保正确完成测试。

测试目录

力量测试

此处提供的力量测试可以让教练测量运动员的上肢和下肢力量。所提供的测试可靠且有效。

1RM卧推

目的

在水平推举动作中测量最大上肢力量。

工具

配重杠铃片。

杠铃杆。

锁扣。

举重架或卧推架。

长凳。

准备

教练将适当重量的杠铃片固定到杠铃杆上。运动员进行适当的热身（请参阅测试方案）。

测试方案

1. 请参阅卧推的练习技巧说明（第7章，第123页）。

2. 运动员使用较轻的重量重复5~10次。

3. 休息1分钟后，在原有重量的基础上增加5%~10%重量的杠铃片，并让运动员重复3~5次。

4. 休息2分钟后，在原有重量的基础上增加5%~10%重量的杠铃片，并让运动员重复2~3次。

5. 休息2~4分钟后，在原有重量的基础上增加5%~10%重量的杠铃片，并让运动员尝试1RM。

6. 如果运动员成功，则回到步骤4。如果运动员失败，则休息2~4分钟，将重量降低2.5%~5%，然后重新尝试1RM。

7. 继续调整重量，直到确定1RM；理想情况下，在3~5次尝试后可确定IRM[1]。

教练提示

- 运动员必须提前做好心理准备。该测试会使运动员体验到失败的滋味，所以运动员必须要集中精神，才能发挥出自己的最佳水平。

- 进行该测试时必须有保护人员。如果只有一个保护人员，则保护人员应站在运动员头部后面的长凳的一端，并在运动员的双手之间以窄距交替握法抓紧杠铃。在某些情况下，可以配备3个保护人员：运动员头部正后方一个，杠铃两侧各一个。

描述性数据

第25、26页的表3.1~3.3提供的数据可用于评估高中和大学橄榄球运动员的1RM卧推水平。

1RM颈后深蹲

目的

测量下肢力量。

工具

带有可调节保护臂的深蹲架。

杠铃杆。

配重杠铃片。

锁扣。

准备

教练将适当重量的杠铃片固定到杠铃上。运动员进行适当的热身（请参阅测试方案）。

测试方案

1. 请参阅颈后深蹲的练习技巧说明（第6章，第89页）。

2. 运动员使用较轻的重量重复5~10次。

3. 休息1分钟后，在原有重量的基础上增加10%~20%重量的杠铃片，并让运动员重复3~5次。

4. 休息2分钟后，在原有重量的基础上增加10%~20%重量的杠铃片，并让运动员重复2~3次。

5. 休息2~4分钟后，在原有重量的基础上增加10%~20%重量的杠铃片，并让运动员尝试1RM。

6. 如果运动员成功，则回到步骤4。如果运动员失败，则休息2~4分钟，将重量降低5%~10%，然后重新尝试1RM。

7. 继续调整重量，直到确定1RM；理想情况下，在3~5次尝试后可确定1RM[1]。

教练提示

- 运动员在进行1RM颈后深蹲测试之前应接受医学检查。先前的任何脊柱损伤都可能表示运动员应选择其他下肢力量测试。

- 运动员在1RM颈后深蹲测试过程中可以系上负重腰带，以增加脊柱的稳定性。

- 硬底鞋最适合进行1RM颈后深蹲测试。有些运动员更喜欢穿鞋跟稍有升高的鞋子完成1RM颈后深蹲测试，因为可以增加脚踝的灵活性，并允许髋部落在较低的位置，同时能保持躯干挺直。

- 1RM颈后深蹲测试中应有两个保护人员，分别站在杠铃两侧。保护人员抓住杠铃，帮助运动员将其从架子上拿出来。在向下移动阶段，保护人员保持拇指交叉且双手靠近杠铃，但不要触摸杠铃。当向上移动阶段以及运动员完成深蹲动作时，保护人员使用相同的技巧。运动员结束深蹲后，保护人员抓住杠铃并将它放回深蹲架。

描述性数据

第25、26页的表3.1~3.3提供的数据可用于评估高中和大学橄榄球运动员的1RM颈后深蹲水平。

1RM高翻

目的

测量全身爆发力。

工具

奥林匹克杠铃杆。

配重杠铃片。

安全夹。

准备

教练将适当重量的杠铃片固定到杠铃杆上。运动员进行适当的热身（请参阅测试方案）。

测试方案

1. 请参阅高翻的练习技巧说明（第5章，第62页）。

2. 运动员使用较轻的重量重复5~10次。

3. 休息1分钟后，在原有重量的基础上增加10%~20%重量的杠铃片，并让运动员重复3~5次。

4. 休息2分钟后，在原有重量的基础上增加10%~20%重量的杠铃片，并让运动员重复2~3次。

5. 休息2~4分钟后，在原有重量的基础上增加10%~20%重量的杠铃片，并让运动员尝试1RM。

6. 如果运动员成功，则回到步骤4。如果运动员失败，则休息2~4分钟，将重量降低5%~10%，然后重新尝试1RM。

7. 继续调整重量，直到确定1RM；理想情况下，在3~5次尝试后可确定IRM[1]。

教练提示

- 高翻的其他变式包括全幅度高翻（运动员在深蹲的最低位置接住杠铃）、悬垂高翻（杠铃在开始时位于膝盖下方）、高悬垂高翻（杠铃在开始时位于大腿中部）和低悬垂高翻（杠铃在开始时位于小腿中部）。
- 高翻不应安排保护人员（详见第 5 章）。

描述性数据

表 3.1~3.3 提供的数据可用于评估高中和大学橄榄球运动员的 1RM 高翻水平。

表 3.1　高中和大学橄榄球运动员的 1RM 卧推、颈后深蹲和高翻的数值

等级	1RM 卧推		1RM 颈后深蹲		1RM 高翻		1RM 卧推		1RM 颈后深蹲		1RM 高翻	
	磅	千克	磅	千克	磅	千克	磅	千克	磅	千克	磅	千克
	高中 14~15 岁						高中 16~18 岁					
90%	243	110	385	175	213	97	275	125	465	211	250	114
80%	210	95	344	156	195	89	250	114	425	193	235	107
70%	195	89	325	148	190	86	235	107	405	184	225	102
60%	185	84	305	139	183	83	225	102	365	166	223	101
50%	170	77	295	134	173	79	215	98	335	152	208	95
40%	165	75	275	125	165	75	205	93	315	143	200	91
30%	155	70	255	116	161	73	195	89	295	134	183	83
20%	145	66	236	107	153	70	175	80	275	125	165	75
10%	125	57	205	93	141	64	160	73	250	114	145	66
平均值	179	81	294	134	176	80	214	97	348	158	204	93
标准差	45	20	73	33	32	15	44	20	88	40	43	20
样本量	214		170		180		339		249		284	
	NCAA 一级联盟						NCAA 三级联盟					
90%	370	168	500	227	300	136	365	166	470	214		
80%	345	157	455	207	280	127	325	148	425	193		
70%	325	148	430	195	270	123	307	140	405	184		
60%	315	143	405	184	261	119	295	134	385	175		
50%	300	136	395	180	252	115	280	127	365	166		
40%	285	130	375	170	242	110	273	124	350*	159*		
30%	270	123	355	161	232	105	255	116	335	152		
20%	255	116	330	150	220	100	245	111	315	143		
10%	240	109	300	136	205	93	225	102	283	129		
平均值	301	137	395	180	252	115	287	130	375	170		
标准差	53	24	77	35	38	17	57	26	75	34		
样本量	1189		1074		1017		591		588			

*霍夫曼（Hoffman）2006 年报告：NCAA 三级联盟 1RM 深蹲的 40% 等级为 365 磅（约 166 千克）。

[经许可，源自：J. Hoffman, *Norms for Fitness, Performance, and Health* (Champaign, IL: Human Kinetics, 2006), 36-37.]

表3.2 NCAA一级联盟橄榄球运动员的1RM卧推、颈后深蹲和高翻的数值

位置	1RM卧推		1RM颈后深蹲		1RM高翻	
	磅	千克	磅	千克	磅	千克
平均值 ± 标准差	363±59	165±27	510±90	232±41	306±42	139±19
DL	396±53	180±24	543±77	247±35	323±37	147±17
LB	352±53	160±24	530±81	241±37	317±35	144±16
DB	312±37	142±17	458±88	208±40	279±44	127±20
QB	359±48	163±22	440±99	200±45	275±42	125±19
RB	385±53	175±24	513±73	233±33	304±33	138±15
WR	332±59	151±27	453±88	206±40	282±33	128±15
OL	383±62	174±28	552±75	251±34	315±35	143±16
TE	378±37	172±17	510±81	232±37	310±31	141±14

DL=防守线锋，LB=线卫，DB=防守后卫，QB=四分卫，RB=跑卫，WR=外接手，OL=进攻线锋，TE=近端锋。

[经许可，源自：J. Hoffman, *Norms for Fitness, Performance, and Health* (Champaign, IL: Human Kinetics, 2004), 38；数据源自：M. A. Garstecki, R. W. Latin, and M. M. Cuppett. "Comparison of Selected Physical Fitness and Performance Variables Between NCAA Division I and II Football Players," *Journal of Strength and Conditioning Research* 18 (2004): 292–297.]

表3.3 NCAA二级联盟橄榄球运动员的1RM卧推、颈后深蹲和高翻的数值

位置	1RM卧推		1RM颈后深蹲		1RM高翻	
	磅	千克	磅	千克	磅	千克
平均值 ± 标准差	321±57*	146±26	449±90	204±41	277±46	126±21
DL	356±46	162±21	482±79	219±36	293±48	133±22
LB	321±48	146±22	460±84	209±38	290±51	132±23
DB	277±40	126±18	389±84	177±38	255±42	116±19
QB	284±51	129±23	394±88	179±40	264±42	120±19
RB	323±44	147±20	473±88	215±40	279±48	127±22
WR	271±44	123±20	383±77	174±35	273±37	124±17
OL	352±55	160±25	488±79	222±36	290±37	132±17
TE	317±35	144±16	447±64	203±29	271±42	123±19

DL=防守线锋，LB=线卫，DB=防守后卫，QB=四分卫，RB=跑卫，WR=外接手，OL=进攻线锋，TE=近端锋。

[经许可，源自：J. Hoffman, *Norms for Fitness, Performance, and Health* (Champaign, IL: Human Kinetics, 2004), 38；数据源自：M. A. Garstecki, R.W. Latin, and M. M. Cuppett. "Comparison of Selected Physical Fitness and Performance Variables Between NCAA Division I and II Football Players," *Journal of Strength and Conditioning Research* 18 (2004): 292–297.]

爆发力测试

此处提供的爆发力测试将使教练能够安全正确地评估和测试运动员表现爆发力的能力。

纵跳

目的

测量运动员的下肢爆发力。

工具

跳垫。

Vertec架。

测力台。

粉笔。

墙壁。

测试方案

有4种方法可以测量蹲跳和纵跳：使用跳垫、Vertec架、测力台，或用粉笔在墙壁上画线。

跳垫

跳垫是对纵跳高度进行间接评估时使用的器械。它以滞空时间来预测跳跃高度。因此，非常重要的一点是，运动员落地时的膝或髋不能明显屈曲，因为这会影响滞空时间和跳跃高度。使用跳垫的场地准备如图3.1所示。

1. 教练指导运动员站在垫子上。

2. 教练指导运动员站直，然后迅速沉下身体并跳得尽可能高。

3. 一旦运动员落在垫子上，遥控器的屏幕上就会出现一个高度数字。该数字就是运动员的纵跳高度测量值。

4. 要测量蹲跳高度，其他所有要点都相同，只有一点除外：运动员开始时采用1/4蹲姿势，而不是直立姿势，并从1/4蹲位置起跳。

图3.1　使用跳垫

图3.2 使用Vertec架

图3.3 使用测力台

[由安德鲁·拉蒙（Andrius Ramonas）提供。]

Vertec架

使用Vertec架的方法（图3.2）会稍微复杂一些，但它可以直接评估运动员的纵跳表现。在测量跳跃高度之前，必须先测量运动员的站立摸高。

1. 为了正确地测量运动员的摸高，Vertec架的高度应设置在运动员可以伸手触摸并移动Vertec架最高的叶片的位置。

2. 记录运动员站立摸高后，教练将提升Vertec架的高度，以进行纵跳测试。

3. Vertec架升高后，运动员在Vertec架的叶片下面稍后一点的位置站直。

4. 在教练的指示下，运动员迅速沉下身体，跳得尽可能高，用伸出的手触碰尽可能高的叶片。

5. 要用Vertec架测量蹲跳高度，其他所有要点都相同，只有一点除外：运动员开始时采用1/4蹲姿势，而不是直立姿势。

6. 记录3次试跳中的最佳成绩。

测力台

使用测力台（图3.3）进行测试很简单，因为测力台可以自动完成测量。但是，测力台价格昂贵，并且尚未在大多数力量房中普及。

1. 教练指导运动员站在测力台上，然后告诉运动员何时起跳。

2. 连接测力台的计算机会自动测量运动员的跳跃高度。

粉笔和墙壁

测量纵跳高度最经济实用的方法是用粉笔涂抹运动员的手指，然后在空白的墙壁旁测量其摸高和跳跃高度（图3.4）。

1. 运动员用粉笔涂抹其指尖。

2. 运动员伸展手臂直到完全锁定，触摸墙壁，以测量站立摸高。

3. 在测量站立摸高后，运动员完成最大努力纵跳，并触摸墙壁上尽可能高的位置。

4. 要测量蹲跳高度，其他所有要点都相同，只有一点除外：运动员开始时采用1/4蹲姿势，而不是直立姿势，并从1/4蹲位置起跳。

5. 教练测量墙壁上两个标记之间的距离，即可获得纵跳高度。

教练提示

下肢爆发力不只是与快速向地板施加作用力有关，它也与落地时承受作用力有关[6]。

描述性数据

表3.4和表3.5提供了高中和NCAA三级联盟、一级联盟橄榄球运动员的纵跳测试的数据。表3.6提供了NCAA一级联盟和二级联盟橄榄球运动员的纵跳测试数据。图3.5提供了NFL新秀考察训练营的纵跳分类。

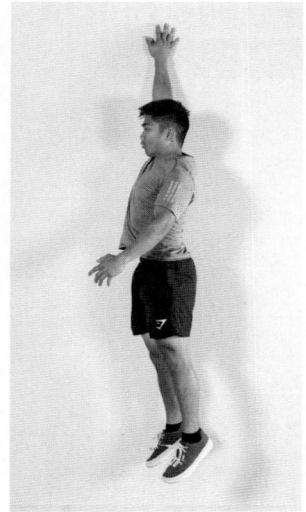

图3.4　使用粉笔和墙壁

表3.4　高中橄榄球运动员的纵跳数据（英寸，1英寸=2.54厘米）

等级	DB	DL	LB, DE, TE	OL	QB	RB	WR
90%	31.0	28.0	29.2	25.5	30.0	31.0	31.0
80%	29.0	26.0	27.5	24.0	28.0	29.0	29.0
70%	28.0	24.8	26.5	22.5	27.0	28.0	27.5
60%	27.0	23.5	25.0	21.0	26.0	27.0	26.5
50%	26.0	22.5	24.5	20.0	25.0	26.0	26.0
40%	25.0	21.5	23.5	19.5	24.5	25.0	25.0
30%	24.0	20.5	22.5	18.5	23.0	24.0	24.0
20%	23.0	19.5	21.5	18.0	22.5	23.0	23.0
10%	22.0	17.5	20.0	16.5	21.0	21.5	22.0
平均值（标准差）							
一年级	23.7（3.1）*	20.9（3.7）*	22.7（3.3）*	19.7（3.5）*	23.9（3.3）*	24.5（3.1）*	24.4（3.1）*
二年级	26.1（3.2）*	22.2（3.9）*	24.4（3.3）*	20.4（3.5）*	24.9（3.4）*	26.2（3.7）*	26.0（3.4）*
三年级	27.1（3.8）*	23.4（4.3）*	25.4（3.7）*	21.2（4.0）*	26.5（4.0）*	26.7（3.9）*	26.8（3.6）*
样本量	1308	847	1196	670	625	1161	1455

*各级别之间存在明显差异（$p \leqslant 0.05$）。

DB=防守后卫，DL=防守线锋，LB=线卫，DE=防守端锋，TE=近端锋，OL=进攻线锋，QB=四分卫，RB=跑卫，WR=外接手。

[经许可，源自：B.D. McKay, A.A. Miramonti, Z.M. Gillen, T.J. Leutzinger, A.I. Mendez, N.D.M. Jenkins, and J.T. Cramer, "Normative Reference Values for High School–Aged American Football Players," *Journal of Strength and Conditioning Research* (2019).]

表3.5 NCAA三级联盟和一级联盟橄榄球运动员的纵跳数据

等级	NCAA三级联盟		NCAA一级联盟	
	英寸	厘米	英寸	厘米
90%	30.0	76.2	33.5	85.1
80%	28.5	72.4	31.5	80.0
70%	27.5	69.9	30.0	76.2
60%	26.5	67.3	29.0	73.7
50%	25.5	64.8	28.0	71.1
40%	24.5	62.2	27.0	68.6
30%	23.5	59.7	25.5	64.8
20%	22.0	55.9	24.0	61.0
10%	20.0	50.8	21.5	54.6
平均值	25.3	64.3	27.6	70.1
标准差	4	10.2	4.4	11.2
样本量	567		1495	

[经许可，源自：J. Hoffman, *Norms for Fitness, Performance, and Health* (Champaign, IL: Human Kinetics, 2006), 60.]

表3.6 NCAA一级联盟和二级联盟橄榄球运动员的纵跳数据

位置	NCAA一级联盟		NCAA二级联盟	
	英寸	厘米	英寸	厘米
平均值±标准差	31.5±4.0	80.1±10.2	27.6±4.8	70.1±12.1
DL	30.7±3.2	77.9±8.2	26.3±4.4	66.9±11.3
LB	34.0±3.1	83.2±7.8	28.5±4.3	72.4±10.8
DB	34.6±3.1	87.8±7.8	30.7±4.1	78.0±10.3
QB	31.8±2.5	80.7±6.4	27.7±3.7	70.3±9.3
RB	33.8±3.0	85.9±7.7	29.2±4.3	74.2±11.0
WR	34.4±2.8	87.4±7.0	30.6±4.8	77.8±12.1
OL	27.1±2.4	68.8±6.2	23.8±3.4	60.4±8.6
TE	31.3±2.8	79.6±7.2	27.6±3.4	70.1±8.7

DL=防守线锋，LB=线卫，DB=防守后卫，QB=四分卫，RB=跑卫，WR=外接手，OL=进攻线锋，TE=近端锋。

[经许可，源自：J. Hoffman, *Norms for Fitness, Performance, and Health* (Champaign, IL: Human Kinetics, 2006), 63；数据源自：M.A. Garstecki, R.W. Latin, and M.M. Cuppett. "Comparison of Selected Physical Fitness and Performance Variables Between NCAA Division I and II Football Players," *Journal of Strength and Conditioning Research* 18 (2004): 292–297.]

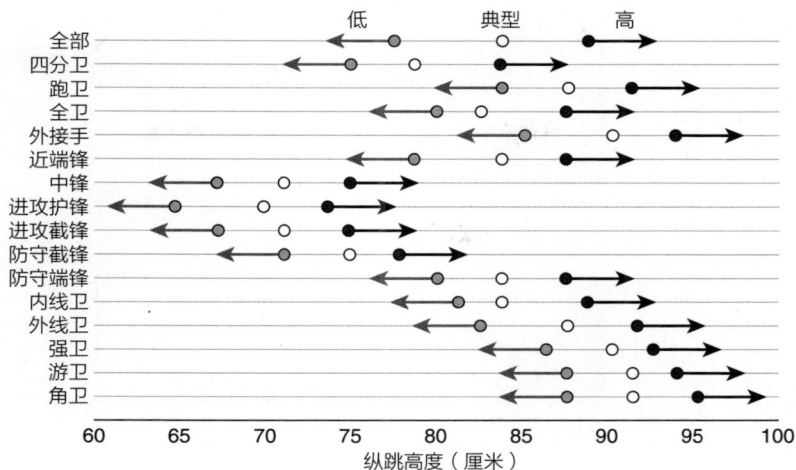

图3.5　NFL新秀考察训练营的纵跳分类：高——70%，典型——50%，低——30%

[经许可，源自：D.H. Fukuda, *Assessments for Sport and Athletic Performance* (Champaign, IL: Human Kinetics, 2019), 140；数据源自：J.L. Nuzzo, "The National Football league scouting combine from 1999 to 2014: Normative reference values and an examination of body mass normalization techniques," *Journal of Strength and Conditioning Research* 29 (2015): 279–289.]

立定跳远

目的

测量运动员的水平跳跃爆发力及减速和落地能力。

工具

卷尺。

草地或草皮地面（理想）。

力量房地板或木地板（第二选择）。

准备

教练标记起跳线，并垂直于起跳线将测量卷尺拉至距离起跳线10英尺（约3米）处（注意：在图3.6中，运动员没有站在起跳线后面）。

测试方案

1. 教练指示运动员站在起跳线后面。

2. 运动员采用站直姿势，完成立定跳远动作并尽可能向前跳，在控制之下落地（图3.6）。如果运动员在落地时双脚移动，向前或向后摔倒，则测试无效。

3. 从起跳线到最接近起跳线的脚跟的测量值即为跳跃距离。

4. 记录3次试跳中的最佳成绩。

教练提示

• 尽管最好是在草地或草皮地面上进行测试，但也可以在力量房地板或木地板上进行测试。

• 反向运动和无反向运动的跳跃都可以使用立定跳远进行测试。

图3.6　立定跳远

描述性数据

表3.7提供了高中橄榄球运动员的立定跳远测试数据。表3.8提供了大学橄榄球运动员的立定跳远测试数据。图3.7提供了NFL新秀考察训练营的立定跳远分类。

表3.7　高中橄榄球运动员的立定跳远数据（英寸，1英寸=2.54厘米）

等级	DB	DL	LB,DE,TE	OL	QB	RB	WR
90%	112.0	104.0	108.0	94.0	109.0	111.0	112.0
80%	109.0	99.0	104.0	90.0	105.0	107.0	109.0
70%	107.0	95.0	101.0	88.0	102.0	105.0	106.0
60%	104.0	92.0	98.0	85.0	100.0	103.0	104.0
50%	102.0	90.0	96.0	83.0	98.0	100.0	102.0
40%	100.0	87.0	94.0	81.0	96.0	98.0	100.0
30%	98.0	85.0	91.0	78.0	93.0	96.0	97.0
20%	95.0	81.0	88.8	75.0	91.0	93.0	95.0
10%	91.0	75.0	85.0	70.0	87.0	89.0	90.0
平均值（标准差）							
一年级	95.5（8.4）	83.7（11.2）	90.5（8.2）	77.6（10.8）	93.4（7.9）	95.8（8.4）	95.9（8.2）
二年级	100.0（7.7）	88.9（10.2）	95.0（8.5）	81.4（9.2）	97.5（8.0）	100.3（8.4）	100.6（7.6）
三年级	104.2（7.6）	91.7（10.7）	98.5（8.8）	84.0（8.9）	100.3（8.7）	101.2（9.9）	103.6（8.0）
样本量	1311	836	1198	676	626	1169	1475

DB=防守后卫，DL=防守线锋，LB=线卫，DE=防守端锋，TE=近端锋，OL=进攻线锋，QB=四分卫，RB=跑卫，WR=外接手。

［经许可，源自：B.D. McKay, A.A. Miramonti, Z.M. Gillen, T.J.Leutzinger, A.I. Mendez, N.D.M. Jenkins, and J.T.Cramer, "Normative Reference Values for High School–Aged American Football Players," *Journal of Strength and Conditioning Research* (2019).］

表3.8　大学橄榄球运动员的立定跳远数据

位置	英尺	米
平均值 ± 标准差	8.8 ± 0.68	2.7 ± 0.21*
后卫	9.3 ± 0.52	2.8 ± 0.16
LB	8.9 ± 0.30	2.7 ± 0.09
OL/DL	8.2 ± 0.62	2.50 ± 0.19

LB=线卫，OL=进攻线锋，DL=防守线锋。

［经许可，源自：S. Seiler et al., "Assessing Anaerobic Power in Collegiate Football Players," *Journal of Applied Sport Science Research* 4, no.1 (1990): 9–15.］

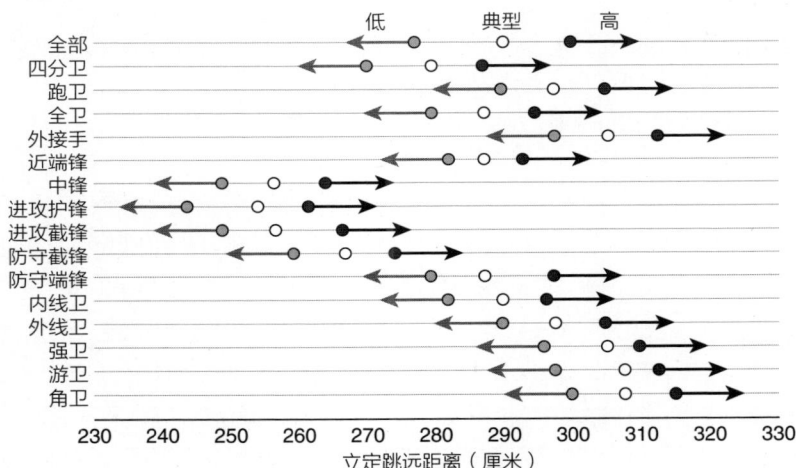

图3.7　NFL新秀考察训练营的立定跳远分类：高——70%，典型——50%，低——30%

［经许可，源自：D.H. Fukuda, *Assessments for Sport and thletic Performance* (Champaign, IL: Human Kinetics, 2019), 143；数据源自：J.L. Nuzzo, "The National Football League Scouting Combine from 1999 to 2014: Normative Reference Values and an Examination of Body Mass Normalization Techniques," *Journal of Strength and Conditioning Research* 29 (2015): 279–289.］

速度和敏捷性测试

　　速度和敏捷性测试对于评估和跟踪运动员的竞技能力和进步情况很重要。接下来将要介绍的测试能为教练提供有关如何执行速度和敏捷性测试的详细说明。

40码（约37米）冲刺

目的

　　测量直线速度。

工具

　　锥形桶或标记桶。

　　计时装置（2个）。

标准的跑步场地，如橄榄球场。

准备

教练标记出起跑线，并在20码（约18米）标记和40码（约37米）标记处安装计时器（图3.8）。

测试方案

1. 运动员从起跑线开始。

2. 听教练的指令，运动员沿跑道冲刺。

3. 记录运动员跑到20码（约18米）标记处的时间。教练要注意运动员的姿势、腿部动作和手臂动作是否正确。

4. 记录运动员跑到40码（约37米）标记处的时间。

5. 跑过40码（约37米）后，运动员安全地减速。

6. 记录3次试跑中的最好成绩（相邻两次试跑之间应休息3~5分钟）。

教练提示

• 记录冲刺到两个标记处的时间——20码（约18米）标记和40码（约37米）标记处，教练可深入了解运动员在测试的哪个部分表现较为突出，以及通过速度训练可以改善哪个部分。

• 冲刺分为3个阶段：起步阶段、加速阶段和最高速度阶段。运动员综合运用在这些阶段所需的技能的能力，以及从一个技能过渡到另一个技能的效率将决定他们能否取得成功[7]。

• 加速阶段由前20码（约18米）构成[7]。运动员在此阶段的表现为教练评估其爆发力和快速发力的能力提供了很好的反馈。在加速阶段，教练应注意让运动员保持正确的姿势：身体前倾，脊柱中立，躯干挺直。这种姿势可保证腿部动作正确，而躯干挺直则可以高效地传递施加到地面上的作用力。腿部动作应像活塞运动一样，所有作用力应施加在运动员的重心后面。

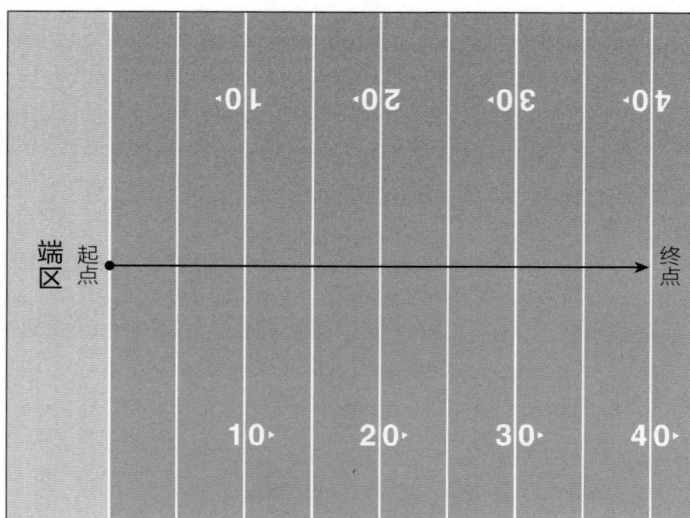

图3.8 40码（约37米）冲刺

- 在冲刺的最高速度阶段，教练也要注意让运动员保持正确的姿势、腿部动作和手臂动作。在最高速度阶段，运动员的姿势需要从躯干挺直前倾转为躯干挺直并竖直。腿部动作从活塞运动变为轮转运动，并且脚的接触点应在身体重心的正下方，而不是像加速阶段那样在重心的后方。
- 改善技术和提高步频对于提高成绩至关重要，并且特别有帮助[3]。

描述性数据

表3.9提供了高中橄榄球运动员的40码（约37米）冲刺的数据。表3.10和表3.11提供了大学橄榄球运动员40码（约37米）冲刺的数据。图3.9提供了NFL新秀考察训练营的40码（约37米）冲刺分类。

表3.9 高中橄榄球运动员的40码（约37米）冲刺数据（秒）

等级	DB	DL	LB,DE,TE	OL	QB	RB	WR
90%	4.83	5.10	4.97	5.43	4.91	4.80	4.80
80%	4.91	5.23	5.06	5.55	4.89	4.89	4.88
70%	4.96	5.34	5.13	5.65	4.96	4.96	4.95
60%	5.01	5.44	5.20	5.75	5.00	5.00	5.01
50%	5.06	5.52	5.27	5.85	5.05	5.05	5.06
40%	5.11	5.61	5.33	5.95	5.11	5.11	5.12
30%	5.17	5.71	5.40	6.06	5.18	5.18	5.19
20%	5.26	5.87	5.49	6.20	5.25	5.25	5.28
10%	5.38	6.09	5.63	6.41	5.41	5.41	5.42
平均值（标准差）							
一年级	5.26（0.29）*	5.81（0.55）*	5.44（0.27）*	6.04（0.49）*	5.35（0.30）*	5.21（0.25）*	5.23（0.25）*
二年级	5.10（0.20）*	5.59（0.39）*	5.32（0.26）*	5.93（0.44）*	5.24（0.25）*	5.07（0.25）*	5.11（0.25）*
三年级	5.02（0.19）*	5.51（0.39）*	5.22（0.25）*	5.85（0.40）*	5.15（0.23）*	5.04（0.23）*	5.03（0.23）*
样本量	1308	855	1200	681	627	1174	1464

*各级别之间存在明显差异（$p \leq 0.05$）。

DB=防守后卫，DL=防守线锋，LB=线卫，DE=防守端锋，TE=近端锋，OL=进攻线锋，QB=四分卫，RB=跑卫，WR=外接手。

[经许可，源自：B.D. McKay,A.A. Miramonti, Z.M. Gillen, T.J.Leutzinger, A.I. Mendez, N.D.M. Jenkins, and J.T.Cramer,"Normative Reference Values for High School–Aged American Football Players," *Journal of Strength and Conditioning Research* (2019).]

表3.10 NCAA三级联盟和一级联盟橄榄球运动员的40码（约37米）冲刺数据（秒）

等级	NCAA三级联盟	NCAA一级联盟
90%	4.59	4.58
80%	4.70	4.67
70%	4.77	4.73
60%	4.85	4.80
50%	4.95	4.87
40%	5.02	4.93

续表

等级	NCAA三级联盟	NCAA一级联盟
30%	5.12	5.02
20%	5.26	5.18
10%	5.47	5.33
平均值	4.99	4.92
标准差	0.35	0.32
样本量	538	757

［经许可，源自：J. Hoffman, *Norms for Fitness, Performance, and Health* (Champaign, IL: Human Kinetics, 2006), 109.］

表3.11 NCAA一级联盟和二级联盟橄榄球运动员的40码（约37米）冲刺的数据（秒）

位置	NCAA一级联盟	NCAA二级联盟
平均值 ± 标准差	4.74±0.3	4.88±0.3
DL	4.85±0.2	5.03±0.3
LB	4.64±0.2	4.76±0.2
DB	4.52±0.2	4.61±0.1
QB	4.70±0.1	4.81±0.1
RB	4.53±0.2	4.69±0.2
WR	4.48±0.1	4.59±0.2
OL	5.12±0.2	5.25±0.2
TE	4.78±0.2	4.84±0.1

DL=防守线锋，LB=线卫，DB=防守后卫，QB=四分卫，RB=跑卫，WR=外接手，OL=进攻线锋，TE=近端锋。

［经许可，源自：J. Hoffman, *Norms for Fitness, Performance, and Health* (Champaign, IL: Human Kinetics, 2006), 111；数据源自：M.A. Garstecki, R.W. Latin, and M.M. Cuppett, "Comparison of Selected Physical Fitness and Performance Variables Between NCAA Division I and II Football Players," *Journal of Strength and Conditioning Research* 18（2004): 292–297.］

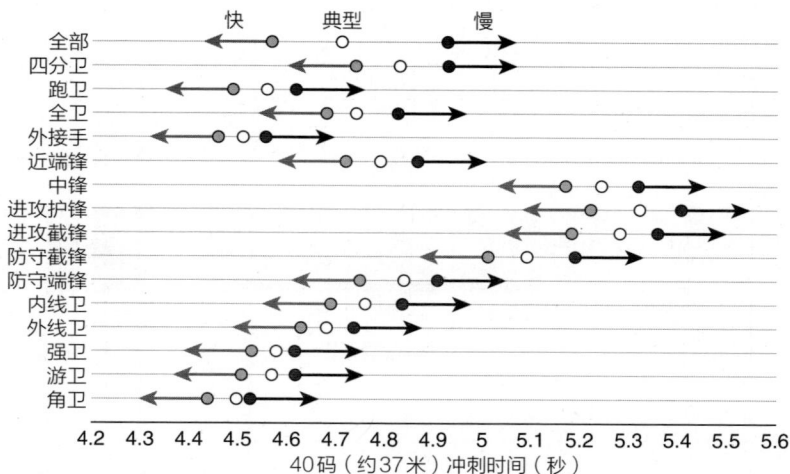

图3.9 NFL新秀考察训练营的40码（约37米）冲刺分类：快——70%，典型——50%，慢——30%

［经许可，源自：D.H. Fukuda, *Assessments for Sport and Athletic Performance* (Champaign, IL: Human Kinetics, 2019), 124；数据源自：J.L. Nuzzo, "The National Football League Scouting Combine From 1999 to 2014: Normative Reference Values and an Examination of Body Mass Normalization Techniques," *Journal of Strength and Conditioning Research* 29 (2015): 279–289.］

5-10-5敏捷性测试［20码（约18米）往返跑］

目的

测量横向速度和变向能力。

工具

锥形桶。

秒表或计时系统。

草皮或良好的跑步地面。

准备

教练将3个锥形桶分别沿直线放在标有平行线的球场上，这些平行线间隔为5码（约4.6米），任选其中相邻的3条平等线即可（图3.10）。如果球场上没有线，请使用卷尺进行测量以确保可靠性和有效性。在放好锥形桶且教练准备好秒表或计时系统后，就可以进行测试。

测试方案

1. 运动员在中间的锥形桶后面排队，并采用三点式站位。如果先从右侧开始，则应用右手支撑。如果先从左侧开始，则应用左手支撑。

2. 在运动员做出第1个动作时开始计时；如果他先向右跑，那么他首先要右转并向前冲刺，直到他用右手触线。

3. 在用右手触碰右边线后，运动员将左转并冲过中线，直到他用左手触碰左边线。

4. 用左手触摸左边线，运动员将右转并冲过中线，以完成测试。

5. 在运动员第2次越过中线时，教练停止计时。测试时间决定分数。

6. 记录两次试跑中的最佳成绩（中间休息3~5分钟）。

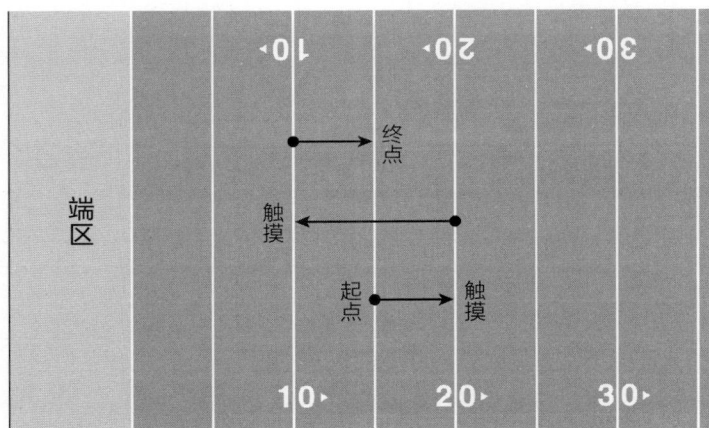

图3.10 5-10-5敏捷性测试

教练提示

运动员可以向右或向左开始测试，也可由教练决定从任一方向开始。两个方向都应进行测试（两次测试中间休息3~5分钟）。

描述性数据

表3.12提供了针对高中橄榄球运动员的5-10-5敏捷性测试的数据。表3.13和表3.14提供了大学橄榄球运动员5-10-5敏捷性测试的数据。图3.11提供了NFL新秀考察训练营的5-10-5敏捷性测试分类。

表3.12 高中橄榄球运动员的5-10-5敏捷性测试的数据（秒）

等级	DB	DL	LB,DE,TE	OL	QB	RB	WR
90%	4.26	4.47	4.35	4.67	4.33	4.27	4.25
80%	4.33	4.57	4.43	4.77	4.40	4.35	4.32
70%	4.38	4.65	4.50	4.87	4.45	4.41	4.37
60%	4.43	4.71	4.56	4.94	4.51	4.46	4.43
50%	4.48	4.79	4.61	5.01	4.56	4.51	4.48
40%	4.53	4.87	4.68	5.10	4.61	4.57	4.53
30%	4.59	4.97	4.76	5.16	4.67	4.63	4.60
20%	4.66	5.11	4.83	5.28	4.74	4.71	4.68
10%	4.77	5.29	4.95	5.44	4.86	4.83	4.81
平均值（标准差）							
一年级	4.61（0.24）*	5.00（0.43）*	4.76（0.24）*	5.18（0.37）*	4.66（0.24）*	4.63（0.23）*	4.62（0.24）*
二年级	4.52（0.22）*	4.85（0.31）*	4.66（0.23）*	5.05（0.31）*	4.59（0.21）*	4.53（0.23）*	4.52（0.22）*
三年级	4.46（0.20）*	4.81（0.34）*	4.59（0.24）*	5.02（0.33）*	4.53（0.20）*	4.50（0.24）*	4.46（0.22）*
样本量	1307	839	1189	677	627	1172	1462

*各级别之间存在明显差异（$p \leq 0.05$）。

DB=防守后卫，DL=防守线锋，LB=线卫，DE=防守端锋，TE=近端锋，OL=进攻线锋，QB=四分卫，RB=跑卫，WR=外接手。

[经许可，源自：B.D. McKay, A.A. Miramonti, Z.M. Gillen, T.J.Leutzinger, A.I. Mendez, N.D.M. Jenkins, and J.T.Cramer, "Normative Reference Values for High School–Aged American Football Players," *Journal of Strength and Conditioning Research* (2019).]

表3.13 NCAA一级联盟橄榄球运动员的5-10-5敏捷性测试的数据（秒）

等级	NCAA一级联盟
90%	4.21
80%	4.31
70%	4.38
60%	4.44
50%	4.52
40%	4.59
30%	4.66
20%	4.76
10%	4.89
平均值	4.54

续表

等级	NCAA一级联盟
标准差	0.27
样本量	869

数据由电子计时器收集。

[经许可，源自：J. Hoffman, *Norms for Fitness, Performance, and Health* (Champaign, IL: Human Kinetics, 2006), 113.]

表3.14 NCAA一级联盟和三级联盟橄榄球运动员的5-10-5敏捷性测试的数据（秒）

位置	NCAA一级联盟[a]	NCAA三级联盟[b]
平均值 ± 标准差	4.53 ± 0.22	4.6 ± 0.2
DL	4.35 ± 0.11	4.8 ± 0.2
LB	4.6 ± 0.2	—
DB	4.35 ± 0.12	4.6 ± 0.2
OB	—	4.5 ± 0.2
RB	4.6 ± 0.2	—
WR	4.35 ± 0.12	—
OL	4.35 ± 0.11	4.8 ± 0.2
TE	4.6 ± 0.2	—

DL=防守线锋，LB=线卫，DB=防守后卫，OB=进攻后卫，RB=跑卫，WR=外接手，OL=进攻线锋，TE=近端锋。

[经许可，源自：J. Hoffman, *Norms for Fitness, Performance, and Health* (Champaign, IL: Human Kinetics, 2006), 114; [a] 数据源自：D.T. Sawyer et al., "Relationship Between Football Playing Ability and Selected Performance Measures," *Journal of Strength and Conditioning Research* 16 (2002): 611–616; [b] 数据源自：K.J. Stuempfle, et al., "Body Composition Relates Poorly to Performance Tests in NCAA Division III Football Players" *Journal of Strength and Conditioning Research* 17(2003): 238–244.]

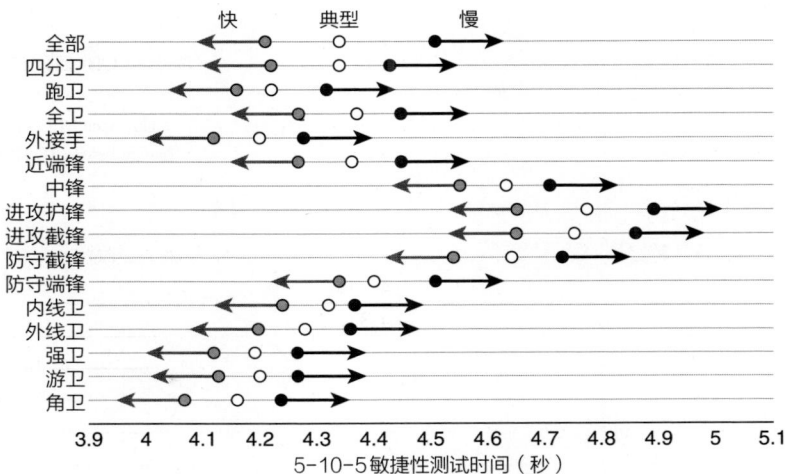

图3.11 NFL新秀考察训练营的5-10-5敏捷性测试分类：快——70%，典型——50%，慢——30%

[经许可，源自：D.H. Fukuda, *Assessments for Sport andAthletic Performance* (Champaign, IL: Human Kinetics, 2019), 124；数据源自：J.L. Nuzzo, "The National Football League Scouting Combine from 1999 to 2014: Normative Reference Values and an Examination of Body Mass Normalization Techniques," *Journal of Strength and Conditioning Research* 29(2015): 279–289.]

L形敏捷性测试（三锥敏捷性测试）

目的

测量变向能力。

工具

锥形桶。

卷尺。

秒表或计时系统。

草地、草皮或其他良好的跑步地面。

准备

教练需要3个锥形桶来布置测试场地（图3.12）。教练将第1个锥形桶放在跑步地面上的任何位置，再将第2个锥形桶放在第1个锥形桶正前方5码（约4.6米）处。第3个锥形桶（即最后一个锥形桶）位于第2个锥形桶右侧的5码（约4.6米）处。如果没有在场地上画线，则应使用卷尺，以确保测试的可靠性和有效性。一旦正确放置好3个锥形桶，并且教练已准备好秒表或计时系统，就可以进行测试。

测试方案

1. 运动员以三点式站位开始，站在第1个锥形桶后面，并将手放在第1个锥形桶上。

2. 教练在运动员做出第1个动作时开始计时。

3. 运动员向前冲刺5码（约4.6米），用右手触摸第2个锥形桶旁边的线。

4. 触线后，运动员改变方向并返回起点线，用右手触摸起点线。

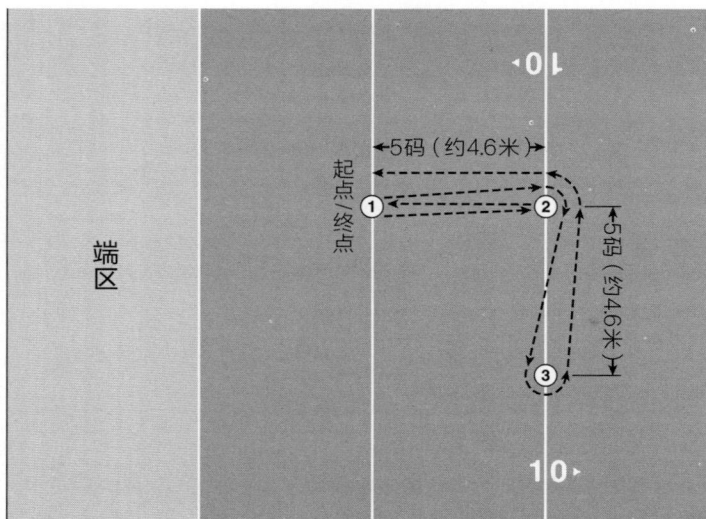

图3.12 L形敏捷性测试

5. 运动员再次改变方向，跑向第2个锥形桶。运动员到达第2个锥形桶后，向右急转，并跑向位于第2个锥形桶右侧5码（约4.6米）处的第3个锥形桶。

6. 运动员接近第3个锥形桶的右侧并绕过它，然后跑向第2个锥形桶。

7. 运动员保持在第2个锥形桶的右侧，并绕过第2个锥形桶跑向终点线（第1个锥形桶）。

8. 运动员越过终点线后，教练停止计时并记录时间。

9. 记录3次试跑中的最佳成绩（中间休息3~5分钟）。

教练提示

- 运动员触摸第1条线和第2条线时都要使用右手，这很重要。
- 测试也可以选择向左转，或设计为反应测试，即当运动员在第1个和第2个锥形桶之间时，教练向运动员发出左或右的信号。

描述性数据

表3.15提供了高中橄榄球运动员的L形敏捷性测试的数据。表3.16提供了大学橄榄球运动员敏捷性测试的数据。图3.13提供了NFL新秀考察训练营的L形敏捷性测试分类。

表3.15 高中橄榄球运动员的L形敏捷性测试的数据（秒）

等级	DB	DL	LB,DE,TE	OL	QB	RB	WR
90%	7.18	7.60	7.39	7.92	7.26	7.18	7.21
80%	7.37	7.79	7.57	8.16	7.41	7.38	7.35
70%	7.47	7.98	7.69	8.31	7.55	7.50	7.46
60%	7.56	8.10	7.80	8.45	7.66	7.62	7.56
50%	7.66	8.21	7.91	8.58	7.75	7.73	7.65
40%	7.76	8.37	8.02	8.74	7.85	7.81	7.74
30%	7.86	8.51	8.15	8.89	7.95	7.94	7.86
20%	7.98	8.73	8.28	9.10	8.08	8.09	8.00
10%	8.17	9.08	8.54	9.38	8.28	8.31	8.21
平均值（标准差）							
一年级	7.87（0.56）*	8.61（0.74）*	8.13（0.44）*	8.80（0.72）*	7.87（0.43）*	7.94（0.47）*	7.88（0.49）*
二年级	7.73（0.39）*	8.33（0.56）*	7.97（0.46）*	8.73（0.58）*	7.78（0.40）*	7.75（0.48）*	7.70（0.41）*
三年级	7.60（0.42）*	8.20（0.60）*	7.86（0.47）*	8.56（0.59）*	7.72（0.44）*	7.67（0.47）*	7.62（0.39）*
样本量	1163	769	1046	585	547	1047	1278

*各级别之间存在明显差异（$p \leq 0.05$）。

DB=防守后卫，DL=防守线锋，LB=线卫，DE=防守端锋，TE=近端锋，OL=进攻线锋，QB=四分卫，RB=跑卫，WR=外接手。

［经许可，源自：B.D. McKay, A.A. Miramonti, Z.M. Gillen, T.J. Leutzinger, A.I. Mendez, N.D.M. Jenkins, and J.T. Cramer, "Normative Reference Values for High School–Aged American Football Players," *Journal of Strength and Conditioning Research* (2019). ］

表3.16 大学橄榄球运动员L形敏捷性测试的数据（秒）

位置	时间
OL	7.7
TE	7.2
RB	7.1
WR	7.0
QB	7.2
DT	7.7
DE	7.4
LB	7.2
S	7.0
CB	6.9
K, P	7.2

OL=进攻线锋，TE=近端锋，RB=跑卫，WR=外接手，QB=四分卫，DT=防守截锋，DE=防守端锋，LB=线卫，S=安全卫，CB=角卫，K=踢球手，P=弃踢手。

［经许可，源自：P. Ivey and J. Stoner, *Complete Conditioning for Football* (Champaign, IL: Human Kinetics, 2012), 20.］

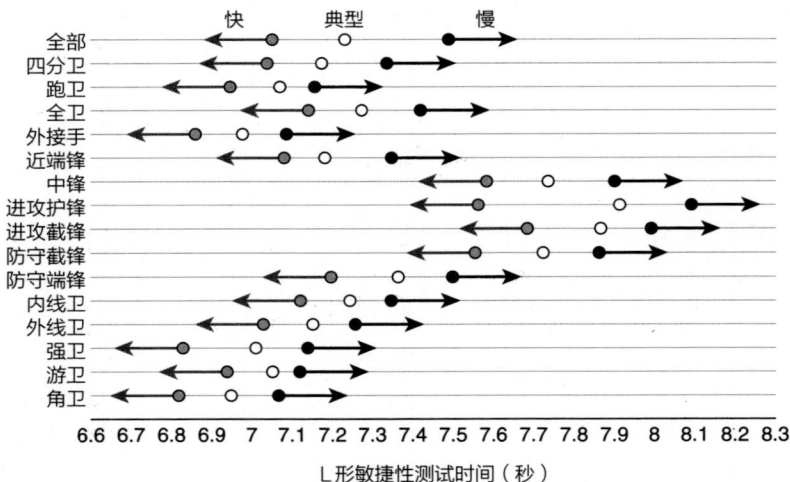

图3.13 NFL新秀考察训练营的L形敏捷性测试分类：快——70%，典型——50%，慢——30%

［经许可，源自：D.H. Fukuda, *Assessments for Sport and Athletic Performance* (Champaign, IL: Human Kinetics, 2019), 115；数据源自：J.L. Nuzzo, "The National Football League Scouting Combine From 1999 to 2014: Normative Reference Values and an Examination of Body Mass Normalization Techniques," *Journal of Strength and Conditioning Research* 29(2015): 279–289.］

无氧能力测试

对运动员的无氧能力进行测试可以使教练了解运动员以最大努力进行测试的能力，但无氧能力测试需要持续合适的时间，而不是几秒钟（即最大无氧爆发力）。接下来将为教练提供有关执行无氧能力测试的详细说明。

300码（约274米）往返跑

目的

测试无氧能力。

工具

锥形桶。

秒表或计时系统。

草地、草皮或其他良好的跑步地面。

准备

教练将两个锥形桶放在起跑线以及距离起跑线25码（约23米）处（图3.14）。如果球场上没有画线，则应使用卷尺测量以确保测试的有效性。将锥形桶放在适当的距离，教练准备好秒表或计时系统后，就可以开始测试。

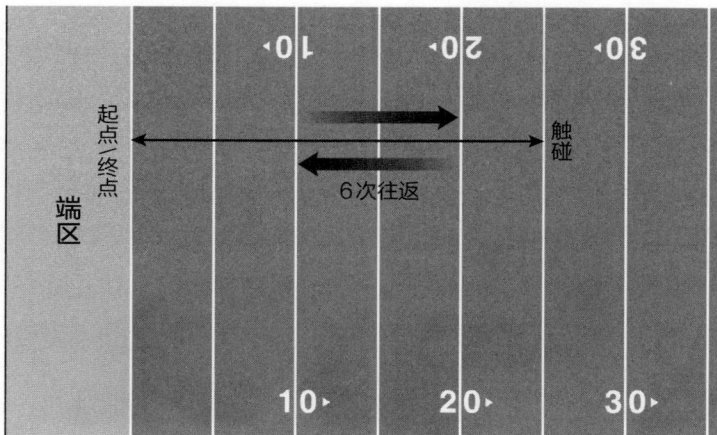

图3.14 300码（约274米）往返跑

测试方案

1. 运动员采用三点式站位，站在起跑线后面。教练在运动员做出第1个动作时开始计时。

2. 运动员向前冲刺25码（约23米），然后转身跑回起跑线。

3. 运动员来回奔跑6次，总计300码（约274米）。

4. 运动员始终用右脚触碰25码（约23米）线，并用左脚触碰起跑线。这将确保运动员在测试过程中保持高速运动。

5. 运动员在完成300码（约274米）的往返跑后越过终点线，教练停止计时并记录测试结果。

6. 运动员休息5分钟，然后再次进行测试。

7. 将两次测试的平均时间作为最终测试分数。

教练提示

运动员在5分钟的休息时间内可以慢走和拉伸，但他们需要按时开始第2次测试。

描述性数据

表3.17提供了大学橄榄球运动员的300码（约274米）往返跑的数据。

表3.17 大学橄榄球运动员在300码（约274米）往返跑中的跑25码（约23米）的用时（秒）

位置	跑25码（约23米）的时间
OL	65~75
DL,K,P	60~70
LB,TE	55~65
RB,WR,DB,QB	50~60

OL=进攻线锋，DL=防守线锋，K=踢球手，P=弃踢手，LB=线卫，TE=近端锋，RB=跑卫，WR=外接手，DB=防守后卫，QB=四分卫。

[经许可，源自：P. Ivey and J. Stoner, *Complete Conditioning for Football* (Champaign, IL: Human Kinetics, 2012), 181.]

60码–50码–40码（约55米–约46米–约37米）测试

目的

测试无氧能力。

工具

锥形桶。

秒表或计时系统。

草地、草皮或其他良好的跑步地面，长度至少为80码（约73米）。

准备

教练在测试的起点和终点放置锥形桶（图3.15）。

测试方案

1. 运动员以三点式站位排在起跑线后面。

2. 教练在运动员做出第1个动作时开始计时。

3. 运动员根据其场上位置在规定的时间内沿直线方向跑完规定的距离。

   - 进攻线锋和防守线锋在6秒内跑40码（约37米）。

   - 线卫、跑卫、四分卫、近端锋、踢球手和弃踢手在7秒内跑50码（约46米）。

   - 外接手和防守后卫在8秒内跑60码（约55米）。

4. 当运动员越过终点线时，教练停止计时。

5. 所有位置在两次重复之间拥有相同的休息时间（30秒）。

6. 所有位置都必须完成10次重复。

7. 在完成第1组的10次重复之后，运动员将获得3分钟的休息时间，然后完成第2组的10次重复，其要求的完成时间和休息时间与第1组相同。

8. 无法在两组测试中均达到所有目标时间的运动员无法通过测试。

教练提示

跑道长度至少应为80码（约73米），以确保有足够的空间让运动员减速。

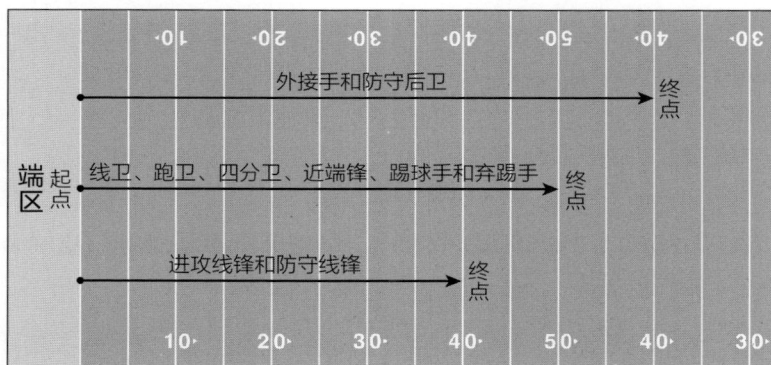

图3.15 60码－50码－40码（约55米－约46米－约37米）测试

225磅（约102千克）卧推最大重复次数测试

目的

评估上肢的肌肉耐力和力量。

工具

杠铃杆。

配重杆铃片。

锁扣。

卧推架与长凳。

准备

教练将适当重量的杠铃片固定到杠铃杆上。运动员进行适当的热身（请参阅测试方案）。

测试方案

1. 请参阅卧推的练习技巧说明（第7章，第123页）。

2. 运动员在第1组热身中使用较轻的重量[如95磅（约43千克）]完成5~10次重复。

3. 休息2分钟后，使用较重的重量[如135磅（约61千克）]完成另一组热身，重复6次。

4. 休息2分钟后，使用较重的重量[如185磅（约84千克）]完成另一组热身，重复3次。

5. 休息2分钟后，使用较重的重量[如205磅（约93千克）]完成另一组热身，重复2次。

6. 运动员热身后，教练指示运动员以225磅（约102千克）的重量完成尽可能多的重复次数。

7. 一旦运动员无法完成完整的动作，教练或保护人员以交替握法抓住杠铃，将杠铃放回卧推架，然后记录运动员已完成的重复次数。

教练提示

- 遵循严格的技术要求：杠铃必须接触胸部，肘部必须在顶部完全伸展，在整个测试过程中，髋关节和臀部必须与长凳保持接触，而双脚必须与地板保持接触。

- 测试方案中描述的热身顺序只是一个示例，在进行测试之前，不要求使用标准化的热身方案。

- 运动员必须在测试前做好心理准备。该测试会使运动员体验到失败的滋味，所以运动员必须要集中精神，才能发挥出自己的最佳水平。

- 可考虑将高中运动员的225磅（约102千克）卧推最大重复次数测试的测试重量降低到185磅（约84千克）。就最大重复次数测试而言，这可能是更合适该年龄组的重量。

- 进行该测试时必须有保护人员。如果只有一个保护人员，则保护人员站在运动员头部后面的长凳的一端，并在运动员的双手之间以窄距交替握法抓紧杠铃。在某些情况下，需要配备3个保护人员：运动员头部正后方一个，杠铃两侧各一个。

描述性数据

表3.18提供了NFL新秀考察训练营的225磅（约102千克）卧推最大重复次数测试的数据。

表3.18　NFL新秀考察训练营的225磅（约102千克）卧推最大重复次数测试的数据（次）

等级	全部	QB	RB	FB	WR	TE	C	OG
100%	51	26	32	37	27	35	41	45
90%	30	25	26	30	20	26	34	32
80%	27	24	23	26	19	24	31	30
70%	24	21	22	24	17	23	29	28
60%	23	20	20	23	16	22	27	26
50%	21	19	19	22	15	20	26	25
40%	20	18	18	21	14	19	25	24
30%	18	18	17	20	13	18	23	23
20%	16	15	16	18	11	17	22	21
10%	14	14	15	17	10	16	19	19
0.001%	2	14	8	7	4	7	17	14
平均值	21.4	19.7	19.7	22.6	15.1	20.7	26.3	25.5
标准差	6.4	3.9	4.4	5.2	4.3	4.5	5.4	5.2
样本量	3424	13	332	98	225	233	130	271
等级	OT	DT	DE	ILB	OLB	SS	FS	CB
100%	40	51	45	36	41	31	28	27
90%	31	35	31	28	29	24	22	20
80%	29	32	27	26	26	22	19	18
70%	27	30	26	25	25	20	18	17
60%	26	28	25	24	24	19	17	15
50%	24	27	24	23	22	17	16	15
40%	23	26	22	21	21	16	15	14
30%	22	25	21	20	20	15	14	12
20%	21	23	20	19	18	14	14	11
10%	19	21	17	17	16	12	11	10
0.001%	9	8	12	8	10	7	5	2
平均值	24.8	27.6	23.7	22.6	22.5	17.9	16.3	14.5
标准差	4.9	5.7	5.0	4.6	4.9	4.6	4.0	4.2
样本量	309	307	320	180	297	147	178	380

QB=四分卫，RB=跑卫，FB=全卫，WR=外接手，TE=近端锋，C=中锋，OG=进攻护锋，OT=进攻截锋，DT=防守截锋，DE=防守端锋，ILB=内线卫，OLB=外线卫，SS=强卫，FS=游卫，CB=角卫。

［经许可，源自：J.L. Nuzzo, "The National Football League Scouting Combine From 1999 to 2014: Normative Reference Values and an Examination of Body Mass Normalization Techniques," *Journal of Strength and Conditioning Research* 29 (2015): 279–289.］

小结

测试方案和运动员评估是所有体能训练计划的关键组成部分。此外，测试和评估也是橄榄球训练计划的关键组成部分[3]。需要注意的是，有许多测试对某些位置和体形的运动员有益，本章并未详尽列出所有测试，而是只列出了常见的测试，并说明了测试步骤。同样还要注意，个别教练偏好于某些测试，这可能与特定的运动员群体、正在执行的橄榄球体系（例如，节奏进攻）或他们自己的测试执行经验有关。不过你要知道教练为什么要使用这类测试，也要了解他们使用的测试是否适合你。任何测试过程中最重要的都是安全性、有效性、可靠性和正确执行。

第 4 章

专项训练计划设计指南

杰夫・赫德（Jeff Hurd）和纳塔涅尔・D.M. 詹金斯（Nathaniel D.M. Jenkins）

在设计橄榄球力量训练计划时，需要考虑许多方面。不仅需要根据年度周期的阶段（通常简称为赛季）制定不同的训练目标，而且还必须满足特定位置的独特需求，以创建最佳的球队。总体而言，练习选择、练习顺序、训练频率、训练量和强度（负荷）是制定训练计划的关键因素。本章将介绍制定力量训练计划的原则和准则，使教练能够帮助球员在橄榄球比赛中有出色的表现。

专项性、超负荷和适应

制定橄榄球力量训练计划的第一步是确定该项运动需要的身体素质，例如力量、速度、最大力量、爆发力、横向移动速度、敏捷性、加速度、急停和变向的能力、肌肉耐力和无氧能力等。这些都必须在年度训练周期中得以确定并弥补不足，以帮助运动员在球场上有出色的表现。

德洛姆（DeLorme）在1945年使用专项性一词来解释训练所导致的适应或结果取决于所使用的训练方法[2]。因此，对于力量训练，萨莱（Sale）和麦克杜格尔（MacDougall）[3]建议训练应模拟在比赛中使用的动作模式、速度、收缩类型和收缩力量。但是，尽管橄榄球运动所需的动作模式和技术很复杂，并且通常难以匹配在力量房中的训练，但力量训练可以用来提高运动员的力量、速度和爆发力。此外，在力量房中通过在同一平面使用相似的爆发力输出并模仿比赛中的姿势来训练身体，将使运动员在完成橄榄球专项技术时获得最大的肌肉和神经系统转移。这样，橄榄球运动中需要的专项动作模式和技术就可以在训练时得到进一步完善。

在制定力量训练计划时，使用超负荷原则也很重要。为了生成力量或爆发力适应，运动员在训练中必须承受更大的压力，同时避免过度超负荷和身体机能恢复不足[4]。随着运动员达到更高的表现水平，训练计划必须继续增加强度以确保持续的适应性。该原则被称为渐进性，适当地运用该原则有助于取得长期训练效益。在训练计划中调整若干计划变量可以实现超负荷和渐进性，下面将分别介绍这些变量。

练习选择

在确定运动员的需求之后，体能教练应考虑要包括在力量训练计划中的**练习选择**。通常，练习的动作模式与比赛中使用的动作模式越相似，练习的进步就越有可能转化为在球场上运动表现的进步。教练还必须考虑运动员正确完成练习的能力、练习器械的可用性，以及可在力量房参加训练的时间。橄榄球运动中的许多动作都需要三关节伸展，这是指踝、膝和髋关节的伸展。例如，跳跃、奔跑、阻挡、铲截和切入都需要有力且快速的三关节伸展。在力量房中，诸如高翻和抓举之类的练习需要在承担负荷的情况下进行高速三关节伸展。尽管这些练习不能完美地模拟比赛中使用的动作，但奥林匹克举重及其衍生练习将产生可带到橄榄球场上的积极影响，在许多情况下，它们构成了橄榄球力量训练计划的基础。此外，橄榄球是一项以推为主导的运动，经常需要球员推对手。因此，诸如水平卧推和上斜卧推，以及前蹲和颈后深蹲之类的练习也符合这项运动的要求，应包括在橄榄球力量训练计划中。在本章后面的内容中，我们提供了更多有关选择针对橄榄球每个位置的练习的详细信息。

练习顺序

计划中包含的**练习顺序**也是要重点考虑的因素。当计划中包含旨在增强最大爆发力的练习时，运动员就要在训练课中首先实现这一目标，这很重要。爆发力练习需要使用最熟练的技术，需要强烈的牵张反射，并且极易使运动员产生疲劳。因此，在热身后立即进行这些练习将最大限度地提高练习的质量和保证训练的安全。先进行爆发力练习也可能有助于刺激运动员为接下来的力量训练做好准备。

进行爆发力练习后，体能教练应加入其他多关节、非爆发力的重要练习（通常称为**核心练习**，不要与解剖学意义上的核心练习相混淆；请参见第8章），例如深蹲和肩推的变式。这些练习也有很高的能量需求，因此不应在此之前进行任何辅助练习。

最后，应在完成所有爆发力和非爆发力核心练习之后进行**辅助练习**。这些可能包括但不限于孤立的特定肌群练习，例如侧平举、俯卧弯腿、坐姿腿屈伸、肱二头肌弯举和肱三头肌伸展等。通常，这些练习将规定运动员进行多次重复，使用较小的负荷，并且两组之间的休息时间较短。这种练习顺序将有助于增强或维持运动员的肌肉耐力。

训练频率

训练频率是指在一周内安排进行训练的次数。训练频率取决于运动员的训练状态、所处的赛季阶段、预期的练习负荷、所规定的练习类型及预期的能量代谢训练负荷。例如，在休赛期中，力量训练的频率可能会比赛季期间高，赛季中的场上练习和比赛已经对身体造成了很大的压力。

训练频率可以有多种分配方式。两种非常流行且较有成效的计划是每周进行3天（全身）和每周进行4天（上/下肢分开）训练。在制定这两个训练计划时，非常重要的是每个核心动作每周都要重新训练一次。此外，运动员的两次肌肉训练至少间隔48小时。每周3天的训练计划应分为大负荷、小负荷和中等负荷的训练日。 在一周的第1节训练课中，所选的练习应让运动员完成最大的负荷，第2天指定最小的负荷，第3天指定中等的负荷。相同的原则适用于每周4天（上/下肢分开）的计划。例如，可以在1周的第1天进行大负荷的下肢训练，然后是较小负荷的上肢训练、较小负荷的下肢训练，最后是较大负荷的上肢训练。

在赛季中或比赛阶段的训练频率应下降到每周2~3天，通常选择在第3节训练课完成辅助训练。训练负荷应使用中等负荷或大负荷，但应保持较小的训练量。大训练量会产生高水平的神经肌肉疲劳，这是在赛季中应尽量避免的。此外，使用大负荷和小训练量有助于维持运动员的力量。

训练量

训练量是指在训练课中举起的总重量，也可以计算为训练课中完成的总重复次数（有时称为**重复量**）。然而，最常见的是将训练量计算为**训练量负荷**，即执行的重复次数与给定练习所使用负荷的乘积[4]。训练量负荷与训练过程中完成的机械功密切相关，因此与训练中承受的生理压力高度相关。所以，训练量负荷被认为是个体对力量训练产生生理适应的主要决定因素。它是可以确保超负荷的主要变量之一[1]。教练还可以跟踪训练中的训练量负荷，以量化训练课为目的。例如，在给定的训练课中，可以计算以肌肥大、最大力量或最大爆发力为主要目标所完成的所有练习的训练量负荷，以确定主要的训练刺激。通常，随着训练周期中的强度增加，有意识地减少训练量，或者在外出训练或能量代谢训练负荷较大时减少训练量，可以确保运动员能够恢复身体机能。某个力量训练量的恢复时间可能因人而异，并且取决于运动员的训练状态、营养状况、压力、训练频率及场上训练或能量代谢训练负荷等因素。

强度（负荷）

强度是力量和能量代谢功率输出的指标。因此，它是评判训练课中所完成练习的质量的良好指标。抗阻训练的强度受重复次数和组数的影响，可以通过用训练量负荷除以训练课中完成的总重复次数来计算。因此，强度也可以认为是在训练课中每次重复举起的平均重量（或负荷）。重要的是，强度会随着时间的推移而增加，以确保力量训练计划的持续进阶。被举起的次数与所使用的负荷成反比。换句话说，使用较大的相对负荷与使用较小的相对负荷相比，运动员在一组练习中的重复次数较少（表4.1）。因此，负荷以及在一组中完成的重复次数将直接与训练目标相关。旨在最大化提高橄榄球运动员力量和爆发力的计划通常每组会使用较大的相对负荷和较少的重复次数。

力量训练计划的休赛期部分将分为3个阶段。每个阶段都将规定核心练习中的训练负荷，以经过测试、预计或估计的1RM的百分比来表示。通常，随着运动员从第1阶段进入第3阶段，他们将举起更大的相对负荷。例如，在肌肥大/力量耐力阶段（例如，第1阶段），运动员在练习中可能不会使用大于85%1RM的负荷[4]。但是，在力量/爆发力阶段，他们可能会在练习中使用大于90%1RM的负荷[4]。

在每个阶段增加核心练习所需的负荷将有助于创造超负荷条件，并且这种变化将实现渐进性或适应性。这为运动员提供了一种朝着他们的力量和爆发力目标前进的好方法。无论是完成每周3天还是每周4天的训练计划，对他们而言，每周最好都要使用一次大负荷完成每个核心练习。稍后各章将详细介绍完整的训练计划，以及休赛期、赛季前、赛季中和赛季后的练习强度的具体示例。

表4.1 1RM的百分比和允许的重复次数

1RM 的百分比	允许的重复次数
100	1
95	2
93	3
90	4
87	5
85	6
83	7
80	8
77	9
75	10
70	11
67	12
65	15

［经许可，源自：J. Sheppard and T.Triplett, Program Design for Resistance Training, in *Essentials of Strength Training and Conditioning*, 4th ed., edited by G. Haff and T. Triplett (Champaign, IL: Human Kinetics, 2016), 452.］

休息时间

影响超负荷的最后一个变量是组和练习之间用于恢复的时间，其通常被称为休息时间。休息时间取决于训练目标和相对负荷。通常，在举起较大的负荷时应规定较长的休息时间，以最大限度地提高训练质量并确保完成随后的规定组数。对于提高最大爆发力的训练，这一原则也适用。通常，最大力量和爆发力训练的通用指南是在两组之间提供3~5分钟的休息时间[4]。对于那些并非以增强最大力量和爆发力为主要目标的训练，例如辅助练习（肱二头肌弯举、侧举、腿屈伸），可以规定30~90秒的休息时间[4]。如果训练目标是增强肌肉耐力，通常规定30秒或更短的休息时间[4]。最后，教练也可以考虑组合练习，各组之间不休息，以帮助运动员增强肌肉耐力。例如，可以将针对上肢和下肢的练习进行组合，将针对拮抗肌的练习进行组合，或者将复合辅助练习与一项单独的练习进行组合。

力量训练计划的专项目标

橄榄球运动有许多生理需求，但是力量训练计划的主要目标是增强力量和爆发力。生成持续的超负荷将增强未经训练的球员的力量，但是在训练体能更好的球员时，还应考虑更多因素，既要产生刺激和变化以增强力量和爆发力，同时又要防止过度训练。将训练划分为多个阶段会让训练效果更显著。每个阶段都有自己的目标，朝着整体计划的力量和爆发力目标逐步迈进。使用有序训练阶段（用负荷的周期和阶段定义）对球员的准备进行战略性操纵的方式称为周期性训练。

训练周期通常分为3个阶段。

第1阶段：肌肥大/力量耐力（提升运动员在比赛第4节的体能水平）。

第2阶段：基础力量。

第3阶段：力量/爆发力。

训练周期的第1阶段称为肌肥大/力量耐力阶段。此阶段的训练有两个目标。第1个目标是增加骨骼肌的维度，就是所谓的肌肥大。增加肌肉维度可以使肌肉为随后两个阶段中的较大负荷做好准备。第二个目标是增强肌肉耐力。肌肉耐力不仅对于运动员在比赛的第4节仍能保持力量和爆发力很重要，而且对于帮助运动员在随后两个训练阶段中完成规定的重复次数也非常重要。为了实现这些目标，训练量必须很大。当训练量很大时，必须使用低强度到中等强度的训练，以避免过度训练。因此，在肌肥大/力量耐力阶段，运动员应以50%~85%1RM，或6RM~20RM的负荷完成练习[4]。为了维持在此阶段实现的肌肥大和肌肉耐力适应，可以在基础力量阶段和力量/爆发力阶段提供足够的训练量，并在完成补充练习或辅助练习时提供适当的休息时间。

训练周期的第2阶段称为**基础力量阶段**。在此阶段，主要目标是增强影响运动表现的关键肌肉的力量。核心动作的训练量减小、强度增加。从较轻的重量进阶到较重的重量，这样做可提供促进力量适应的必要刺激。此外，在此周期中使用的练习对运动项目的针对性可能会变得更强。在此阶段使用的负荷应为80%~95%1RM，或2RM~6RM[4]。此外，运动员每项练习应完成2~6组[4]。

训练周期的第3阶段称为力量/爆发力阶段。比起前面的两个阶段，此阶段中的训练量将更小、强度更大。运动员每组完成不超过5次，同时使用87%~95%1RM的负荷，以增强最大力量，并使用30%~85%1RM的负荷来增强最大爆发力[4]。在此阶段，常见的做法也可以是减少训练周内完成练习的总数量。大重量负荷（可以减少重复次数）对于促进使肌肉力量最大化的神经肌肉适应是必需的。此外，在此阶段，爆发力训练应使用中等负荷，因为中等负荷有助于增强最大爆发力。例如，卧推可能需要使用50%~70%1RM的负荷才能生成最大爆发力[4]。因此，在此阶段选择的训练目标和特定练习将最终决定选择怎样的负荷方案。最后，除训练营之前的一周外，还应在各个阶段之间或每3~4个训练周安排一个减量周或变更负荷周。

所有位置组别在球场上都需要相同的基本素质。橄榄球是一项非常费力的运动，在训练和比赛中的任何时候，所有位置的运动员都必须强壮有力又敏捷。因此，每个橄榄球运动员都必须具有力量、速度和整体爆发力。不同之处在于，不同位置的球员各自需要更重视某些素质。接球手、防守后卫和跑卫需要在更长距离中保证速度，而进攻线锋和防守线锋则需要在较短的时间保证速度和敏捷性。进攻线锋和防守线锋需要高水平的力量和爆发力才能将大个子对手推至争球线之外，但外接手和防守后卫在试图摆脱防守球员或在进行压迫式盯人防守时也需要力量和爆发力。此外，所有球员都必须阻挡或阻截对手的进攻。

即使每个位置可能有不同的侧重点，但所有位置的球员都必须强壮有力且具有爆发力。线卫、近端锋和全卫需要所有素质较为均衡。他们必须足够强壮才可以完成阻挡和阻截，必须快速跑动或覆盖传球路线，并且必须在开阔区域反应敏捷。此外，这些球员经常代替或回归特勤组，这要求他们在更长的距离上保持速度。甚至四分卫也需要强壮有力才能在掷球时达到良好的速度和距离。如果他们的髋部和腿部没有必要的力量和爆发力，他们的肩部将承受更大的压力并更容易受伤。四分卫还必须能够承受撞击，自己持球强冲，避免被擒抱或擒杀，防止球被夺走，并且在口袋失守时跑出口袋进行冲跑。

在训练时，教练既要解决这些位置的侧重点问题，同时也要通过对练习选择、强度和训练量的控制来保持标准的训练理念。因为力量和爆发力这样的身体素质对于每个位置都是必需的，所以应该建立一个基本计划来培养这些素质。一旦设计了此计划，教练即可修改计划以解决特定的位置需求。可能会在进攻线锋和防守线锋的训练计划中增加卧推锁定练习，以完成近线战术的推压。可以在近端锋、线卫、全卫和防守后卫的训练计划中添加防止臂丛损伤练习，因为这些位置的球员很容易在肩颈部位出现臂丛损伤。可能会在外接手、后卫和防守后卫的训练计划中添加更多的单腿力量练习，因为他们经常发现自己需要单腿切入或跳跃。四分卫可能比其他位置需要更多的旋转练习。由于进攻线锋和防守线锋需要更加重视力量的增强，因此他们完成的负荷可能比队友更重，而在外接手和防守后卫的训练中可使用更轻的负荷，以保证更快的移动，强调速度的提高。同样，可以更改组数和重复次数，以符合每个位置的特定目标。

不同位置的练习选择

所有位置都需要采用以增强力量和爆发力为基础的训练计划。练习的类型可能会根据力量训练计划的目标而有所不同，并且应包括（多种类型的）推举、深蹲、硬拉和奥林匹克举重。在训练中选择的核心动作应根据球员的位置需求、训练经验和练习技术来决定，并辅以辅助练习。

后面各章将详细介绍不同赛季的练习选择和训练计划示例。接下来将介绍不同位置的力量和爆发力要求及相应的练习示例。

进攻线锋和防守线锋

进攻线锋和防守线锋在与同等体格的对手对抗时，必须能够抵抗突如其来的强大力量。他们必须能够承受该力量对他们生成的强大作用力，并有力地保持其在争球线上的位置。他们的首要目标是比对手更有力并击败对手，从而完成战术要求。他们还必须有压制住对手的能力，以便队友完成战术要求。通过身体上的优势获得争球线上的控制权，对橄榄球运动双方运动员的所有其他位置获得成功都至关重要。

近端锋、全卫和线卫

近端锋位置需要跑传球路线并阻挡。全卫必须阻挡、跑动，有时还要跑传球路线。必须培养线卫以下能力：跑动、堵洞、应对对方开路、擒抱和跟防传球路线。

外接手和跑卫

外接手必须能够快速准确地跑传球路线。他们还必须能够摆脱防守后卫，承受撞击和铲截，并在跑动或掩护战术中负责阻挡。跑卫以极大的速度和爆发力带球跑动，在传球保护中还负责阻挡，并承受撞击。

防守后卫

防守后卫必须能够以外接手的速度覆盖传球路线、擒抱，并在跑动时应对对方的开路。

四分卫

四分卫必须能够以极高的速度投掷橄榄球，避开迎面而来的突击手，并偶尔带球跑动。他们还必须承受猛烈的擒抱和撞击。

踢球手和弃踢手

踢球手和弃踢手需要将橄榄球准确地踢出很远的距离或使橄榄球有很长的飞行时间。

四大核心练习及其备选练习

对各位置特定需求的总结进一步验证了所有位置都需要基于力量和爆发力的力量训练计划。所选择的练习必须满足这些要求。

所有位置都将以某种形式或方式进行四大核心练习——推的练习、深蹲、硬拉和奥林匹克举重。这些练习是首选，除非运动员受先前的损伤限制或当前存在身体限制。在这种情况下，可以考虑列出的备选练习。

1. 推的练习。卧推和上斜卧推、借力推和肩部推举、窄握卧推。备选练习包括：

   - 哑铃推举
   - 高位杠铃卧推、架上推举或地板卧推
   - 推动作固定器械
   - T形杠铃胸前推

2. 深蹲。颈后深蹲、颈前深蹲和安全杆深蹲是首选，除非运动员受先前的损伤限制或当前存在身体限制，在这种情况下可以考虑以下备选练习：

   - 六角杠铃深蹲（如果需要，可以在木块上深蹲）
   - 腰带深蹲或垫高深蹲
   - T形杠铃深蹲
   - 哑铃或壶铃相扑深蹲
   - 史密斯机深蹲

3. 硬拉。可以考虑以下备选练习：

   - 六角杠铃硬拉
   - 不同类型的硬拉固定器械

4. 奥林匹克举重（即涉及三关节伸展的练习）。包括高翻、高翻拉、抓举、抓举拉、借力挺举、箭步举、奥林匹克举重组合及其衍生练习，例如耸肩和悬垂高翻。备选练习包括：

   - 哑铃奥林匹克举重
   - 跳跃或跳跃训练器械
   - 药球抛掷
   - 地面三关节伸展器械
   - T形杠铃深蹲转推举练习

每个位置也将根据其位置的变化对这些练习进行修改。

进攻线锋和防守线锋

线锋要强壮，这一点尤其重要，而硬拉是一项增强其站姿力量的很好的练习。从地板上拉起沉重的重物可使线锋增强其腿部、臀部和躯干的力量，这样他们就可以从最初的站姿发力，并对对手的进攻进行防守。这也使线锋能够将对手推开使其无法触球或对抗双人阻挡。此外，它还能帮助进攻线锋将防守线锋移出争球线，为跑卫开路或完成传球保护阻挡。硬拉结合深蹲可以帮助线锋进一步增强下肢力量，同时还可以增强全身力量。

近端锋、全卫和线卫

这些位置是独特的，因为他们需要很强壮的身体来保护进攻球员，并且仍然能够快速跑动。他们需要进行与线锋相同类型的练习，但是负荷要保证与他们的身体素质相符。这些位置的练习与线锋的不同，其变式可能包括六角杠铃硬拉而不是直杠硬拉，也会用悬垂高翻代替高翻，并且由于该位置的跑动要求，他们需要更多单腿练习，如弓箭步行走和单腿深蹲。

外接手和跑卫

与其他位置一样，这些位置需要具有相对于其位置和身材而言的更高水平的力量和爆发力。这些位置与其他位置的最大不同之处在于，他们需要具备很快的冲刺速度，而对纯力量的重视程度稍低，不过也对爆发力有很高的需求。这些位置需要身体能够承受撞击和擒抱，进行迫近掩护，完成擒抱及摆脱对手。在制定计划时必须满足这些需求。这些位置要考虑的练习包括以下几种。

1. 使用六角杠铃硬拉代替直杠硬拉。
2. 由于这些位置对跑动的要求较高，因此应强调单腿练习（例如，弓箭步行走、踏步登阶、单腿深蹲和单腿腘绳肌练习）。
3. 用悬垂高翻和悬垂高抓替换高翻和高抓。
4. 使用哑铃做推举练习。

防守后卫

与外接手和跑卫相似，防守后卫必须具有相对于其身材而言的高水平的力量和爆发力。他们还必须具有出色的速度、爆发力、变向能力和敏捷性。防守后卫必须与外接手、近端锋和跑卫的动作一致，干扰、预测路线和投掷并对之做出反应，阻截通常比其体形更魁梧的对手，并在跑动和掩护传球战术中挑战阻挡对手。由于这些位置要求，为防守后卫考虑的练习与外接手和跑卫位置组的练习相似。这些练习包括以下几种。

1. 使用六角杠铃硬拉代替直杠硬拉。

2. 由于对跑动的要求更高，因此要强调单腿练习。

3. 可以完成悬垂高翻和悬垂高抓，而不是完成高翻和高抓。

4. 推举可以用哑铃代替杠铃。

四分卫

就这个位置的要求，尤其是投掷方面的要求而言，是较为独特的。体能教练应密切注意避免四分卫的胸部肌肉与上背部和后三角肌相比过度发达。该位置的练习有以下几种。

1. 其他深蹲变式，或使用较轻的负荷完成颈后深蹲。

2. 强调单腿练习。

3. 使用哑铃完成推举变式。

4. 使用哑铃完成奥林匹克举重。

5. 使用较轻的负荷完成硬拉备选练习。

6. 在训练箱上使用六角杠铃或哑铃进行硬拉。

7. 由于投掷的要求，需要进行包括躯干和髋部的旋转练习。

8. 肩部练习应包括外旋和肩袖肌群的练习。

9. 在所有肩上推举中使用较轻的负荷。

踢球手和弃踢手

踢球手和弃踢手需要强壮的腿部和躯干肌肉，在与球接触时传递爆发力。他们还应包括更多针对踢和弃踢的旋转躯干和髋部的练习。这些位置的练习有以下几种。

1. 降低杠铃深蹲的强度。

2. 更加重视单腿练习。

3. 包括髋关节外展和内收练习。

4. 包括更多的髋关节屈伸练习。

5. 包括躯干旋转练习。

6. 使用较轻的负荷完成硬拉，或在训练箱上进行六角杠铃或哑铃硬拉。

7. 使用较轻的负荷或哑铃来完成奥林匹克举重。

小结

使用本章中介绍的器械和信息，并以科学的理论方法作为基础制定的训练计划将具有合理的结构。一旦了解了橄榄球运动对各位置球员的身体要求，本章讨论的这些内容将使专业人士能够制定出让球员体验到挑战，并有助于增强其力量和爆发力的训练计划。

第2部分

练习技术

第 5 章

全身练习技术

理查德·兰斯基（Richard Lansky）

全身练习所包含的练习通常与奥林匹克举重及弹震式药球投掷练习相关。这些练习涉及协同协调的动作，用于激活多个关节和肌群以生成和承受作用力。全身练习可以帮助运动员提升在跳跃和冲刺等动作模式中生成高水平爆发力的能力[1, 2]，运动员在橄榄球场上经常需要完成这些动作。

抓举、高翻、挺举等奥林匹克举重练习及其变式与人们称为**三关节伸展**的动作模式有关：迅速、有力地伸展髋、膝和踝关节，通过募集髋部、大腿和小腿的主要肌群向地面或平台施加作用力[2, 6]。这种动作模式不仅存在于跳跃和冲刺等普通运动中，也存在于铲截等橄榄球运动的特定技术中。

使用奥林匹克举重还有助于提高肌肉内和肌肉间的协调水平，并增强快速生成作用力的能力[4]。这些生物运动素质可能会对橄榄球运动员的场上表现产生积极影响。也有人认为，奥林匹克举重的正确完成可能会提升运动员离心承受作用力的能力[4]，可以使运动员的身体准备好承受橄榄球场上类似的压力，并在练习和比赛中减少受伤的风险。

奥林匹克举重和弹震式药球投掷练习还要求运动员表现出灵活性、柔韧性、平衡性和协调性[5]。用安全、高效且正确的技术进行这些练习可以对运动员的身体素质产生有益的影响，所有这些素质对于在橄榄球比赛中发挥良好的表现很重要。在完成全身爆发力训练时，重要的是使用适当的器械并遵守基本的安全守则。杠铃应顺畅地旋转，并且不得翘起或弯曲。如果可能，请使用橡胶杠铃片，以防杠铃跌落时损坏杠铃片、杠铃或地板。

运动员应该知道如何安全地躲开失败的练习，尤其是在进行过顶练习时。如果杠铃落在身后，运动员应该在松手前锁紧双臂，并向前迈步。如果杠铃落在身前，则运动员应保持双臂锁紧并向后退。

练习目录

高翻

训练的主要肌肉

臀大肌、股二头肌、半腱肌、半膜肌、股外侧肌、股中间肌、股内侧肌、股直肌、比目鱼肌、腓肠肌、斜方肌。

开始姿势

- 面对杠铃，双脚打开与肩同宽，形成类似于纵跳的站姿。
- 将杠铃对准脚趾与脚背连接的区域，离胫骨约1英寸（约2.5厘米）。

- 保持挺胸，将髋部向后移，然后蹲下抓住杠铃。
- 双肘完全伸展，向下伸直，握距要比双脚之间的距离稍宽。
- 可以使用锁握，拇指包住杠铃杆，食指和中指放在拇指下面[4]。
- 背部中立或略微前凸，肩膀位于杠铃之前（图5.1a）。
- 髋略高于膝，并且肩高于髋。
- 重心应位于中足前方。
- 脚趾稍微向外旋转。
- 向内旋转双臂，使肘部内侧朝向躯干[4]。
- 手腕翘起，内侧朝向身体。
- 抬起头，眼睛直视前方（与图5.1a和图5.1b中显示的不同）。

动作过程

1. 肩胛骨向后缩，挤压肩胛骨，双臂紧绷。
2. 保持躯干挺直，双腿用力蹬地，开始将杠铃从地板上拉起（图5.1b）。
3. 杠铃上升时，膝盖稍微向后移，同时杠铃也稍向后移，杠铃始终保持靠近身体。
4. 在这个第1拉的过程中，躯干保持稳定，肩与髋之间保持固定的相对位置。
5. 在第1拉的过程中，肩膀保持在杠铃的前方，重心转移到脚跟。
6. 当杠铃经过膝盖时，抬起胸部，使髋和膝再次屈曲。在此过渡阶段中，由于肩稍微向后移动到与杠铃平行的位置，重心也会移回中足。
7. 最大限度地向上跳，伸展髋、膝和踝。这通常称为第2拉，其特征是拉起杠铃的速度和加速度增加。在此阶段，杠铃将擦到大腿中部。
8. 用力耸起肩膀（图5.1c），肘部垂直上移，以帮助引导杠铃的移动轨迹。
9. 向下旋转肘部，然后快速将双肘向上推至锁骨处接住杠铃（图5.1d）。
10. 接住杠铃时，双脚稍微横向朝外滑动，脚尖稍向外旋转。髋和膝屈曲，离心地缓冲杠铃和落地的作用力。
11. 完全站立的最终姿势应类似于颈前深蹲的开始姿势（图5.1e）。
12. 如果使用的是橡胶配重杠铃片，则松开握住杠铃的手，使杠铃自由落在地板上。
13. 如果使用金属杠铃片，则有控制地将杠铃下降至腰部，注意保持安全姿势和收紧核心，然后放开杠铃。

呼吸原则

深吸一口气，然后开始第1拉，将杠铃拉离地板。呼气的同时进行第2拉，即完成爆发性强力跳跃动作。

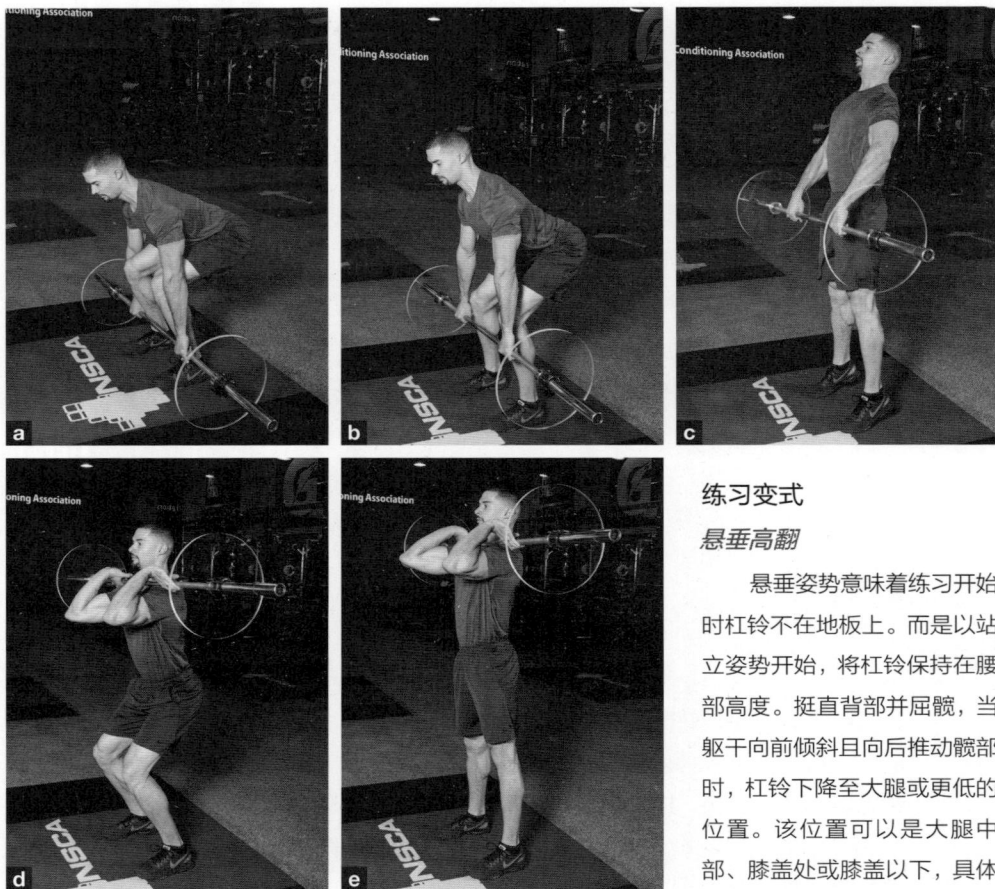

图5.1 高翻：a. 开始姿势；b. 将杠铃从地板上拉起；c. 耸肩；d. 接杠；e. 结束姿势

练习变式

悬垂高翻

悬垂姿势意味着练习开始时杠铃不在地板上。而是以站立姿势开始，将杠铃保持在腰部高度。挺直背部并屈髋，当躯干向前倾斜且向后推动髋部时，杠铃下降至大腿或更低的位置。该位置可以是大腿中部、膝盖处或膝盖以下，具体取决于练习的目标。从膝盖以下开始进行训练将有助于改善拉动作的过渡阶段，而从大腿中部或更高处开始则有助于改善三关节伸展的完成阶段[4]。根据练习目标选择起点位置，完成高翻动作。

单臂哑铃高翻

一只手使用正握法握住哑铃，手臂完全伸展。采用高翻中描述的站姿。将哑铃下降到双腿膝盖以下3~4英寸（8~10厘米）的位置。以与高翻第2拉相同的方式完成爆发性跳跃动作。在跳跃的最高处，手下拉至哑铃下面，在肩膀处接住哑铃。与高翻一样，始终使哑铃靠近身体。小心地将哑铃放回起始位置，控制其下降速度。用一只手臂完成规定的重复次数后，用另一只手臂完成相同的次数。也可以使用双臂哑铃高翻，即双手使用中立式握法各握一只哑铃，手臂在身体两侧伸展，双臂同时完成哑铃高翻动作。

教练提示

- 注意始终保持杠铃或哑铃靠近身体。
- 双腿蹬地，开始拉起，同时杠铃向上和向后移动，移向胫骨。

高抓

训练的主要肌肉

　　臀大肌、股二头肌、半腱肌、半膜肌、股外侧肌、股中间肌、股内侧肌、股直肌、比目鱼肌、腓肠肌、三角肌、斜方肌。

开始姿势

- 面对杠铃，双脚分开与髋同宽站立，形式类似于纵跳的站姿。
- 将杠铃对准脚趾与脚背连接的区域，离胫骨约1英寸（约2.5厘米）。
- 保持挺胸，将髋部向后移，然后蹲下抓住杠铃（图5.2a）。
- 完全伸展肘部，采用宽握（有关确定最佳握距的方法，请参阅教练提示）。
- 可以使用锁握。
- 背部中立或略微前凸，肩膀位于杠铃之前。
- 髋高于膝，并且肩高于髋。
- 重心应位于中足前方。
- 脚趾稍微向外旋转。
- 向内旋转肩和臂，使肘部内侧朝向躯干。
- 手腕翘起，内侧朝向身体。
- 抬起头，眼睛直视前方（与图5.2中显示的不同）。

动作过程

1. 肩胛骨向后缩，挤压肩胛骨，双臂收紧。
2. 保持躯干挺直，双腿用力蹬地，开始将杠铃从地板上拉起（图5.2b）。
3. 杠铃上升时，膝盖稍微向后移，同时杠铃也稍向后移，杠铃始终保持靠近身体。
4. 在这个第1拉的过程中，躯干保持稳定，肩与髋之间保持固定的相对位置。
5. 在第1拉的过程中，肩膀保持在杠铃的前方，重心转移到脚跟。
6. 当杠铃经过膝盖时，抬起胸部，使髋和膝再次屈曲（图5.2c）。在此过渡阶段中，由于肩稍微向后移动到稍前于杠铃或与杠铃平行的位置，重心也会移回中足。
7. 最大限度地向上跳，伸展髋、膝和踝（图5.2d）。在此阶段，杠铃将擦到大腿上部或稍低于腹部的位置，明显高于高翻时的接触点。
8. 用力耸起肩膀，使肘部笔直向上，帮助引导杠铃的移动轨迹，同时将身体拉到快速上升的杠铃下方。
9. 当杠铃推过头部时，向下旋转肘部，然后手臂迅速向上"猛推"以使身体向下运动，并伸直手臂接住头顶上方的杠铃（图5.2e）。

图5.2 高抓：a. 开始姿势；b. 将杠铃从地板上拉起；c. 向后移动杠铃；d. 耸肩；e. 接杠；f. 结束姿势

10. 在头顶上方接住杠铃时，双脚稍微朝两侧滑出。双脚与地板接触的同时，双臂将杠铃锁定在头顶上方。

11. 屈曲髋和膝，以部分深蹲的姿势离心地缓冲落地时的作用力。

12. 深蹲深度应在微蹲与略高于半蹲的位置之间，具体取决于完成练习的负荷和时间。

13. 完全站立的最终姿势应类似于过顶深蹲（第6章，第94页）的开始姿势。杠铃固定在头部上方，耸起斜方肌，双臂完全伸展（图5.2f）。杠铃应在身体重心上方，与肩膀呈一条直线或稍稍位于肩膀后方。

14. 如果使用的是橡胶杠铃片，则允许杠铃向前自由落下，保持双臂锁定，以使杠铃与头部保持良好的距离，并引导杠铃掉落到地板上。在腰部高度松开手，使杠铃落在地板上。

15. 如果使用的是金属杠铃片，则有控制地将杠铃下降至肩部，注意保持安全的姿势，核心收紧，以承受杠铃的重量。屈曲髋和膝，将杠铃下降至腰部，然后再放回地板上。

呼吸原则

深吸一口气，先膨胀胸部，然后再开始第1拉，将杠铃拉离地板。呼气的同时进行第2拉，即完成爆发性强力跳跃动作。

练习变式

悬垂高抓

从站立姿势开始，将杠铃置于腰部。双脚分开的宽度应与高抓相同。挺直背部并屈髋，当躯干向前倾斜并向后推动臀部时，杠铃下降至大腿中部、膝盖处或膝盖以下。悬垂位置取决于练习目标。从膝盖以下开始将有助于改善拉的过渡阶段，而从大腿中部或更高处开始则有助于改善三关节伸展的完成阶段[4]。根据练习目标选择位置起点，完成高抓动作。

单臂哑铃抓举

用一只手握住哑铃，采用高抓中所描述的站姿。不是从地板上开始，而是将哑铃下降到双腿膝盖以下3~4英寸（8~10厘米）的位置。以与高抓第2拉相同的方式完成爆发性跳跃动作。在跳跃的最高处，将手腕翻转过来，在头部上方一臂的距离处接住哑铃。哑铃应与身体的重心对齐，与肩膀在一条直线上或稍稍位于肩膀后方。

教练提示

- 有很多种方法可以确定与抓举有关的练习的正确握距。稻草人方法为将上臂向两侧伸出，肘部屈曲90度，上臂应与地板平行。测量肘部之间的距离，并在杠铃上标记相同的距离作为握距。另一种方法是肩到对侧拳头法，即一只手臂向侧面伸出，手握成拳头，测量从拳头到对侧肩膀末端的距离，并使用该距离作为杠铃上的近似握距[4]。还有一种方法是站起来将杠铃握在身体前面，使用滚花上的外环作为一般起点，调整握距，使杠铃与小腹同高。根据这些方法再结合个人偏好进行调整，获得准确的握距。

- 始终使杠铃或哑铃靠近身体。

- 务必根据高翻练习中所述的内容使用恰当的器械。

高拉

训练的主要肌肉

臀大肌、股二头肌、半腱肌、半膜肌、股外侧肌、股中间肌、股内侧肌、股直肌、比目鱼肌、腓肠肌、斜方肌。

开始姿势

- 面对杠铃，双脚分开与髋同宽站立，形成类似于纵跳的站姿。
- 将杠铃对准脚趾与脚背连接的区域，离胫骨约1英寸（约2.5厘米）。
- 保持挺胸，将髋部向后移，然后蹲下抓住杠铃（图5.3a）。
- 完全伸展肘部，采用高翻或抓举的握距。
- 可以使用锁握。
- 背部中立或略微前凸，肩膀位于杠铃之前。
- 髋高于膝，并且肩高于髋。
- 重心应位于中足前方。
- 脚趾稍微向外旋转。
- 向内旋转双臂，使肘部内侧朝向躯干。
- 手腕翘起，内侧朝向身体。
- 抬起头，眼睛直视前方。

动作过程

1. 肩胛骨向后缩，挤压肩胛骨，双臂收紧。
2. 保持躯干挺直，双腿用力蹬地，开始将杠铃从地板上拉起（第1拉，图5.3b）。
3. 杠铃上升时，膝盖稍微向后移，同时杠铃也稍向后移，杠铃始终保持靠近身体。

图5.3 高拉：a. 开始姿势；b. 将杠铃从地板上拉起（第1拉）；c. 第2拉

4. 在第 1 拉的过程中，躯干保持稳定，肩与髋之间的关系以及躯干相对于地板的角度保持不变。

5. 在第 1 拉的过程中，肩膀保持在杠铃前方，重心转移到脚跟。

6. 当杠铃在过渡阶段经过膝盖时，抬起胸部，使髋和膝再次屈曲。当肩膀稍微向后移动到稍前于杠铃或与杠铃平行的位置时，重心移回中足。

7. 最大限度地向上跳，伸展髋、膝和踝，进行第 2 拉（图 5.3c）。在此垂直跳跃动作中，杠铃将擦到大腿上部。高拉时杠铃与大腿接触的位置高于高翻。

8. 用力耸起肩膀，笔直向上推肘部，帮助引导杠铃的移动轨迹。

9. 当杠铃达到拉的最大高度时，身体应完全伸展，以脚趾为支撑。在此阶段，杠铃保持靠近身体。

10. 如果使用的是橡胶杠铃片，则松开杠铃，使其自由掉落在地板上。

11. 如果使用的是金属杠铃片，请屈曲髋和膝，将杠铃下降至腰部，然后再放回地板上。

呼吸原则

深吸一口气，先膨胀胸部，然后再开始第 1 拉，将杠铃拉离地板。呼气的同时进行第 2 拉，即完成爆发性强力跳跃动作。

练习变式

悬垂抓举高拉和悬垂高翻高拉

将杠铃置于腰部，挺直背部并屈曲髋，当躯干向前倾斜并且向后推动髋部时，杠铃下降至大腿中部、膝盖处或膝盖以下。杠铃的开始位置取决于练习的目标。从膝盖以下开始将有助于改善拉动作的过渡阶段，而从大腿中部或更高处开始则有助于改善三关节伸展的完成阶段[4]。根据练习目标选择位置起点完成抓举或高翻的高拉动作。

哑铃高拉

运动员也可以选择使用单臂或双臂哑铃高拉的变式。当完成单臂哑铃高拉时，用一只手握住哑铃并采取高拉中描述的站姿。将哑铃下降到双腿膝盖以下 3~4 英寸（8~10 厘米）的位置。膝关节应该屈曲，髋部稍微向后推。重心应该位于中足。躯干应略微前倾，背部中立或略微前凸。以与高拉的第 2 拉相同的方式执行爆发性跳跃动作。在跳跃动作的最高处，将肘部笔直向上推，将哑铃拉到上胸部。在整个拉的过程中，保持哑铃靠近身体。再次屈曲膝关节，然后将哑铃下降至开始位置。根据需求，运动员可以先用一只手臂完成所有重复次数，然后换另一只手，或者可以用双手各握住一个哑铃，交替练习，直到完成每侧的所有重复次数为止（双臂哑铃高拉与单臂哑铃高拉的完成方式相同，双手各握一个哑铃放在大腿前部、膝盖处或略低于膝盖的位置）。

抓举高拉或高翻高拉

　　这些变式的完成方式均与高拉相同，但手臂始终保持锁定。与高拉相比，抓举高拉和高翻高拉可以使用更大的负荷。

教练提示

- 高拉变式和常规高拉的开始位置都可以从地板调整为悬垂版本，确切的位置取决于练习的目标。
- 在完成练习的整个过程中，始终使杠铃或哑铃靠近身体。
- 结束时要站直，充分伸展髋、膝和踝，同时保持躯干竖直。
- 每个版本的练习均应使用恰当的器械。
- 练习哑铃变式时，可以选择用橡胶杠铃片。

借力推举

训练的主要肌肉

　　臀大肌、股二头肌、半腱肌、半膜肌、股外侧肌、股中间肌、股内侧肌、股直肌、三角肌、斜方肌、肱三头肌。

开始姿势

- 将杠铃放在深蹲架上与上胸部高度大致相同的位置。
- 面对杠铃，采用双手与肩同宽的正握法。根据个人的舒适度，握距也可以略宽于肩。
- 杠铃在前三角肌上保持平衡，向后退几步，以留出足够的空间来安全地完成练习。
- 如果没有可用的深蹲架，则执行高翻动作，将杠铃放在正确的开始位置。
- 采用双脚分开与髋同宽的姿势，重心移向脚跟。
- 肘部应放在杠铃下方，肘尖朝下指向地板或稍微向上（图5.4a）。
- 头部应处于中立位置。

动作过程

1. 挺胸并有控制地下降身体，屈曲膝关节，非常轻微地屈曲髋部（图5.4b）。
2. 髋与肩保持对齐，并将重心和压力放在脚跟。
3. 离心（下降）运动过程中，保持躯干挺直。
4. 开始向心动作时，双脚蹬地，帮助髋和膝有力伸展。
5. 从离心（下降）到向心（上升）的转换应该快速流畅。在这个阶段中，始终保持躯干稳定并将杠铃固定在上胸部。

图5.4　借力推举：a. 开始姿势；b. 有控制地下降身体；c. 向上推；d. 推举过头顶

6. 利用髋和大腿爆发性伸展生成的动量,将杠铃沿直线向上推(图5.4c)。保持下巴收紧,让杠铃的移动路径畅通无阻。运动员可以选择将头部稍微向后拉,为杠铃提供畅通的移动路径。

7. 虽然将杠铃推离胸部的初始动力是由下肢肌肉发起的,但重要的是要使用三角肌和肱三头肌主动地将杠铃推过头顶。

8. 杠铃应稍微向后移动,并且其结束位置应在头顶正上方,与头部在一条直线上或略微位于头部后方(图5.4d)。运动员可以选择将头部稍微向前推,以完成该动作。

9. 向上推杠铃,在头部上方保持稳定。

10. 不要锁定手臂,将杠铃下降至胸部。

11. 髋和膝屈曲,以缓冲杠铃下降的作用力。

12. 如果使用的是橡胶杠铃片,并使用较大的负荷完成单次重复,则杠铃可以在头部上方的位置自由掉落到地板上。如果使用的是金属杠铃片,则保持双手放在杠铃上,直到其下降到腰部位置,以将其安全地引导到地板上。向后退一步,为杠铃提供畅通无阻的返回路径。

呼吸原则

深吸一口气,在开始下降运动之前先使胸部膨胀。在下降过程中保持此瓦氏呼吸(Valsalva maneuver)(请参阅第6章)。在用力将双臂伸展过头顶时呼气。

练习变式

哑铃借力推举

橄榄球运动员可以选择使用哑铃代替杠铃。哑铃可以增加练习的稳定性,还可以让运动员选择各种握法。与杠铃借力推举一样,将哑铃置于肩部。开始相同可控的下降和爆发性推动动作,将哑铃向上推过头顶。哑铃应与身体的中线对齐。呼气,同时将哑铃下降至肩部位置,屈曲髋和膝,以承受杠铃或哑铃。

教练提示

- 运动员应在杠铃或哑铃举过头顶时通过耸肩继续向杠铃或哑铃施加压力,以提升稳定性。
- 可以用一个或两个哑铃来完成练习变式。使用单个哑铃时,用一只手完成规定的重复次数,然后将哑铃换到另一只手中,再次重复练习。运动员还可以选择双手各握一个哑铃,以交替双手的方式进行练习,完成规定的重复次数。
- 教练提示"下降并上推",提醒运动员做出髋和膝的动作,并将杠铃或哑铃推过头顶至完全锁定,以完成动作。

借力挺举

训练的主要肌肉

臀大肌、股二头肌、半腱肌、半膜肌、股外侧肌、股中间肌、股内侧肌、股直肌、腓肠肌、比目鱼肌、三角肌、斜方肌。

开始姿势

- 将杠铃放在深蹲架上与上胸部高度大致相同的位置。
- 面对杠铃，双手与肩同宽，采用正握法。根据个人的舒适度，握距也可以略比肩宽。
- 杠铃在前三角肌上保持平衡，向后退几步，以留出足够的空间来安全地完成练习。
- 如果没有可用的深蹲架，则执行高翻动作，将杠铃放在正确的开始位置。
- 采用双脚分开与髋同宽的姿势，重心移向脚跟。
- 此开始姿势应类似于纵跳的准备姿势。
- 肘部应放在杠铃下方，肘尖朝下指向地板或稍微向上（图5.5a）。
- 头部应处于中立位置。

动作过程

1. 挺胸并有控制地下降身体，屈曲膝关节，非常轻微地屈曲髋部（图5.5b）。髋与肩保持对齐，并将重心和压力放在脚跟。
2. 离心（下降）运动过程中，保持躯干挺直。
3. 快速由离心阶段转为向心阶段，双脚蹬地，帮助髋和膝爆发性地有力伸展。
4. 在离心阶段和向心阶段，保持躯干稳定，将杠铃固定在上胸部。
5. 利用髋和膝爆发性伸展生成的动量，将杠铃沿直线向上推（图5.5c）。保持下巴收紧，让杠铃的移动路径畅通无阻。
6. 运动员可以选择将头部稍微向后拉，为杠铃提供更顺畅的移动路径。
7. 虽然将杠铃推离胸部的初始动力是由下肢肌肉发起的，但重要的是要使用肩和臂主动地将身体向下压，同时将杠铃推过头顶。
8. 当身体快速移动到上升的杠铃下方时，快速将双脚移向两侧，并以类似于高翻或颈前深蹲在接杠时的姿势落地。深度应类似于微蹲（图5.5d）。
9. 应在杠铃锁定在头部上方时重新定位双脚，并且再次屈曲髋和膝，以缓冲落地的作用力。脚趾可以稍向外旋转30~45度。
10. 与借力推举一样，杠铃移动路径为直线向上并略微向后，结束位置在头部正上方，与身体的中线对齐。运动员可以选择将头部稍微向前推，以完成该动作（图5.5e）。
11. 借力挺举比借力推举完成得更快，更具爆发力。
12. 借力推举和借力挺举都需要强有力的腿部推动来将杠铃推过头顶，借力挺举需要再次屈曲膝关节和重新定位双脚，推动杠铃并将其固定在头部上方。而借力推举则需要锁定膝关节来完成练习。
13. 保持杠铃安全地固定在头部上方，重新定位双脚并站起来，恢复至开始时的站姿。

图5.5 借力挺举：a. 开始姿势；b. 有控制地下降身体；c. 向上推；d. 接杠；e. 结束姿势

14. 不要锁定手臂，将杠铃下降至胸部。屈曲髋和膝，以缓冲杠铃下降的作用力。

15. 如果使用的是橡胶杠铃片，并使用较重的负荷完成单次重复，则杠铃可以在头部上方的位置自由掉落到地板上。如果使用的是金属杠铃片，则保持双手放在杠铃上，直到其下降到腰部位置，以将其安全地引导到地板上。向后退一步，为杠铃提供畅通无阻的返回路径。

呼吸指引

深吸一口气，在开始下降运动之前先使胸部膨胀。在下降过程中保持此瓦氏呼吸（请参阅第6章）。在髋、膝和踝用力伸展时呼气，同时将杠铃推过头顶。

练习变式

哑铃借力挺举

橄榄球运动员可以选择使用哑铃来为练习提供更好的稳定性，并能够选择各种握法。采用与杠铃借力挺举相同的开始姿势，下沉身体，然后将哑铃推过头顶。再次屈曲髋和膝，并在哑铃锁定于头部上方的同时快速向两侧移动双脚。此接杠姿势的深度与杠铃版本的深度相同。保持哑铃固定在头部上方，重新定位双脚，站起来回到开始姿势。呼气时不要锁定手臂，将哑铃下降至开始位置，屈曲髋和膝，以缓冲哑铃生成的作用力。可以使用一个或两个哑铃。使用一个哑铃时，用一只手完成规定的重复次数，然后再将哑铃换到另一只手中，完成规定的重复次数。运动员也可以双手各握一个哑铃，以交替双手的方式进行练习，完成规定的重复次数。

教练提示

- 教练提示"下降，推，再次下降"，提醒运动员再次屈曲膝关节并将双脚向两侧移动，以缓冲头部上方杠铃或哑铃生成的作用力。
- 将双脚移回开始位置时，通过耸肩保持对杠铃或哑铃的支撑，以将其固定在头部上方。

分腿挺举

训练的主要肌肉

臀大肌、股二头肌、半腱肌、半膜肌、股外侧肌、股中间肌、股内侧肌、股直肌、腓肠肌、比目鱼肌、三角肌、斜方肌。

开始姿势

- 将杠铃放在深蹲架上与上胸部高度大致相同的位置。
- 面对杠铃，双手与肩同宽，采用正握法。根据个人的舒适度，握距也可略比肩宽。
- 杠铃在前三角肌上保持平衡，向后退几步，以留出足够的空间来安全地完成练习。
- 如果没有可用的深蹲架，则执行高翻动作，将杠铃放在正确的开始位置。
- 采用双脚分开与髋同宽的姿势，重心移向脚跟。
- 此开始姿势应类似于纵跳的准备姿势。
- 肘部应放在杠铃下方，肘尖朝下指向地板或稍微向上（图5.6a）。
- 头部应处于中立位置。

图5.6 分腿挺举：a. 开始姿势；b. 有控制地下降身体；c. 向上推；d. 双脚分开成弓箭步；e. 双脚回到开始姿势；f. 伸展髋和膝至完全站立姿势

动作过程

1. 膨胀胸部并有控制地下降身体，屈曲膝关节，非常轻微地屈髋（图5.6b）。髋与肩保持对齐，并将重心和压力放在脚跟。

2. 离心（下降）运动过程中，保持躯干挺直。

3. 快速由离心阶段向向心阶段转换时，双脚蹬地，帮助髋和膝爆发性地快速伸展。

4. 在离心阶段和向心阶段，保持躯干稳定。

5. 利用髋和大腿爆发性伸展生成的动量，将杠铃沿直线向上推（图5.6c）。保持下巴收紧，让杠铃向上的移动路径畅通无阻。运动员可以选择将头部稍微向后拉，为杠铃提供更顺畅的移动路径。

6. 虽然将杠铃推离胸部的初始动力是由下肢肌肉发起的，但重要的是要使用肩和臂主动地将身体推到杠铃下方，同时将杠铃推过头顶。

7. 当身体快速下降到上升的杠铃下方时，双脚应快速分开，一条腿向前移动，另一条腿向后移动（图5.6d）。

8. 屈曲髋和膝，以缓冲双脚落地的作用力，并在哑铃固定在头部上方的同时锁定双臂。

9. 重新定位双腿，结束姿势为前脚放平并指向正前方。前腿的膝关节屈曲约90度，胫骨垂直于地面。

10. 屈曲后腿的膝和踝，前脚掌与地面接触，脚跟抬起。

11. 与借力挺举一样，分腿挺举的杠铃移动路径为直线向上并略微向后，结束位置在头部正上方，与身体的中线或髋部对齐。运动员可以选择将头部稍微向前推，以完成该动作。

12. 将杠铃安全地固定在头部上方，前脚向后退一半的距离，并将后脚向前移动，直到双腿都回到开始位置（图5.6e）。伸展髋和膝至完全站立姿势，以完成练习（图5.6f）。

13. 放松双臂，将杠铃下降至胸部位置。屈曲髋和膝，以缓冲杠铃下降时的作用力。

14. 如果使用的是橡胶杠铃片，并使用较重的负荷完成单次重复，则杠铃可以在头部上方的位置自由掉落到地板上。如果使用的是金属杠铃片，则保持双手放在杠铃上，直到其下降至腰部位置，以将其安全地引导到地板上。向后退一步，为杠铃提供畅通无阻的返回路径。

呼吸原则

深吸一口气，在开始下降运动之前先使胸部膨胀。在下降过程中保持此瓦氏呼吸（请参阅第6章）。在髋、膝和踝用力伸展时呼气，同时将杠铃推过头顶。

练习变式

哑铃分腿挺举

哑铃可以为练习提供更大的稳定性，并使运动员能够选择各种握法。将哑铃保持在肩部高度。开始同样可控的下降和爆发性推动动作，将哑铃推过头顶。当哑铃被推到头部上方时，下沉身体，双脚迅速前后分开。在头部上方固定哑铃的同时，双脚接触地面。屈曲髋和膝，以缓冲作用力。保持哑铃与身体的重心或中线对齐，使哑铃保持固定在头部上方，重新定位双脚，站起来恢复到开始姿势。呼气并将哑铃下降至开始位置，屈曲髋和膝，以缓冲哑铃生成的作用力。运动员还可以完成单臂哑铃分腿挺举。在该变式中，首先用一只手臂完成规定的重复次数，再将哑铃换到另一只手中，完成规定的重复次数。

教练提示

- 膨胀胸部并保持直立姿势，在练习的离心和向心阶段为杠铃或哑铃提供坚实的身体支持力，然后再将其推过头顶。
- 提示词"完成！"，可以提醒运动员在练习的向心阶段要完全伸展髋和膝。
- 提示词"在下面猛推"，可以鼓励运动员将身体推到快速上升的杠铃或哑铃下方，前后分开双脚，以接住头部上方的杠铃或哑铃。

高翻组合

训练的主要肌肉

臀大肌、股二头肌、半腱肌、半膜肌、股外侧肌、股中间肌、股内侧肌、股直肌、比目鱼肌、腓肠肌、斜方肌、三角肌、肱三头肌、背阔肌、肱二头肌。

开始姿势

采用完成高翻的相同站法和姿势（请参阅第62～65页的"高翻"相关内容）。

动作过程

1. 连续完成3次高翻。
2. 每次完成后恢复到稳定的开始姿势。
3. 在第3次高翻后，将杠铃保持在锁骨上，并将脚间距调整为颈前深蹲的脚间距。
4. 膨胀胸部，髋部向后移，屈曲膝关节，完成颈前深蹲。
5. 在可控的离心（下降）过程中，保持躯干竖直，肘部保持处于高位。
6. 在快速的向心（上升）过程中，保持此姿势。
7. 颈前深蹲完成后，肘部稍微下降，然后三角肌和肱三头肌发力将杠铃推过头顶，直至伸直双臂。
8. 结束时，杠铃应与耳朵或身体的中线对齐。
9. 在使用较大的负荷时，运动员可能会选择使用腿部肌肉的爆发性动作将杠铃推过头顶。
10. 有控制地将杠铃下降至上胸部。
11. 若使用的负荷较大，则略微屈曲膝和髋，以缓冲杠铃回落时的作用力。
12. 完成3次连续的颈前深蹲加推举动作后，将杠铃放在地板上，并面对杠铃，采用双脚分开与髋同宽的站姿。
13. 双手与肩同宽或略宽于肩，正握杠铃。
14. 膝关节屈曲，并且腰部向前屈曲，使躯干平行于地板或稍高一些。
15. 挤压肩胛骨并执行俯身划船（第138页）动作：将肘部抬高，朝向天花板，将杠铃拉至肚脐处。
16. 有控制地将杠铃放回开始位置。重复完成3次俯身划船。

呼吸原则

使用该组合的高翻部分对应的呼吸模式。对于颈前深蹲转推举部分，先深呼吸，然后再开始离心（下降）运动。在下降和上升时都屏住呼吸，执行瓦氏呼吸（请参阅第6章）。在最后1/4的上升运动过程中呼气。再吸一口气，再次膨胀胸部，然后将杠铃举过头顶。在杠铃下降至胸部时呼气。执行俯身划船时，在开始动作之前吸气，然后在将杠铃拉到肚脐时呼气，然后将杠铃放回地板上。

练习变式

哑铃高翻组合

此变式是一个具有挑战性的练习组合，可以在训练量和持续时间方面进行调整，以适应各种橄榄球运动特定的体能训练需求。运动员首先完成3次连续的哑铃高翻。第3次完成后，将哑铃放置在肩上并完成3次颈前深蹲。在深蹲之后，将哑铃重新放在大腿中部，并完成3次高拉。在第3次高拉的最高处，将哑铃向后翻转至肩膀。从该姿势开始，右脚向前踏出一步，以完成侧向弓箭步姿势。保持躯干竖直，回到开始姿势，然后向左完成侧向弓箭步姿势。完成3次后，放下哑铃并完成3次俯身划船。教练可以选择用直立划船代替高拉，并用侧向深蹲或踏步登阶来代替侧向弓箭步。遵循本书中每个练习所对应的呼吸原则。

教练提示

- 在该组合的颈前深蹲部分，保持躯干竖直，并保持核心收紧，以防止可能因疲劳而导致的练习失败。
- 在俯身划船部分，保持膝关节略微屈曲，躯干固定在略高于与地面平行处。
- 挤压肩胛骨，防止圆背形成的后凸姿势。

肌肉抓举

训练的主要肌肉

臀大肌、股二头肌、半腱肌、半膜肌、股外侧肌、股中间肌、股内侧肌、股直肌、比目鱼肌、腓肠肌、三角肌、斜方肌、肱三头肌、肱二头肌。

开始姿势

- 采用高抓中描述的站法和姿势。
- 将杠铃对准脚趾与脚背连接的区域，离胫骨约1英寸（约2.5厘米）。
- 完全伸展肘部，使用与抓举相同的握距。
- 可以使用锁握。
- 背部中立或略微前凸，肩膀位于杠铃之前（图5.7a）。
- 髋高于膝，并且肩高于髋。
- 重心应位于中足前方。
- 脚趾稍微向外旋转。

- 向内旋转双臂，使手臂内侧朝向躯干。
- 手腕翘起，内侧朝向身体。
- 抬起头，眼睛直视前方（与图5.7中显示的不同）。

动作过程

1. 肩胛骨向后缩，挤压肩胛骨，双臂收紧。
2. 保持躯干挺直，双腿用力蹬地，开始将杠铃从地板上拉起（图5.7b）。

图5.7 肌肉抓举：a. 开始姿势；b. 将杠铃从地板上拉起；c. 再次屈曲髋和膝；d. 耸肩；e. 将肘部拉到杠铃下方；f. 推举过头顶

3. 杠铃上升时，膝盖稍微向后移，同时杠铃也稍向后移，杠铃始终保持靠近身体。

4. 在第1拉的过程中，躯干保持稳定。

5. 在第1拉的过程中，肩膀保持在杠铃前方，重心转移到脚跟。

6. 当杠铃在过渡阶段经过膝盖时，抬起胸部，再次屈曲髋和膝（图5.7c）。当肩膀稍微向后移动到稍微位于杠铃前方或与杠铃平行的位置时，重心移回中足。

7. 用力伸展髋、膝和踝，但不要跳离地面。在此动作过程中，杠铃将擦到大腿上部或更高处，向腰部移动。

8. 用力耸肩，将肘部笔直向上推，帮助引导拉的动作，并使杠铃的移动路径保持靠近身体（图5.7d）。当肘部接近拉的最大高度时，迅速将其向下推并向前旋转，直到双肘位于杠铃的正下方（图5.7e）。

9. 立即开始将杠铃推过头顶。在此阶段，杠铃保持靠近身体。

10. 用斜方肌和肩膀将杠铃锁定在头部上方，与身体中线对齐（图5.7f）。

11. 在动作结束时，不要再次屈曲膝关节，而要锁定它们。

12. 如果使用的是橡胶杠铃片，则按照前文练习内容所述放开杠铃，使其落到地板上。

13. 如果使用的是金属杠铃片，则按照前文练习内容所述放下杠铃。

呼吸原则

深吸一口气，膨胀胸部，然后再开始第1拉，将杠铃拉离地板。呼气，同时完成有力的拉的动作，肘部快速翻转，随后推举过头顶。

练习变式

窄握肌肉抓举

橄榄球运动员也可以使用较窄的握距（类似于高翻的握距），以强调手臂的快速完全伸展。始终使杠铃靠近身体。

教练提示

提示词"肘部抬高再放下"，有助于鼓励运动员用力地完成高拉动作，迅速地翻转肘部，并用力向上推举杠铃，使杠铃到达头部上方，双臂伸直。

双臂壶铃甩摆

训练的主要肌肉

臀大肌、半膜肌、半腱肌、股二头肌、股外侧肌、股中间肌、股内侧肌、股直肌。

开始姿势

- 跨过壶铃站立，双脚分开的距离与髋和肩同宽，脚趾指向正前方。

- 蹲下，双臂放在双腿之间，双手握住壶铃，使用窄距正握。

- 身体保持背部平坦，头部中立，肩膀下压，挺胸，双脚平放在地面上，呈微蹲姿势。

- 让壶铃悬垂在大腿之间，手臂伸直。

动作过程

1. 开始练习时屈曲髋部，向下、向后摆动壶铃。

2. 保持膝关节处于适度屈曲的位置，背部保持中立位，肘部伸展。

3. 继续向后摆动壶铃，直到躯干几乎与地面平行（图5.8a）。

4. 反转动作，伸展髋和膝，使壶铃向前、向上摆动。

5. 在整个练习过程中保持肘部伸展。

6. 让动量将壶铃上升至肩部高度（图5.8b）。

7. 壶铃到达最高位置后，让它向下和向后移动，屈曲髋和膝以缓冲其重力。

呼吸原则

在向下/向后移动时吸气，在向上/向前移动时呼气。

教练提示

专注于髋部伸展，"突然"向前、向上推动壶铃，而不是仅仅依靠腰部伸展。

图5.8 双臂壶铃甩摆：a. 向后摆动壶铃；b. 向前摆动壶铃

深蹲加推掷药球

训练的主要肌肉

臀大肌、股二头肌、半腱肌、半膜肌、股外侧肌、股中间肌、股内侧肌、股直肌、比目鱼肌、腓肠肌、胸大肌、三角肌、肱三头肌。

开始姿势

- 将药球置于胸部，并保持双脚分开与髋同宽的姿势，类似于纵跳姿势。像线锋这样较魁梧的球员可以选择使用略大于髋宽的姿势，以模仿在球场上的姿势。

- 双臂紧贴身体，双手采用中立姿势，分别放在药球两侧，以模仿橄榄球运动中阻挡时的手臂姿势。

- 保持挺胸，将髋部向后移，然后下蹲至大腿与地面平行或略高的位置（图5.9a）。

- 背部中立或略微前凸。

- 重心应位于中足前方。

- 脚趾稍微向外旋转。

- 抬起头，眼睛直视前方。

- 进攻线锋可能会选择保持深蹲姿势两秒，以模仿场上的静态开始姿势。

动作过程

1. 保持躯干挺直，双腿用力蹬地，向前跳。

2. 从胸部推出药球，利用深蹲快速上升生成的动量，并在快速伸展手臂的同时放开药球（图5.9b）。动作类似于快速出拳，也类似于在橄榄球场上的阻挡姿势。

3. 运动员可以选择在快速下蹲动作过程中双脚牢牢踩在地板上，或向前跳并以运动基础姿势落地。

4. 可以45度角、水平或垂直地释放药球。

5. 释放点取决于训练目标。防守线锋与进攻线锋可以选择不同的释放点。

6. 可以与训练伙伴一起或对墙完成这种弹震式药球投掷练习。

7. 跳跃距离取决于训练计划的目标。

图5.9 深蹲加推掷药球：a. 深蹲；b. 投掷

呼吸原则

在开始练习深蹲部分之前，深呼吸并膨胀胸部。在完成用力推掷药球时呼气。

练习变式

深蹲加推掷跨步药球

从深蹲向心阶段完成后，运动员的右脚或左脚向前跨出一大步。释放药球时，应有意识地完成单腿跨步。迈出第1步之后，运动员的对侧腿应立即向前移动，根据其位置的特定要求，与另一条腿平行或稍有偏移。这个结束姿势应是稳定的动作模式，双脚间距适中，能够稳定身体。这种跨步动作是在模仿在球场上发生的一些动作。

教练提示

- 鼓励运动员以有力的腿部推动开始，并以有力的双臂伸展结束。
- 使用提示词"跨步用力传球"可能会很有用，因为它与橄榄球运动术语类似。

药球BLOB投掷（双腿之间向后投掷）

训练的主要肌肉

臀大肌、股二头肌、半腱肌、半膜肌、股外侧肌、股中间肌、股内侧肌、股直肌、比目鱼肌、腓肠肌、竖脊肌、背阔肌、三角肌、肱三头肌。

开始姿势

- 手臂向下完全伸展拿着药球，采用双脚分开比髋部稍宽的站姿，类似于纵跳变式姿势。
- 双臂保持在身体前方，下蹲至大腿与地面接近平行（图5.10a）。深度可以调整为比平行于地面的位置稍高或稍低些，以适应各个身体部分的长度和灵活性问题。
- 将药球放在双腿之间，双手中立，分别放在球的两侧。
- 背部中立或略微前凸。
- 重心应位于中足。
- 脚趾稍微向外旋转。
- 抬起头，眼睛直视前方。

动作过程

1. 用下肢肌肉发起动作并向上跳跃，将药球向上和向后抛过头部（图5.10b）。跳跃动作后恢复稳定的动作模式。
2. 完全伸展髋、膝和踝，其方式类似于在高翻和高抓的第2拉过程中的三关节伸展。
3. 在向后抛过程中，双臂保持锁定。
4. 在爆发性摆臂的顶部释放药球，肩关节屈曲190 ~ 200度。
5. 爆发性跳跃动作应使双脚离开地板。
6. 落地后重新站稳。
7. 这种弹震式药球投掷练习可以与训练伙伴一起完成，也可以单独完成。
8. 跳跃距离取决于训练计划的目标。

图5.10　药球BLOB投掷（双腿之间向后投掷）：a. 深蹲；b. 投掷

呼吸原则

开始该练习的深蹲部分之前，深呼吸，使胸部膨胀。完成用力跳跃和投掷动作时呼气。

练习变式

反向运动BLOB投掷

该练习不是从深蹲位置开始，而是采取双脚分开与髋同宽或稍宽于髋的站姿。双臂完全伸展，将药球举在头部上方。向后推臀部，屈曲髋关节并稍微屈曲膝关节。深吸一口气，下蹲，同时在双腿之间直线向下摆动药球。立即使用下肢肌肉蹬地，以纵跳动作爆发性地向上运动。双臂向上摆动时保持笔直，在头部上方将药球向后抛，在跳跃时呼气。药球的释放点与前面描述的非反向运动版本相同。

教练提示

- 使用腿部力量来发起跳跃动作，而不是下背部。
- 在练习的深蹲部分保持躯干竖直，避免躯干弯曲。
- 强调"深蹲和跳跃"，以最大化下肢力量在练习中的作用。

第 6 章

下肢练习技术

安东尼·罗曼多（Anthony Lomando）

本章介绍的下肢练习提供了在体能训练计划的所有阶段中增强和保持下肢力量和稳定性所需的器械。主要的下肢练习及相应的辅助练习均可以增强推、拉和单腿力量，这些对于在对抗中获得优势、在球场中发挥最佳爆发力，以及在外侧的快速移动中都是必需的。橄榄球是一项基于爆发力的运动，而建立必要的力量基础对增强爆发力和改善场上表现至关重要。

完成以下练习的价值不仅仅在于增强下肢力量。本章对每个练习的各运动阶段都进行了足够详细和深入的介绍，以提高动作的质量和效率。这样的提高不仅可以改善运动表现，还可以防止运动员出现损伤。减少动作代偿和功能障碍即可降低非接触性损伤和软组织损伤的风险。

为了建立必要的动作基础，以积累可转化的下肢力量增益，教练必须在所有规定的下肢练习中指导正确的肢体对齐、关节位置和募集模式。练习的重点往往是所举起的负荷，而不是动作的技术。练习的目的是增强力量，但是如果以较差的动作质量和牺牲关节健康为代价，这种力量有何可用性？以强调技术的方法强调在每次动作中提高动作质量，将能更有效地将力量增益转化到运动项目中，使运动员不仅能够增强下肢力量，还能改善场上表现。

呼吸原则

要成功并安全地完成下肢练习，就需要注意核心肌肉组织对于生成腹腔内压力的作用。激活深层的腹部肌肉和膈肌可生成腹腔内压力，这有助于支撑脊柱并管理椎间盘上的压力。核心肌肉组织的激活有助于稳定和控制躯干，并有助于优化和传递在上下肢中生成的力。有两种主要的支撑或激活选择可用于生成腹腔内压力。瓦氏呼吸（Valsalva maneuver）是一种支撑机制，运动员可以屏息（声门关闭），以阻止空气逸出肺部。这能够激活腹肌，生成腹腔内压力，使躯干挺直。但这种呼吸方法会对血压产生不良影响，并增加对心脏的压力。运动员只能在处理较大的负荷时使用此方法，并且应了解并接受所涉及的风险。第二种机制是大多数力量训练中推荐的一种较安全的选择，它无须屏息就能使隔膜和腹肌实现收缩，能够为脊柱增加支撑并生成腹腔内压力，但不会对胸腔加压[3]。

举重腰带

　　举重腰带的使用是在力量训练过程中增加和维持腹腔内压力的另一种方法，是一种安全有效的选择。美国国家体能协会（National Strength and Conditioning Association, NSCA）建议在完成对下背部压力较大的练习过程中佩戴举重腰带，以及在接近最大负荷或在最大负荷下完成练习时佩戴举重腰带。在负荷较小且直接施加压力于下背部的练习中不需要佩戴举重腰带。不佩戴举重腰带进行较小负荷的练习有助于增强力量并为深层腹部肌肉建立适当的神经肌肉激活模式。过于频繁地依靠举重腰带会使练习效果不理想，即减少使腹肌在负荷下反射性收缩并稳定脊柱的自然训练刺激[1, 2]。

颈后深蹲

训练的主要肌肉

臀大肌、半膜肌、半腱肌、股二头肌、股外侧肌、股中间肌、股内侧肌、股直肌。

开始姿势

- 首先，将杠铃放在肩膀上，采用高杠位颈后深蹲或低杠位颈后深蹲的位置。在高杠位颈后深蹲中，杠铃跨过斜方肌的顶部，位于颈根部后三角肌的上方，使躯干挺直，并且略微增加募集的前链肌肉。在低杠位颈后深蹲中，杠铃跨过斜方肌的下部/中部，与后三角肌接触，使躯干向前倾斜更多，并且增加后链肌肉活动[4]。

- 通常，如果使用高杠位，则握距仅略比肩宽，如果使用低杠位，则握距应宽于肩。

- 用力握住杠铃并向下拉，好像试图在肩上让杠铃弯曲一样。然后，背阔肌和肩胛稳定肌收缩，使胸椎收紧。

- 头部在开始时略微抬高，并在整个动作过程中保持这个姿势，以保持颈椎和胸椎正确对齐。颈椎过度伸展或屈曲会出现胸椎补偿模式。

- 双脚分开与肩同宽或稍宽于肩，脚稍微向外旋转，使重量均匀分布（图6.1a）。

动作过程

1. 不要锁定髋部，髋和膝应有节律地屈曲，以向后坐的运动方式向下移动（图6.1b）。通过保持髌骨的中部与第2和第3脚趾对齐，双膝各自保持在最佳位置，能够确保股骨在下降阶段的任何时候都不会内收，从而避免膝关节内侧受到外翻应力。

2. 头部保持中立位置，核心和上背部肌肉收紧，从而在下降过程中保持身体的稳定性。髋部下降至骨盆向后倾斜但并未迫使腰椎屈曲的程度。对于普通运动员，深蹲通常以大腿顶部平行于地面的位置结束。

3. 在下降和上升之间的过渡过程中，最重要的是保持核心和上背部肌肉收紧。这是深蹲模式中最脆弱的时刻，保持躯干稳定性和股骨对齐对于安全成功地完成练习至关重要。

4. 现在，开始上升阶段，运动员蹬地，垂直向上蹬起，同时保持下肢的最佳对齐（图6.1c）。

呼吸原则

在次最大重量或中等负荷的情况下，在离心阶段吸气，在向心阶段呼气。在大重量和最大负荷深蹲中，先吸气，然后再下降杠铃，并在动作完成后呼气。

保护指引

在较小负荷或次最大重量深蹲过程中，保护人员可站在运动员身后，举起双臂放在运动员的手臂下方。如果需要，保护人员将扶住运动员的上半身并随运动员垂直蹲下，以帮助运动员回到开始位置。如有必要，此保护技术应仅用于一组练习中的最后一次重复时。

在更大负荷深蹲过程中，可能需要有2~3个保护人员，杠铃的两侧各一人，还有一人站在运动员正后方。保护人员应与运动员一同下蹲，这样，如果需要保护，他们将帮助运动员抬起杠铃。杠铃两侧的保护人员应交叉拇指，双手放在靠近杠铃的位置，但在杠铃下降时不要触碰它[1]。

练习变式

铁链颈后深蹲

铁链颈后深蹲是可变负荷模型中使用铁链进行练习的一个示例。这种练习改变了动作在最低点的阻力，从而最大化发力，方法是缩短耦合时间并增加向心阶段的加速度。在铁链颈后深蹲中感受到的独特负荷特征使该方法成为具有稳定练习技术的、有经验的、中级水平和精英水平的运动员的选择。

在使用铁链完成颈后深蹲时，总体负荷会随着铁链重量的加入而改变。增加铁链重量的两种常见方式是让铁链从深蹲的最高点以完全伸展的方式接触地板，或将较大的铁链挂在较小的铁链上，使它们只能在到达深蹲模式的最低点时接触地板。

使用第2种方式，会让铁链在深蹲模式的最高点保持离开地面。当运动员下降到深蹲模式的最低点时，地板会逐渐承受更多的链条重量，直到其大部分重量都落在地板上。在最低点的总负荷减少，可以使过渡阶段的加速度更快（时间更短的拉伸缩短周期），并且提高运动员在向心阶段向上移动时的运动速度（更强的神经肌肉激活）。

使用铁链时要确定适当的重量，这需要精确量化所使用铁链的重量，因为各个力量房的铁链的结构、密度、长度和直径可能会有所不同。确定铁链重量后，通过将动作最高点和最低点的绝对铁链重量相加，并计算平均铁链重量，可以找到铁链到杠铃片间负荷的偏移量。

图6.1 颈后深蹲：a. 开始姿势；b. 深蹲；c. 回到站立姿势

示例：如果使用深蹲最高点重20磅（约9千克），最低点重0磅的铁链，则重复过程中的平均铁链阻力为10磅（约5千克）。对于任何给定的负荷规定，计算出的铁链负荷均以10磅（约5千克）的偏移量为准。因此，如果铁链颈后深蹲规定负荷为200磅（约91千克），则杠铃和杠铃片的总重量为190磅（约86千克），再加上10磅（约5千克）的铁链重量[2]。

教练提示

- 双手在杠铃上的位置取决于运动员的肩关节灵活性和手臂长度。此外，还要找到可实现适当胸椎支撑的宽度。
- 个人站姿的宽度可能会因个人灵活性和生物力学因素而异。一般来讲，要找到一个可以正确完成深蹲，并且下背部、髋和膝不会感到不适的深蹲站距。

颈前深蹲

训练的主要肌肉

臀大肌、半膜肌、半腱肌、股二头肌、股外侧肌、股中间肌、股内侧肌、股直肌。

开始姿势

- 与颈后深蹲不同，颈前深蹲要将杠铃放在身体前方，跨过前三角肌和锁骨，使其正好位于颈线下方或颈线处。握住杠铃，握距稍大于肩宽，手掌朝上。腕部屈曲，肘部向前或稍微向外，将上臂移动到与地面平行的位置（图6.2a）。当以高翻方式接杠时，看上去与颈前深蹲姿势非常相似。
- 开始姿势变式：改版交叉臂握法适用于缺乏练习所需腕部活动能力的运动员；站在杠铃旁边，前三角肌和锁骨在杠铃下方；屈曲肘部，将双臂交叉在胸前，然后将手放在杠铃上，采用开放式握法；当手臂平行于地面时，手指握住杠铃保持不动。
- 双脚分开，与髋或肩同宽，双脚略微向外转。
- 在开始动作之前，收紧腰腹，抬起手臂，向后、向下拉肩带，收紧上背部。

动作过程

1. 放松髋部并下蹲，务必收紧腰腹并保持头部中立。在离心阶段，髋和膝同步慢慢屈曲，而躯干保持与地面的角度不变（图6.2b）。与颈后深蹲要求躯干前倾相比，运动员在颈前深蹲时应保持更为直立的躯干位置。由于杠铃的位置不同，并由此导致重心偏移，所以躯干力学略有不同。

2. 与颈后深蹲相似，颈前深蹲下降的深度应让运动员可以保持胸椎和腰椎正确对齐并且保持肘部抬高。保持双脚上的重量均匀分布，并且脚跟不能从地板上抬起。一般运动员的典型深度是大腿顶部与地面平行的位置。

3. 达到适当的下蹲深度后，用力蹬地并开始垂直蹬起。在过渡阶段，保持挺胸，双臂与地面平行，并保持之前步骤的所有对齐提示。为避免对膝关节生成外翻力，在整个动作过程中要避免过度的股骨内收。

图6.2 颈前深蹲：a. 开始姿势；b. 深蹲

呼吸原则

在次最大重量或中等负荷的情况下，在离心阶段吸气，在向心阶段呼气。在大重量和最大负荷下深蹲时，先吸气，然后再深蹲，并在动作完成后呼气。

保护指引

在次最大重量下深蹲时，保护人员站在运动员后面，举起双臂放在运动员的手臂下方，双手放在胸部前面靠近胸部的位置。如果需要垂直保护，则保护人员将双手放在运动员胸部，并用双臂搂住运动员的身体。

如有必要，此保护技术应仅用于最后一次重复，而不应用于持续的一组练习。在更大负荷的深蹲中，可能需要3个保护人员，杠铃的两侧各一人，还有一人站在运动员的正后方。杠铃两侧的保护人员应交叉拇指，双手放在靠近杠铃的位置，但在杠铃下降时不要触碰它[1]。当运动员需要帮助时，保护人员与运动员一起下蹲，并帮助运动员举起杠铃。

教练提示

在下降阶段，避免在颈前深蹲的最低点屈曲胸椎和下降上臂。这样做可以避免对腰椎和颈椎施加不必要的压力。

过顶深蹲

训练的主要肌肉

臀大肌、半膜肌、半腱肌、股二头肌、股外侧肌、股中间肌、股内侧肌、股直肌、竖脊肌、内层和外层的前核心肌肉组织、肩胛稳定肌。

开始姿势

- 双脚分开，稍宽于肩，双脚略微向外转。
- 握住杠铃，使用抓举握距（请参阅第5章），并使杠铃擦过胸部。将杠铃垂直推过头顶（图6.3a），并收紧腰腹，同时保持肩带处于强有力而稳定的向后向下位置。

动作过程

1. 收紧腰腹，放松髋部，采用向后坐的运动方式，髋和膝同步屈曲，在张力下下蹲（图6.3b）。双臂在伸展姿势下保持锁定，位于处于中立位的头部稍后的位置且使头部位于双臂中间。运动员在整个下降阶段均保持竖直姿势。此外，在下降过程中，从侧面看时，杠铃应保持在运动员耳朵后面或整个头部后面，具体取决于肩关节的灵活性。

2. 与颈后深蹲相似，继续下降直到腰椎无法保持中立或躯干向前屈曲之前的一刻。理想的深度是大腿根部到达与地面平行的位置。如果运动员存在灵活性或稳定性方面的缺陷，则可能无法到达理想深度，此时的最佳情况是，在下蹲的最低点，躯干与胫骨平行。

3. 到达最佳深度后，用力蹬地并让身体垂直上升，同时保持双臂伸过头顶并控制住躯干。

图6.3　过顶深蹲：a. 开始姿势；b. 深蹲

呼吸原则

在次最大重量或中等负荷的情况下，在离心阶段吸气，在向心阶段呼气。在大重量和最大负荷下深蹲时，先吸气，然后下降，并在动作完成后呼气。

保护指引

本练习中没有必要使用保护人员，因为这样做是不安全的。只需告知运动员在动作失败时放下杠铃的正确方法（请参阅第5章）。

教练提示

- 如果在杠铃处于头部上方位置时肩带抬高，则握距太窄。
- 请注意，站距可能会因个人灵活性和生物力学因素而异。要找到一个可以正确完成深蹲，并且不会引起下背部、髋和膝不适的站距。
- 过顶深蹲时头部会本能地稍微向前移动，但重要的是要避免颈部过度向前屈曲。因为这会对颈椎造成过大的压力，并可能导致急性和慢性损伤。

手枪深蹲

训练的主要肌肉

臀大肌、半膜肌、半腱肌、股二头肌、股外侧肌、股中间肌、股内侧肌、股直肌。

开始姿势

以单腿姿势站立在地板上或12 ~ 24英寸（30 ~ 60厘米）增强式训练箱的边缘，重心位于脚掌和脚跟之间（图6.4a）。

动作过程

1. 开始运动时，先放松髋部，坐下来呈单腿深蹲姿势，同时非支撑腿向身体前方伸出。必须在动作模式中更早地发生更大幅度的膝关节屈曲，因为与标准颈后深蹲相比，在此练习中躯干要更加竖直。

2. 肘部伸展，双臂在肩关节处开始屈曲，以在单腿深蹲过程中对髋和膝的屈曲起平衡作用。双臂在躯干前笔直伸出，同时髋关节屈曲，以最大限度地发挥反向负荷作用（图6.4b）。当重心转移时，上腿以类似的方式起平衡作用。

3. 在下降阶段，膝关节必须保持正确对齐，不得内收或过度外展。为了保持适当的躯干控制，腰椎和胸椎需保持在脊柱中立位置。

4. 在从下降阶段过渡到上升阶段的过程中，开始蹬地并将身体垂直推向开始姿势。在肩关节处屈曲的双臂回到身体两侧，同时伸展髋和膝，这有助于生成垂直上升至开始姿势所需的力。

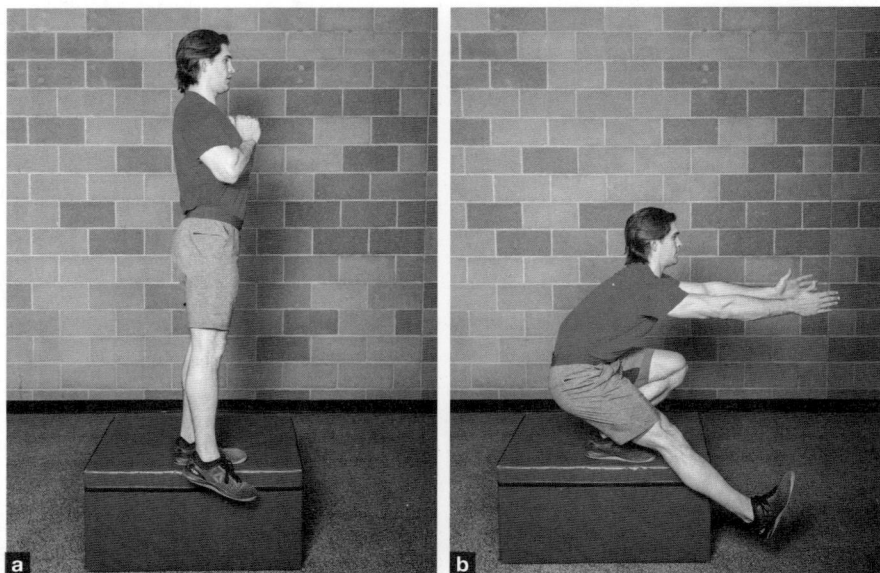

图6.4 手枪深蹲：a. 开始姿势；b. 深蹲

呼吸原则

在动作的下降阶段吸气，在动作的上升阶段呼气。根据负荷量，为了最大限度地生成力，运动员可能会在下降阶段之前吸气，并在上升阶段呼气。

教练提示

使用提示词"坐下"而不是"向后坐下"。这与传统的深蹲模式提示词不同，并且重要的是，要提醒运动员保持膝关节屈曲幅度大于髋关节屈曲幅度。在此练习的上升阶段，必须通过在髋与膝的屈曲力学方面的这一区别来保持躯干挺直，并保持所需的机械效益。

硬拉

训练的主要肌肉

臀大肌、半膜肌、半腱肌、股二头肌、股外侧肌、股中间肌、股内侧肌、股直肌、竖脊肌。

开始姿势

- 站在杠铃旁边，双脚分开与髋或肩同宽。双脚位于杠铃下方，胫骨与杠铃杆的距离不得超过1英寸（约2.5厘米）。双脚应稍向外旋转。

- 自髋部前倾，并在双腿外侧以正握法握住杠铃。将髋部向下拉向杠铃，对背阔肌和上背部形成拉伸张力，下压并向后缩肩胛骨，并向上、向外挺胸（图6.5a）。下背部和上背部应保持平直，胸椎和腰椎均不应屈曲（略微拱起是可以接受的，但应避免过度拱起）。

- 从侧面看，中足在杠铃杆下与杠铃杆垂直对齐。双肩略前于杠铃杆与中足的垂直线的延长线。头部保持中立，双眼盯着杠铃前面的地板。

动作过程

1. 蹬地，并伸展髋和膝关节，用最大握力握住杠铃，从而垂直提起杠铃（图6.5b）。在垂直提起杠铃时，腰腹部、上背部和背阔肌要保持收紧。这将使躯干与地板之间的角度保持恒定，直到杠铃越过膝关节。

2. 杠铃垂直移动时，背部保持平直。当杠铃越过膝关节时，拉起髋部并伸展，呈站立姿势（图6.5c）。

3. 在下降阶段，髋和膝关节开始屈曲，而在上升阶段中沿原路返回开始姿势。腰腹保持收紧，脊柱保持中立，从而使躯干不会过度向前屈曲。每次动作完成后都要完成下降阶段，确保在每次动作完成后不放下杠铃。但是，在最大负荷或接近最大负荷的情况下，在完成上升阶段后就可以将杠铃放下。

图6.5 硬拉：a. 开始姿势；b. 从地板上提起杠铃；c. 伸展并呈站立姿势

呼吸原则

在每次动作之前先吸气并在整个过程中保持屏息，在每次重复完成时呼气。

练习变式

六角杠铃硬拉

六角杠铃硬拉使用的杠铃类型使得硬拉动作在生物力学上与深蹲更加相似。由于六角杠铃硬拉的握点在身体两侧，对竖脊肌产生的负荷减少。因此，完成六角杠铃硬拉时，肩膀将与中足保持更高水平的垂直对齐。练习开始时双脚分开的宽度和支撑动作保持不变。

教练提示

- 开始时杠铃不要离胫骨太远，因为这样做会影响力线，给下背部施加不必要的压力，并影响此练习的效率和效果。
- 在此练习的所有阶段，始终保持躯干收紧。

前跨弓箭步

训练的主要肌肉

臀大肌、半膜肌、半腱肌、股二头肌、股外侧肌、股中间肌、股内侧肌、股直肌、髂腰肌。

开始姿势

- 首先将杠铃放在肩膀上（图6.6a）。一般来说，握杠的宽度应使双肩向后、向下拉至收紧位置，并且不会由于双手距离太近而导致肩带抬高或向前倾斜。
- 用力握住杠铃，然后向下拉，好像试图在肩膀上拉弯杠铃一样，这会使背阔肌和肩胛稳定肌收缩，并支撑胸椎。
- 在练习开始时，双脚并拢且位于髋部正下方。

动作过程

1. 保持直立姿势，向前跨步并呈弓箭步姿势，同时屈曲前髋和膝关节，有控制地下降杠铃（图6.6b）。
2. 在下降阶段，躯干保持竖直姿势，与耳朵（或肩）、髋和后腿的膝对齐。前脚上的重量必须分配均匀，这是弓箭步中的关键。胫骨角度应为正（向前），同时保持脚平放在地面上，但前膝仍在前脚的正上方。下降身体，至后膝距地板 1 ~ 2英寸（2.5 ~ 5厘米）的位置（图6.6c）。在负重时，后脚保持不动，不应向内或向外旋转。
3. 开始上升阶段，前腿以垂直且略微向后的角度用力蹬地，将身体向上推至开始姿势。保持躯干控制，并且躯干不应向前屈曲。

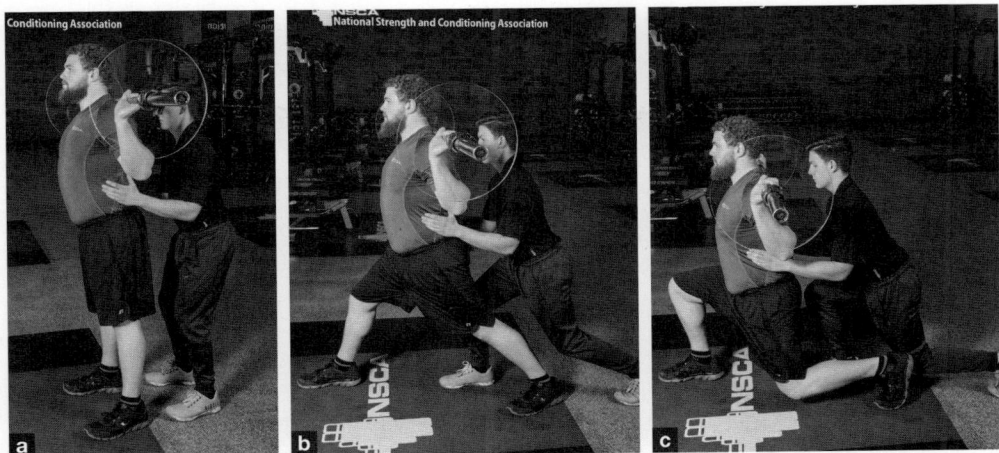

图6.6 前跨弓箭步：a. 开始姿势；b. 向前跨步，呈弓箭步姿势；c. 下降到更深的位置呈弓箭步

呼吸原则

在下降阶段吸气，在上升阶段呼气。

保护指引

保护人员与运动员使用同侧腿向前跨一步，保护人员将前脚放在运动员前脚后面12 ～ 18英寸（30 ～ 46厘米）处，并与运动员同时屈曲前膝。保护人员的双手应靠近运动员的髋、腰或躯干，并且仅在必要时给予帮助，以帮助运动员保持平衡。如有必要，应仅在最后一次重复时使用此保护技巧，而不应用于持续的一组练习。

练习变式

弓箭步行走

通常，弓箭步行走使用哑铃进行，但是也可以使用壶铃或杠铃。运动员双手在身体两侧握住哑铃，向前跨步，呈弓箭步姿势。与此同时，运动员必须使自己的身体减速，以避免躯干向前屈曲，并避免膝关节过度向前，因为这会迫使前脚脚跟离开地板。此外，跨出的步幅不要太大，因为这样做会导致下背部过度拱起。然后，运动员前腿和后腿蹬地（前腿生成更大的力），同时保持姿势不变。当运动员回到开始姿势时，后腿向前腿并拢，然后重复该动作。

侧向弓箭步

在侧向弓箭步中训练的主要肌肉与在前跨弓箭步中训练的不同，它主要训练的是髋外展肌（臀中肌、臀小肌、阔筋膜张肌）、髋内收肌（股薄肌、闭孔外肌、短收肌、长收肌和大收肌）、臀大肌、半膜肌、半腱肌、股二头肌、股直肌、股外侧肌、股中间肌、股内侧肌和髂腰肌。

　　侧向弓箭步使用哑铃、壶铃或杠铃增加负荷，采用颈前深蹲或颈后深蹲杠铃位置。从站立姿势开始，向侧面横跨一步。完成此步骤后，开始下降阶段，同时屈曲髋和膝，使身体下降，双脚平放在地面上，并且重量均匀分布在双脚上。从侧面看，负重的腿的动作与双侧深蹲动作类似，胫骨和躯干平行。从正面看，膝关节在脚的正上方，屈曲的躯干的中线与地板垂直或垂直对齐。运动员通过相反方向（朝开始位置）的侧向蹬地开始上升阶段。这样可以生成足够的力让身体上升，迫使脚抬离地面并返回开始位置。在侧深蹲中观察到的3个最常见的错误是：运动员无法保持躯干的纵向垂直对齐（从正面看）；膝关节以内翻的方式受力，导致过度的关节压力（从正面看）；运动员在下降阶段过度向后坐，导致髋部和膝部屈曲力学不当，从而最大限度地减少了深蹲模式中自然发生的膝关节屈曲，这会导致胫骨与躯干之间的角度较为不合理，腰椎骨盆复合体（Lumbo-Pelvic-Hip Complex）上的压力过大（从侧面看）。

教练提示

- 前腿的髋和膝的屈曲力学和屈曲时机应类似于双腿在双侧深蹲运动中的相同动作。因此，任何脚跟过度抬高或在弓箭步前腿膝关节上的过重的向前负荷都会对膝关节造成过大的压力，并影响髋和腰椎的关节运动学。
- 后腿的股四头肌和髋屈肌区域肌群的柔韧性不足会影响反向弓箭步的表现。重要的是要保持最佳的骨盆位置，并避免后腿髋部出现过度的骨盆前倾和腰椎屈曲。

踏步登阶

训练的主要肌肉

　　臀大肌、半膜肌、半腱肌、股二头肌、股外侧肌、股中间肌、股内侧肌、股直肌。

开始姿势

- 首先将杠铃放在肩膀上。一般来说，握杠的宽度应使双肩向后、向下拉至收紧位置，并且不会由于双手距离太近而导致肩带抬高或向前倾斜。
- 用力握住杠铃，然后向下拉，好像试图在肩膀上拉弯杠铃一样，这会使背阔肌和肩胛稳定肌收缩，并支撑胸椎。
- 运动员单脚站在12 ~ 18英寸（30 ~ 46厘米）或者更高的箱子前面，使得脚放在箱子上时在膝关节处可以形成90度角。

动作过程

1. 保持直立姿势，抬起一条腿，呈屈髋姿势，并踩在箱子顶部（图6.7a）。重量均匀分布在脚上。

2. 运动员用力伸展前腿的髋和膝，大腿用力向下蹬箱子，随着身体开始向上移动，迫使后腿离开地板（图6.7b）。

3. 踏在箱子上的腿伸展髋和膝，向上抬高身体，直到双脚以直立姿势站在箱子顶部（图6.7c）。用同一条腿踏下箱子，开始下降阶段。

4. 当一条腿向地板下降时，踏在箱子上的腿就会负重，并使用与后弓箭步中的前腿相同的生物力学原理来降低身体的下降速度。脚保持平放在箱子上，胫骨角度为正（向前），运动员保持竖直状态，最大限度地减少躯干的前屈。

5. 当踏下箱子的腿回到地板上并可以承受大部分负荷时，运动员让另一条腿离开箱子，并恢复到在箱子前面站直的姿势。

呼吸原则

吸气并在运动过程中屏息，双腿回到地板后呼气。或者，在踏上箱子之前吸气并在登阶动作中呼气。

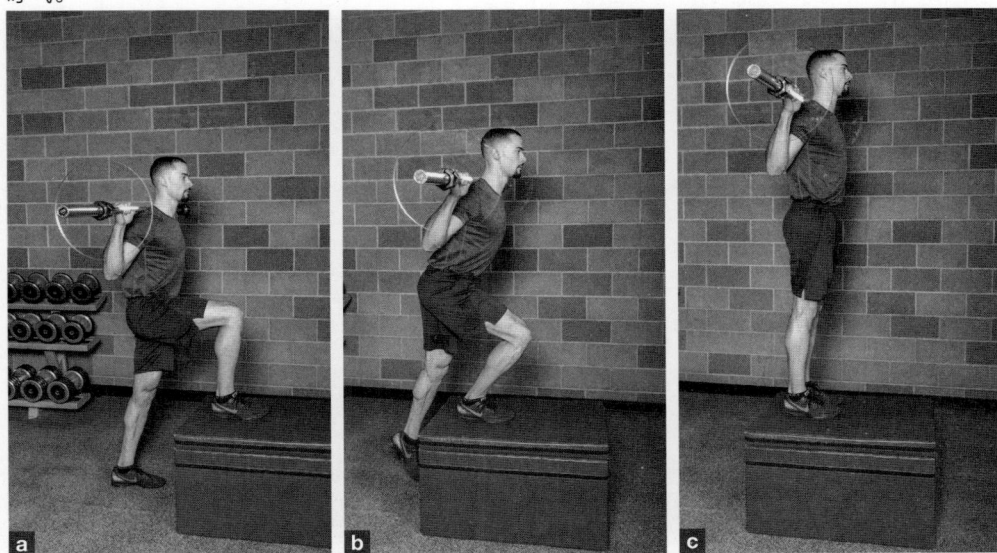

图6.7 踏步登阶：a.踏上箱子；b.蹬箱子让身体上升；c.站在箱子顶部

练习变式

侧踏步登阶

在侧踏步登阶中训练的主要肌肉与在踏步登阶中训练的不同，它主要训练的是髋外展肌（臀中肌、臀小肌、阔筋膜张肌）、髋内收肌（股薄肌、短收肌、长收肌和大收肌）、臀大肌、半膜肌、半腱肌、股二头肌、股直肌、股外侧肌、股中间肌、股内侧肌和髂腰肌。

侧踏步登阶的开始姿势与传统的踏步登阶相同，只是运动员站在箱子的侧面。保持站直姿势，运动员抬起最靠近箱子的腿至髋部屈曲的位置，并侧向踏在箱子上。运动员上腿用力蹬箱子，通过用力伸展髋和膝来将身体向上并向侧面推。下腿自然离开地板，并在箱子顶部与上腿并拢。运动员可以安全地踏下箱子，并采用单腿深蹲的方式减慢身体下降的速度，从而回到开始姿势。练习侧踏步登阶时应降低箱子的高度。

交叉踏步登阶

交叉踏步登阶的开始姿势与侧踏步登阶相同。运动员保持站直姿势，抬起外侧腿并成交叉步，然后将其平放在箱子上。然后，运动员放在箱子上的腿用力蹬箱子，将身体向上并向侧面推。当身体向上移动到箱子上时，髋部保持朝向前方，而下腿与箱子上面的登阶腿并拢。现在，运动员从箱子的另一侧踏下箱子，然后用另一条腿重复进行交叉踏步动作。

教练提示

在踏步登阶的所有姿势中身体都要保持竖直，这很重要。提示运动员想象试图让头顶触碰到天花板。这样可以确保骨盆保持在适当的位置，并且确保腰椎和胸椎不会以屈曲姿势受力。

分腿蹲

训练的主要肌肉

臀大肌、半膜肌、半腱肌、股二头肌、股外侧肌、股中间肌、股内侧肌、股直肌。

开始姿势

- 首先将杠铃放在肩膀上。一般来说，握杠的宽度应使双肩向后、向下拉至收紧位置，并且不会由于双手距离太近而导致肩带抬高或向前倾斜。
- 用力握住杠铃，然后向下拉，好像试图在肩膀上拉弯杠铃一样，这会使背阔肌和肩胛稳定肌收缩，并支撑胸椎。
- 向前跨步，呈弓箭步姿势（图6.8a）。
- 前腿和后腿之间的重量分配比例为60∶40。
- 前脚平放在地板上，朝向正前方，重量均匀分布在整只脚上。

图6.8　分腿蹲：a. 开始姿势；b. 下降成弓箭步

动作过程

1. 开始下降髋部，以约60∶40的前后腿负重比例承受身体重量。当前腿屈曲时，膝盖与前脚对齐。骨盆与肩膀保持对齐，并且不会向内或向外旋转。

2. 在下降阶段，躯干同样保持竖直姿势或稍微前倾。关键是保持耳朵、髋部和后膝的完美对齐。

3. 一直下降到后膝离地板1 ～ 2英寸（2.5 ～ 5厘米）（图6.8b）。

4. 前脚蹬地开始上升阶段，并加速杠铃垂直上升。在过渡阶段和整个上升阶段，保持髋、膝和躯干的最佳对齐。

呼吸原则

在分腿蹲的下降阶段吸气并在上升阶段呼气。如果使用了较大的负荷，运动员可以选择在分腿蹲的下降阶段吸气并屏息，然后在上升阶段呼气。

保护指引

如果使用较大的负荷，最好在杠铃的两侧均安排保护人员。保护人员将在下降阶段随杠铃一起蹲下并在上升阶段按照杠铃的速度垂直移动。这会让两个保护人员处于有利的位置，在运动员出现失误时，他们可以垂直抬起杠铃。

教练提示

后腿髋关节灵活性不足会严重影响此练习的动作质量。如果运动员无法保持后腿的髋部伸展姿势，则应减小每次动作的范围。后腿仅下降到保持适当关节对齐和动作质量较高的高度，同时教练应制定提升运动员髋关节灵活性和稳定性的策略。

后腿抬高分腿蹲

训练的主要肌肉

臀大肌、半膜肌、半腱肌、股二头肌、股外侧肌、股中间肌、股内侧肌、股直肌。

开始姿势

- 进行此练习时可以将杠铃放在肩上，但是也可以改为双手在身体两侧拿着哑铃或壶铃。如果使用杠铃，请参考颈后深蹲的"开始姿势"部分，了解杠铃在肩上的正确放置和支撑方法。以下描述详细介绍了该动作，但未涉及具体负荷方式。

- 首先，背向高度为12～18英寸（30～46厘米）的长凳、箱子或滚轴垫站立。向前跨步，呈弓箭步姿势，但不要向下蹲。这样做是为了获得完成此练习所需的正确的前后脚间距离。

- 使用此最佳箭步距离，将后腿放在长凳、箱子或滚轴垫上（图6.9a）。重量分布为前腿占60%～70%，后腿占30%～40%。

动作过程

1. 首先朝地板方向下降身体，由前腿承受负荷。在下降阶段保持正确的姿势和关节对齐。在下降阶段，负荷略微向后转移，但仍要强调保持前腿的适当负荷。

2. 将后膝下降到离地板1～2英寸（2.5～5厘米）的高度（图6.9b）。在此过渡阶段保持正确的姿势和关节对齐。

3. 前腿向后向下蹬地，开始垂直推起。髋和膝开始伸展，将身体向上抬升至开始位置，同时负荷略向前转移。完成上升阶段时，胫骨略朝向正前方，膝关节略微屈曲。

呼吸原则

在运动的下降阶段吸气并在上升阶段呼气。如果使用了较大的负荷，运动员可以选择在运动的下降阶段吸气并屏息，然后在上升阶段呼气。

图6.9 后腿抬高分腿蹲：a. 开始姿势；b. 最低位置

教练提示

- 本练习有多种名称，例如保加利亚深蹲、保加利亚箭步蹲、后脚抬高箭步蹲和后脚抬高单腿深蹲。此外，单腿深蹲可能表示负重手枪深蹲。
- 长凳、箱子或滚轴垫的高度取决于运动员的肢体长度以及股四头肌和髋屈肌群的柔韧性。柔韧性限制越大，长凳、箱子或滚轴垫的高度越低。

侧向深蹲

训练的主要肌肉

内收肌、臀大肌、半膜肌、半腱肌、股二头肌、股外侧肌、股中间肌、股内侧肌、股直肌。

开始姿势

- 本练习可以使用杠铃（图6.10a）、哑铃或壶铃（本练习的"开始姿势"中未指定任何具体负荷方式，如果使用杠铃，请参考颈后深蹲的"开始姿势"部分）。
- 为了确定侧向深蹲的最佳双脚间距，需以完美的技巧完成侧向弓箭步。在整个动作过程中，双脚均保持此距离。

动作过程

1. 开始下降阶段，腰腹部必须收紧并不要锁紧髋关节，然后髋部朝向一侧并向后坐下（图6.10b）。完成侧向深蹲时，屈曲髋和膝的时机应与颈后深蹲相同。
2. 在腰椎和胸椎即将无法保持中立位置之前停止下降，以避免骨盆后倾。
3. 开始上升阶段，屈曲腿向侧下方蹬地，迫使身体向上并向侧后方移动，回到开始姿势。

图6.10 侧向深蹲：a. 开始姿势；b. 侧向弓箭步

呼吸原则

在本练习的下降阶段吸气并在上升阶段呼气。如果使用了较大的负荷，运动员可以选择在侧向深蹲的下降阶段吸气并屏息，然后在上升阶段呼气。

教练提示

- 确保在运动员下降到侧向深蹲姿势时，躯干始终位于髋部正中，并且在向下运动阶段结束时不会侧屈。
- 在侧向深蹲最低位置观察脚部的横向身体重量分布。重量不应过度移到脚的外侧，它应该在脚的内侧和外侧之间均匀分布。

罗马尼亚硬拉

训练的主要肌肉

臀大肌、半膜肌、半腱肌、股二头肌、竖脊肌。

开始姿势

- 站在杠铃旁边，双脚分开与髋同宽。向下伸手并在大腿外侧抓住杠铃。握距因运动员而异，握距越宽，对握力和上背部肌群的要求就越高。
- 使用硬拉技术（第97页），拉起杠铃进入开始姿势。膝关节不锁紧，使杠铃紧贴大腿（图6.11a）。

动作过程

1. 不要锁紧髋关节，保持脊柱挺直，并将重心向后推，同时躯干向前屈曲（图6.11b）。在髋部屈曲时保持膝关节略微屈曲。当杠铃下降时，它应保持靠近或接触大腿，并且颈椎、胸

图6.11 罗马尼亚硬拉：a. 开始姿势；b. 下降阶段

椎和腰椎应保持稳定。重心稍微向后移向脚跟，但中足和脚趾继续保持负重。

2. 当运动员无法保持腰椎和胸椎的支撑姿势或髋部停止向后移动时，下降阶段结束。这通常是在躯干与地面几乎平行或完全平行的时候。

3. 开始上升阶段，保持上背部的支撑姿势并伸展髋关节，将杠铃向上推，并用腘绳肌和臀大肌将髋部向前推。在整个运动过程中，杠铃应保持与身体接触，以对后链肌群产生适当的负荷。当杠铃和运动员回到开始位置时，动作完成。

呼吸原则

- 在此练习的下降阶段吸气并在上升阶段呼气。如果使用了较大的负荷，运动员可以选择在下降阶段吸气并屏息，然后在上升阶段呼气。

- 不要让膝关节完全伸展至直腿姿势。这会导致身体出现不正确的肌肉募集模式，使得腘绳肌和竖脊肌承受过大的负荷，并导致臀大肌募集无法达到最佳效果。

保护指引

理想情况下，罗马尼亚硬拉不需要使用保护人员。但是，如果使用了较大的负荷，并且担心动作可能失败，则最佳做法是在杠铃的两侧均安排保护人员。

练习变式

单腿罗马尼亚硬拉

单腿罗马尼亚硬拉可使用杠铃、哑铃或壶铃进行。开始姿势与罗马尼亚硬拉的开始姿势相同，不同之处在于运动员将一条腿抬离地面，并采用略微屈膝的单腿站姿保持平衡。下降阶段开始时，上腿向后移动，同时躯干开始在支撑腿的髋部处向前屈曲。罗马尼亚硬拉的生物力学原理和激活策略也适用于单腿罗马尼亚硬拉：当躯干向地面旋转时，脊柱需保持支撑位置；当运动员无法保持脊柱稳定或骨盆开始向外旋转时，停止动作；向上的动作类似于罗马尼亚硬拉，同样是伸展髋关节，回到开始姿势。

教练提示

- 每次动作的活动范围（深度）取决于灵活性、功能和力量方面的个体差异。如果运动员无法保持背部平直的支撑姿势，则不要完全屈曲至躯干平行与地面的位置。

- 在此练习的所有阶段中，均应避免脚趾离开地板。上升阶段开始时，脚趾抓地并用力蹬地，尽可能将力量传递给臀肌和腘绳肌。

- 在动作的所有阶段中，避免颈部过度伸展。同样，在此练习的开始和整个过程中，都要避免腰椎过度伸展。这样做可以让臀肌和腘绳肌适当地承受负荷，并最大限度地减少对腰椎的压力并避免对竖脊肌造成超负荷。

- 将上腿的脚趾稍微向骨盆方向转动，可以帮助保持髋部对齐并防止髋部过度打开。

弹力带伸膝

训练的主要肌肉

股四头肌。

开始姿势

- 将弹力带绑在稳定的重物（例如深蹲架）上，一只脚站在弹力带中，使弹力带紧贴膝关节后部。向后退，使弹力带生成张力。确保弹力带的力线在髌骨中心的正前方，并稍微向下或平行于地板。
- 双脚分开，与髋同宽或稍窄于髋。双脚稍微前后错开，非负重腿在前（图6.12a）。

动作过程

1. 不要锁紧髋关节，然后向后坐成微蹲姿势，迫使踝、膝和髋呈屈曲负重姿势（图6.12b）。脚保持平放在地板上。
2. 蹲起并伸展髋和膝关节（图6.12c）。在完成上升阶段时，运动员收缩在弹力带中的腿的股四头肌，使膝关节完全伸展。为了进一步增加股四头肌收缩，需保持收缩1~3秒。

呼吸原则

保持正常呼吸，此练习并非剧烈运动。

练习变式

弹力带伸膝加提起脚跟

如果踝关节受限，则在屈膝时可以将脚跟抬离地板。当股四头肌收缩使膝关节伸展时，脚跟在膝关节完全伸展时回到地板上。

图6.12 弹力带伸膝：a. 开始姿势；b. 微蹲；c. 伸展

教练提示

- 脚、膝和施加阻力生成的力线必须对齐，以保持踝和膝关节屈曲的适当生物力学。
- 膝关节与脚的正确对齐至关重要，这有助于最大限度地激活股四头肌并确保正确的神经肌肉激活模式。因此，在整个动作过程中，当膝关节屈曲和伸展时，运动员应使髌骨的中部对齐第2和第3脚趾。
- 为了进一步提高股四头肌的激活程度，运动员必须通过收缩臀肌并保持从头到脚的最佳位置，以伸展髋关节的挺拔姿势来完成动作。

早安式

训练的主要肌肉

臀大肌、半膜肌、半腱肌、股二头肌、竖脊肌。

开始姿势

- 首先将杠铃横放在背部，杠铃杆靠在斜方肌的顶部。牢牢握住杠铃杆，双臂向下、向后拉，激活背阔肌。挺起胸部，腰腹部收紧，并准备好进行髋铰链运动（图6.13a）。
- 双脚分开，与髋同宽，彼此平行，重量在脚掌和脚跟之间均匀分配。在开始姿势中，膝关节略微屈曲，并在下降和上升阶段中全程保持这种姿势。

图6.13 早安式：a. 开始姿势；b. 屈髋

动作过程

1. 在本练习的第1阶段中，不要锁紧髋关节，躯干向前屈曲（图6.13b）。重心后移，移向脚跟，同时压力保持穿过中足。

2. 当躯干开始向前屈曲时，腰椎、胸椎和颈椎保持在有力且稳定的中立位置。躯干向前屈曲时保持固定姿势，并且下肢也保持固定姿势。膝关节保持略微屈曲，不要增加屈膝的程度。因此，在下降过程中，臀部应直线向后移动。

3. 运动在腰椎即将由于灵活性和腰椎骨盆复合体的关节运动学而出现屈曲之时停止。

4. 当重心开始向前移动时，上升阶段开始，运动员伸展髋关节回到开始姿势。保持上背部激活的支撑动作，此时教练应提示运动员"站直"，以回到开始姿势。

呼吸原则

吸气并在练习的整个下降阶段中屏息，然后在上升阶段呼气。如果使用较大的负荷，则有必要在整个上升阶段中也屏息，以在整个活动范围内保持支撑。

保护指引

理想情况下，早安式练习不需要保护人员。但是，如果使用较大的负荷，最佳做法是在杠铃的两侧均安排保护人员。

教练提示

早安式练习可增强后链肌群的力量和功能，同时改善髋铰链模式。在此练习中使用过大的负荷，并且技术不当时，就会对脊柱产生不利影响。动作质量比所举起的负荷量更重要。

臀推

训练的主要肌肉

臀大肌、半膜肌、半腱肌、股二头肌。

开始姿势

- 首先，双腿伸直坐在地板上，向后靠在水平长凳的长边上。

- 将杠铃滚动到髋部，然后屈曲髋和膝，双脚平放在地板上；在该姿势中，膝关节大约呈90度角（图6.14a）。

- 调整身体，使上背部（刚好在肩胛骨下）与长凳的上边缘对齐。

- 在整个练习过程中，以正握法握住杠铃，双手位于髋部外侧，将杠铃保持在髋部上方。

动作过程

1. 开始上升阶段，双脚蹬地，将重心移向脚跟。这会导致髋关节伸展，身体垂直上升。当髋关节到达完全伸展的位置时，臀肌达到完全收缩。双肩靠在长凳上，躯干呈一条直线（图6.14b）。当髋部处于最高位置时，小腿应大致垂直于地板。

2. 髋部朝地板方向下降，开始下降阶段。当髋部距地面1英寸（约2.5厘米）时，动作完成。

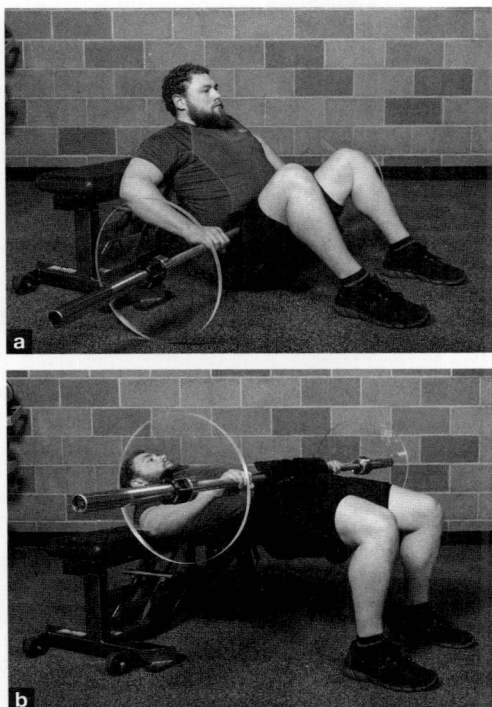

图6.14 臀推: a. 开始姿势; b. 上推

呼吸原则

当髋部朝地板方向下降时吸气,并在臀推的上升阶段呼气。

练习变式

单腿臀推

在此练习中,不是两侧的髋和膝同时屈曲,双脚平放在地板上,而是保持一条腿向前伸出。完成练习的腿屈膝约90度,相应的脚平放在地板上。在上升阶段,双腿需同时上升和下降,以便杠铃保持在适当的位置并与地板平行。

教练提示

- 在臀推运动的最高点,膝、髋和耳朵必须对齐。如果在臀推的最高点由于头部或胸椎仍然屈曲而没有实现这种对齐,则髋关节伸展会不足,并且臀肌的完全收缩会受到影响。
- 在完成位置不要过度伸展髋关节。躯干、髋和膝应在一条直线上。

稳定球三项

训练的主要肌肉

臀大肌/臀小肌/臀中肌、半膜肌、半腱肌、股二头肌。

开始姿势

- 仰面躺在地板上,双臂放在身体两侧,双脚的脚跟都放在稳定球上(图6.15a)。
- 双腿伸直,膝关节完全伸展,踝关节背屈。

图6.15　稳定球三项：a. 开始姿势；b. 提臀；c. 使球向身体方向滚动；d. 伸展膝关节

动作过程

1. 将脚跟压入球中，收缩臀肌并使臀部抬离地板（图6.15b）。

2. 接下来，同时将双脚的脚跟压入球中，屈膝，并使用腘绳肌使球滚向身体（图6.15c）。使球滚向身体后，就可以抬起臀部并收缩臀肌，完成该练习的上升阶段。

3. 下降阶段包括前面的几个步骤，但现在以离心的方式完成。有控制地使臀部略微下降。接下来，脚跟压入球中，踝关节保持背屈，同时腘绳肌在张力作用下拉长，膝关节伸展，将球移回开始位置（图6.15d）。

呼吸原则

在练习中保持正常呼吸，不需要强调任何特定的呼吸模式。动作的时长决定了吸气和呼气的方式，具体方式因运动员个人情况而异。

练习变式

离心稳定球三项

如果由于力量、稳定性或灵活性方面导致在练习的向心阶段动作质量较差，则按每组规定的重复次数仅完成练习的离心阶段。在离心阶段完成大量练习将会提高力量、稳定性和动作质量。

教练提示

在整个运动过程中保持踝关节背屈，特别要注意踝关节在练习的离心（下降）阶段的姿势。

腘绳肌滑板

训练的主要肌肉

臀大肌、半膜肌、半腱肌、股二头肌。

开始姿势

- 为了进行该练习，运动员需要将毛巾放在光滑的表面或滑板上，或双脚戴鞋套。

- 仰面躺在地板上，双臂放在身体两侧，双脚的脚跟放在毛巾上或将戴鞋套的双脚放在光滑的表面滑板上。屈膝呈大约90度。踝关节背屈，使脚跟成为脚与毛巾或鞋套的唯一接触点。

- 双臂压向地板，在腰腹部生成张力。接下来，收缩臀肌并且通过脚跟用力压滑板，从而垂直抬起臀部（图6.16a），进入此练习的开始姿势。

动作过程

1. 脚跟朝离开身体的方向滑动，将臀部向地板方向下降，同时保持臀部的桥式姿势（图6.16b）。保持踝关节背屈，同理腘绳肌在张力作用下拉长。当膝关节完全伸展并且运动员的臀部距离地面1～2英寸（2.5～5厘米）时，下降阶段停止。

2. 开始上升阶段，收缩腘绳肌并使脚跟重新向身体方向滑动，迫使膝关节屈曲且臀部再次垂直抬起（图6.16c）。当运动员回到开始姿势时，重复运动，而臀部不接触地板。

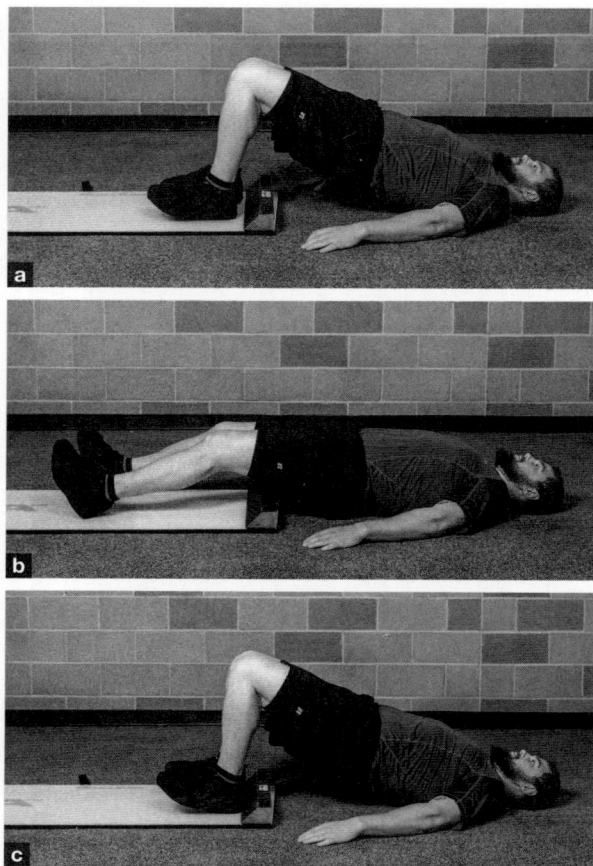

图6.16 腘绳肌滑板：a. 开始姿势；b. 双脚向外滑动并下降臀部；c. 双脚向内滑动并抬起臀部

呼吸原则

在下降阶段之前吸气并屏息至上升阶段开始，在上升阶段呼气。许多运动员喜欢保持支撑姿势，并在整组练习过程中保持正常呼吸。

练习变式

腹肌轮腿弯举

如果有腹肌轮，用它来代替毛巾或鞋套与滑板也是完成腘绳肌滑板练习的一种好方法。对于较重的运动员、难以对抗髋关节旋转的运动员或腘绳肌拉伤后进行恢复性训练的运动员来说，这是一个很好的选择。

教练提示

在整个练习过程中，臀部必须保持水平位置。如果臀部旋转，则会发生两侧不对等的腘绳肌募集，从而导致不对称的负荷模式。

哑铃腘绳肌行走

训练的主要肌肉

腘绳肌、臀肌、竖脊肌。

开始姿势

- 在练习开始时，运动员需站直，双手在身体两侧握住哑铃（图6.17a）。
- 腰腹部收紧，肩部向后、向下拉，抬头挺胸，目视前方。

动作过程

1. 一只脚向前迈出6 ~ 12英寸（15 ~ 30厘米），双脚呈窄分腿姿势。开始下降阶段，从髋部开始，躯干向前屈曲（图6.17b）。重心稍微后移，迫使腘绳肌和臀肌在张力下被拉长。在整个下降阶段，保持背部平直和收紧。
2. 下降阶段在腰椎或胸椎即将屈曲之前停止。开始上升阶段，运动员伸展髋部和躯干，双腿保持固定的分腿姿势。
3. 后腿向前迈一步，交换双腿重复步骤1和2，完成下一次动作。

呼吸原则

在下降阶段吸气，并在整个上升阶段及各步骤之间呼气。

教练提示

在使用分腿姿势时，向前屈曲的负荷会给腰椎带来挑战。负荷模式应合理，并且只应在保证动作质量的前提下增加负荷。

图6.17 哑铃腘绳肌行走：a. 开始姿势；b. 向前迈一步

北欧腘绳肌弯举

训练的主要肌肉

半膜肌、半腱肌、股二头肌。

开始姿势

- 进行该练习时，可以让训练伙伴辅助或使用某种器械辅助，将脚踝、脚和小腿固定在某个位置。

- 运动员以双膝着地的跪姿开始，踝关节背曲，脚趾压地。训练伙伴或器械在运动员后面，向下压住其脚跟并迫使其脚踝、脚和小腿进入完成北欧腘绳肌弯举所需的固定位置。

- 在开始姿势中，躯干竖直，髋关节伸展，臀肌收缩。耳、髋和膝在一条直线上，骨盆处于中立支撑位置。然后，双肩向下、向后拉，稳定胸椎（上背部），双臂放在身体两侧（图6.18a）。

动作过程

1. 开始下降阶段，躯干撑紧，然后让身体缓慢地朝地板方向下降（图6.18b）。运动员保持臀肌收缩，并使用腘绳肌和整个后链肌群来减慢身体落向地板的速度。

图6.18 北欧腘绳肌弯举：a. 开始姿势；b. 向前下降；c. 在靠近地板处撑住身体

2. 大腿和躯干保持完美对齐，并且当身体靠近地板时，后链肌群保持激活。此时，双手向前伸出并放在地板上，以便在下降阶段的最后使身体减速，就像做俯卧撑一样（图6.18c）。

3. 将身体下降至距地板2英寸（约5厘米）以内。然后，开始上升阶段，运动员进行俯卧撑运动，迫使身体向上、向后，回到开始位置。与此同时，腘绳肌收缩并将保持固定姿势的躯干拉回开始位置。一旦运动员回到开始位置，该次重复就完成了。

呼吸原则

在下降阶段吸气并屏息，在上升阶段呼气。

练习变式

弹力带辅助北欧腘绳肌弯举

如果运动员无法对抗自己的体重，则可以使用弹力带提供辅助。弹力带绑在一个固定点上，使拉力线与地板呈45度角或更大的角度。将弹力带放在胸部和腋下。弹力带将有助于在下降阶段使身体减速，并在上升阶段使身体加速。

教练提示

如果由于力量不足或动作的功能障碍，骨盆在向心（上升）阶段过度前倾，则应修改练习内容。修改方式为仅完成运动的离心（下降）阶段或在向心阶段使用弹力带等外部辅助器械。

单腿臀桥

训练的主要肌肉

臀肌。

开始姿势

- 首先平躺于地板上，双膝屈曲90度，双脚平放在地板上，双臂放在身体两侧。
- 一只脚抬离地板，使同侧髋关节屈曲90度，同时保持膝关节屈曲90度（图6.19a）。

动作过程

1. 开始上升阶段，放在地板上的脚蹬地，迫使臀部从地板上抬起（图6.19b）。同时，双臂压向地板，激活核心肌群。上升阶段完成时，完全收缩下腿的臀肌，让同侧髋关节完全伸展。

2. 臀肌完全收缩后，开始下降阶段，有控制地使臀部朝地板方向下降。当臀部距离地面1～2英寸（2.5～5厘米）时，下降阶段结束。

呼吸原则

在此练习的下降阶段，臀部朝地板方向下降时吸气。当臀部抬离地板时，在整个上升阶段呼气。

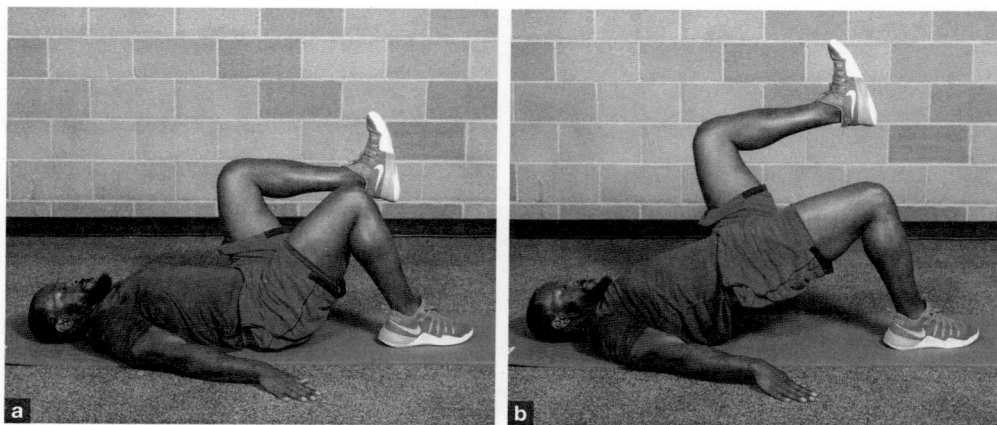

图6.19 单腿臀桥：a. 开始姿势；b. 上升阶段

练习变式

单腿臀桥加膝关节伸展

此练习与屈髋屈膝的单腿臀桥类似，不同的是，在该练习中，离地的腿保持膝关节伸展。开始上升阶段，离地的腿伸直，并且在完成的时候，双腿的大腿平行。

教练提示

- 如果运动员的髋关节灵活性没有任何受限，则放在地板上的脚保持踝关节背屈，且脚跟蹬地，这样做可能会使臀肌的激活程度更高。

- 对于难以完成单腿臀桥的运动员，可以采用离心下降的方式。首先使用双腿姿势抬起臀部，再将重量转移到一条腿上，从一数到五，完成下降阶段，然后重复。

反向腿弯举

训练的主要肌肉

臀大肌、半膜肌、半腱肌、股二头肌、竖脊肌。

开始姿势

- 使用罗马椅，开始时，运动员的身体呈一条直线（平行于地板），双肩向下、向后拉。在练习开始时，耳、肩、髋、膝和踝在一条直线上。双臂交叠放在胸部（图6.20a）。

- 将滚轴垫置于大腿中下部，具体位置取决于个人股骨和胫骨的长度，以及运动员的力量。

动作过程

1. 双脚压向平台，开始上升阶段，在收缩腘绳肌的同时保持髋关节伸展（图6.20b）。收缩腘绳肌会导致膝关节屈曲并使身体上升至垂直姿势（图6.20c）。耳、肩、髋和膝在整个上升阶段保持对齐。

2. 开始下降阶段，让运动员在身体紧张的状态下向前倾，使用腘绳肌力量来控制下降速度。

　　在整个下降阶段，耳、肩、髋和膝保持对齐，同时双腿开始伸展，使身体返回至开始姿势。

呼吸原则

　　在上升阶段呼气，在下降阶段吸气，或在开始上升阶段之前吸气，在下降阶段呼气。

教练提示

　　在运动的所有阶段都保持有力的臀肌收缩，防止骨盆向前倾斜，避免出现竖脊肌和腘绳肌的不良募集模式。

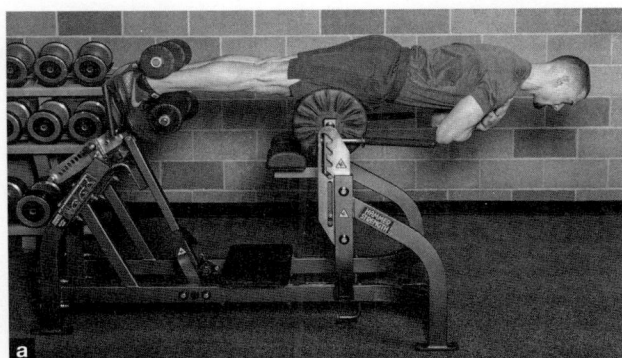

图6.20　反向腿弯举：a. 开始姿势；b. 上升阶段；c. 垂直姿势

第 7 章

上肢练习技术

吉姆·皮尔（Jim Peal）和埃里克·米拉（Erik Myyra）

因为橄榄球运动需要运动员在争抢中相互推拉，所以对上肢力量的要求很高。当橄榄球运动员的总体重增加时，该运动员所需的力量也会随之增加，因此增加橄榄球运动员的瘦体重对于训练而言至关重要。我们要为橄榄球运动员制定全面的训练计划，其中应包括全活动范围的推拉动作组合。务必保证运动员在多个平面上进行这两种动作的训练，这样做可以帮助他们提升平衡能力，从而降低受伤的风险。这些练习所需的器械大多数可以在力量房中找到，本章中所提供的技术指引是体能行业中的标准指引[1, 4]。大多数练习都将使用杠铃和哑铃。这是在每次练习中增强力量的最佳方法，因为杠铃和哑铃易于使用，并且可以很容易记录或改变所使用的重量。

练习目录

卧推

训练的主要肌肉

胸大肌、三角肌前束、肱三头肌。

开始姿势

- 仰卧在长凳上,有5个接触点(头、肩和臀部在长凳上,双脚在地板上),在整个练习过程中保持这5个接触点不变(图7.1a)。
- 调整身体的位置,使眼睛位于杠铃的正下方。
- 采用窄距正握法,双手分开与肩同宽,将杠铃从支架移出到胸部上方,双肘伸展。

动作过程

1. 保持手腕锁紧且前臂垂直于地板,同时以可控的动作将杠铃下降至胸部,大约乳头的位置(图7.1b)。
2. 向上并稍向后推杠铃,直到肘关节伸直(图7.1c)。
3. 在上升阶段,不要抬起胸部或臀部。
4. 保持双手放在杠铃上,直到杠铃完全固定在支架上。

呼吸原则

在使用次最大重量时,在离心阶段吸气并在向心阶段呼气是相当普遍的做法。在使用次最大重量或最大负荷时,首选瓦氏呼吸(请参阅第6章)。

保护指引

卧推过程中应始终使用保护人员。如果支架配有平台,请使用这些平台,而不要使用双脚前后错开的姿态,以便保护人员可以站在高于运动员的位置。因为这样可以使保护人员更好地利用杠杆作用来拉起杠铃。根据所举起的负荷,如果运动员需要帮助,可以在杠铃的两侧安排另外两名保护人员为其提供帮助。只有在运动员身后的保护人员(主要保护人员)发出指令时,两侧的保护人员才会帮忙抬起杠铃。

在卧推练习中提供保护时,保护人员采用双脚错开的站姿,站在运动员和长凳的后方(图7.1中未显示)。一条腿在长凳一侧,靠近运动员的耳朵,另一条腿在长凳后面,这种站姿让保护人员可以利用杠杆作用。保护人员会帮助运动员将杠铃从支架上移出,并将杠铃放在运动员的胸部上方。运动员完成一组练习后,保护人员将帮助运动员安全地将杠铃重新放到支架上。当运动员无法再施加足够的力量来向上移动杠铃时,保护人员将提供帮助,在运动员双手之间抓住杠铃并将其拉回到起始位置,然后再将杠铃放回支架上。

练习变式

上斜卧推

可以升高长凳的后部,以改变推举角度。保护人员应该更清楚自己的角色,因为将杠铃放上支架时,运动员的姿势在生物力学上是低效的。

图7.1 卧推：a. 开始姿势；b. 将杠铃下降至胸部；c. 向上推举杠铃

窄距卧推

双手以更近的距离并排放在杠铃杆上，以提高肱三头肌的参与度。双手通常放在滚花内（即双手距离比肩宽更窄），但距离不能太近，否则完成练习后会感觉手腕疼痛。

哑铃卧推

可以使用哑铃代替杠铃完成该练习。保持前臂垂直于地板，这是良好技术的关键。可以选择不同的哑铃握法，包括正握、反握或中立式握法。每种握法都有不同的好处。正握可以举起更大的重量，但是反握或中立式握法在橄榄球场上应用得更多，因为这是用于阻挡的手形。

弹力带或铁链卧推

将弹力带或铁链固定在杠铃上，从而在整个向心活动范围内逐渐增加练习的总负荷。请注意，只有铁链在该练习的等距阶段中碰到地板时才会产生训练效果。研究表明，在卧推的最低位置，当杠铃接触胸部时，铁链的大部分应接触地板[3]。

教练提示

- 如果卧推的完成动作不正确，则可能对肩关节造成过大负担，因此需确保当肩关节处于外展姿势（上臂与躯干之间呈90度角）时，运动员不要推举。
- 与正常握距相比，使用较宽的握距会对胸部更具针对性，而使用较窄的握距会使肱三头肌参与得更多[2]。

药球胸前传球

训练的主要肌肉

胸大肌、三角肌前束、肱三头肌。

开始姿势

- 双脚分开与肩同宽，呈站姿，双膝略微屈曲。
- 面对训练伙伴或墙壁站立。
- 手持药球，放在胸部高度，双肘完全屈曲（图7.2a）。

动作过程

1. 伸展肘关节，将药球猛力推向（传球）训练伙伴或墙壁（图7.2b）。
2. 完成完整的传球动作，传球结束时，肘关节应完全伸展。

呼吸原则

在此练习的离心阶段吸气，并在向心阶段呼气。

图7.2 药球胸前传球：a. 开始姿势；b. 将药球推向训练伙伴

教练提示

如需提高此练习的强度，可以站得离训练伙伴或墙壁更远，也可以增加药球的重量。

药球落下接球

训练的主要肌肉

胸大肌、三角肌前束、肱三头肌。

开始姿势

- 仰卧在地板上，肘关节伸展，双臂垂直于地板。
- 调整身体的位置，使头部靠近箱子或台阶的底部。
- 训练伙伴站在箱子或台阶上，手持药球，使药球在运动员的双手上方（图7.3a）。

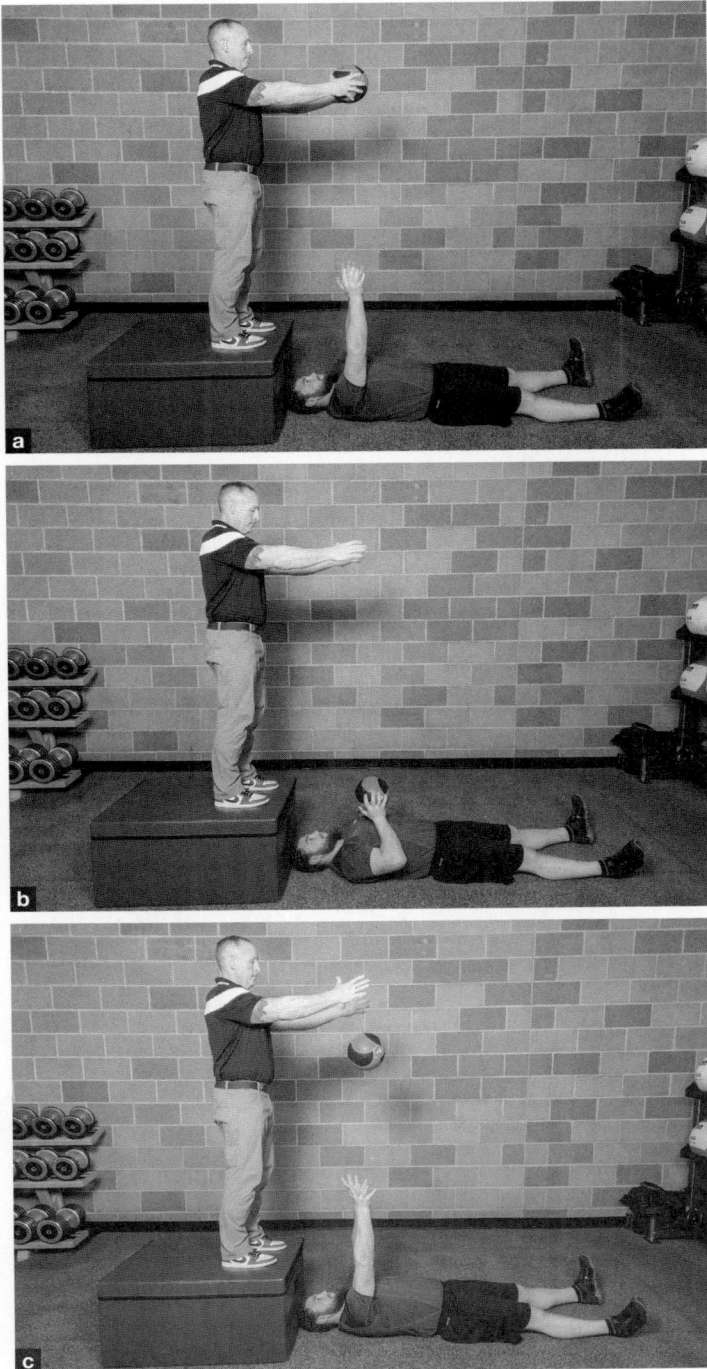

图7.3　药球落下接球：a. 开始姿势；b. 在胸部处接住药球；c. 将药球推回给训练伙伴

动作过程

1. 训练伙伴让药球落下到运动员的手中，后者在胸部附近接住药球（图7.3b）。

2. 接球后，运动员立即将药球猛力回掷（推）给训练伙伴（图7.3c）。

呼吸原则

在此练习的离心阶段吸气，并在向心阶段呼气。

教练提示

如需提高此练习的强度，可以让训练伙伴站在更高的箱子或台阶上，也可以增加药球的重量。

站姿肩部推举

训练的主要肌肉

三角肌前束和中束、肱三头肌。

开始姿势

- 将杠铃放在附有J形钩的支架上，杠铃的位置与肩部齐平（图7.4中未显示）。在杠铃下方准备，使身体重心位于杠铃下方。双手与肩同宽，采用正握法握住杠铃（图7.4a）。
- 将杠铃放在锁骨上，前臂垂直于地板。
- 采用双脚与肩同宽的站姿直立，膝关节略微放松。
- 在此运动过程中，腿部在任何时候均不得发力。

动作过程

1. 保持前臂垂直于地板，同时通过伸展肘关节并屈曲肩关节向上推杠铃（图7.4b）。

2. 颈部稍微向后伸展，使得杠铃不会接触面部，然后在杠铃经过头部之后让头部恢复到原来的位置。

3. 牢牢握住杠铃，保持前臂彼此平行，并且肘关节完全伸展，使得杠铃位于头部正上方。

4. 屈肘并伸展肩关节，将杠铃下降至锁骨处，即恢复开始姿势。确保颈部向后拉，使头部离开杠铃的移动路径，并在杠铃经过下巴之后让头部回到原来的位置。

呼吸原则

原则上使用次最大重量时，在离心阶段吸气并在向心阶段呼气是相当普遍的做法。在使用最大重量或最大负荷时，首选瓦氏呼吸（请参阅第6章）。

保护指引

在站姿肩部推举过程中不需要保护人员，因为此运动的离心阶段是最有力的部分。不能完成一次重复的运动员只需回到开始姿势，然后将杠铃放回支架上即可。

图7.4 站姿肩部推举：a. 开始姿势；b. 推举至头部上方

练习变式

坐姿肩部推举

坐姿肩部推举需将站姿肩部推举的开始和结束位置倒过来，以相反的顺序完成推举：开始时，双臂伸展，然后运动员将杠铃降低到锁骨上，再以与站姿肩部推举相同的动作重新举起杠铃。所使用的长凳不论有无背垫均可。躯干可能需要稍微向后倾斜，以便头部可以离开杠铃的移动路径。如果运动员背对支架，则可以在坐姿肩部推举练习中安排保护人员。坐姿肩部推举的"保护指引"内容与卧推一致。

颈后肩部推举

开始位置从锁骨变为颈部后方，握距也可以比肩宽略宽。这种变化可能会使某些运动员感到肩部不适，因为它需要更大的肩部活动范围才能完成。肩部受伤的运动员应寻求不会刺激该部位的其他练习来增强肩部力量。

教练提示

务必让运动员知道，一旦杠铃经过了头部，头部就应恢复至中立位，并且躯干应保持竖直，不要向后倾斜。

耸肩

训练的主要肌肉

斜方肌。

开始姿势

- 采用窄距正握的方式握住杠铃，双手距离大致与肩同宽（图7.5a）。
- 肩部稍微向后拉，以防止上背部变圆。
- 膝和髋略屈，并在运动过程中保持不动。

动作过程

1. 尽可能高地抬起肩膀，使杠铃直线向上移动（图7.5b）。
2. 控制杠铃回到开始位置。

呼吸原则

在练习的离心阶段吸气，并在向心阶段呼气。

练习变式

哑铃耸肩

使用哑铃完成此练习。开始姿势可以选择将哑铃放在髋部前面，或选择中立式握法，将哑铃放在身体两侧。

爆发力耸肩

使用与耸肩相同的握法和握距，并完成相同的耸肩运动，但大腿和小腿应进行一个活动范围非常小的"下降并蹬地"爆发力动作（请参阅第70～72页的"借力推举"相关内容），尽可能高地耸肩将杠铃提起（同时保持肘部完全伸展）。

图7.5　耸肩：a. 开始姿势；b. 耸肩

教练提示

- 确保双腿没有辅助进行向上运动。
- 如果运动员无法完成全活动范围的耸肩，则减轻重量，直到可以在没有任何下肢辅助的情况下完成全活动范围的耸肩。

侧平举

训练的主要肌肉

三角肌中束。

开始姿势

- 采用中立式握法，双手各握住一只哑铃，放在身体两侧（图 7.6a）。
- 肩部稍微向后拉，以防止肩膀变圆。
- 稍微屈肘（幅度超过图 7.6 所示），并在整个练习过程中保持此屈肘幅度。
- 膝和髋应略屈，在整个练习过程中保持此姿势。

动作过程

1. 侧向举起哑铃（肩外展），直到它们大致平行于地板或与肩同高（图 7.6b）。肘部和上臂应该以相同的速度上升，并且应该略早于双手上升。
2. 不要通过摇摆或摆动身体来移动哑铃。
3. 反向运动，有控制地让哑铃下降到开始位置。

在练习的离心阶段吸气，并在向心阶段呼气。

呼吸原则

在练习的离心阶段吸气、并在向心阶段呼气。

教练提示

使用分腿站姿或坐姿完成此练习可能有助于防止身体摇摆或摆动。

图 7.6　侧平举：a. 开始姿势；b. 侧平举

前平举

训练的主要肌肉

三角肌前束。

开始姿势

- 双手各握住一只哑铃放在大腿前面，采用中立式握法或正握法（图7.7a）。
- 肩部稍微向后拉，以防止圆肩。
- 稍微屈肘（幅度超过图7.7所示），并在整个练习过程中保持此屈肘幅度。
- 膝和髋应略屈，在整个练习过程中保持此姿势。

动作过程

1. 向前举起哑铃（肩部屈曲），直到它们大致平行于地板或与肩同高（图7.7b）。
2. 不要通过摇摆或摆动身体来移动哑铃。
3. 反向运动，有控制地让哑铃下降到开始位置。

呼吸原则

在练习的离心阶段吸气，并在向心阶段呼气。

教练提示

确保哑铃的移动在全活动范围内可控，离心过程中丢掉哑铃保护自己的情况是很常见的。

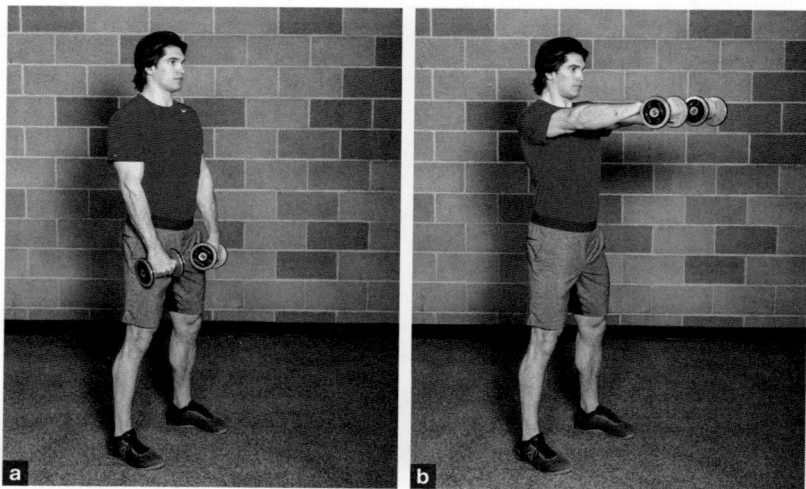

图7.7　前平举：a. 开始姿势；b. 前平举

俯身侧平举

训练的主要肌肉

三角肌后束。

开始姿势

- 双手各握住一只哑铃，采用中立式握法。

- 保持背部挺直，膝关节屈曲，同时屈曲髋关节，使躯干与地板平行。

- 双臂下垂，垂直于地板，肘部略屈（图 7.8a）。

动作过程

1. 侧向举起哑铃（肩部水平外展），直到它们与肩同高（图 7.8b）。

2. 不要通过摇摆或摆动身体来移动哑铃。

3. 反向运动，有控制地让哑铃下降到开始位置。

呼吸原则

在练习的离心阶段吸气，并在向心阶段呼气。

教练提示

- 手臂越长，此练习的难度就越大。

- 如果运动员要逐渐增大阻力，则保持相同的屈肘幅度非常重要。如果运动员的屈肘幅度随着阻力的增加而增加，则练习的难度将保持不变。

图 7.8　俯身侧平举：a. 开始姿势；b. 俯身侧平举

面拉（器械）

训练的主要肌肉

三角肌后束、棘上肌。

开始姿势

- 采用双脚平行或箭步的站姿，稍微屈膝。
- 将拉力器设置在大约前额的高度，并安装好绳索附件。
- 采用正握法，将绳索置于与眼睛平齐的位置，双臂完全伸展（图7.9a）。

动作过程

1. 保持抬高肘部，向后拉动绳索，同时双手分开到头部的两侧，将绳索的中心停在眼前（图7.9b）。
2. 有控制地慢慢让绳索回到开始位置。

呼吸原则

在练习的离心阶段吸气，并在向心阶段呼气。

练习变式

弹力带面拉

使用弹力带代替拉力器；将弹力带固定在大约前额的高度，使用相同的开始姿势，然后按照面拉（器械）的练习说明完成练习。

教练提示

保持躯干静止不动，以更好地孤立目标肌肉。

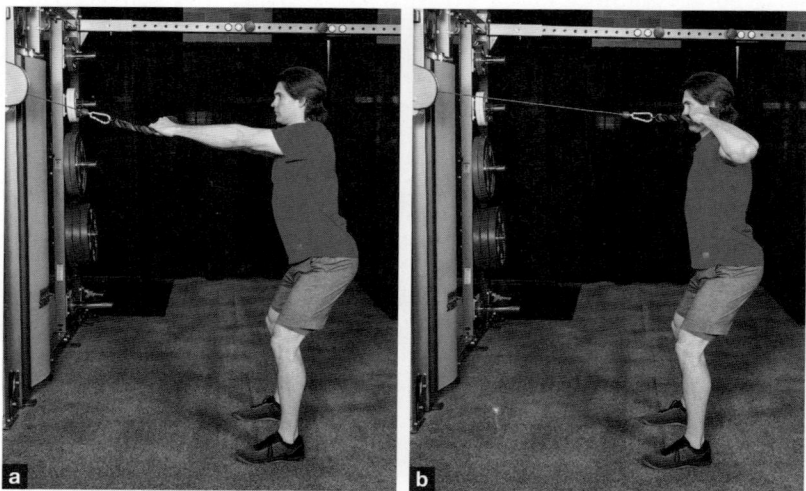

图7.9 面拉（器械）：a. 开始姿势；b. 拉

俯卧Y、T、I练习

训练的主要肌肉

上斜方肌、中斜方肌、下斜方肌、棘下肌、小圆肌/大圆肌、菱形肌、三角肌后束。

俯卧Y练习：开始姿势

- 俯卧在斜凳或稳定球上（躯干与地面的角度为20 ~ 35度）。
- 如果使用斜凳，需调整身体的位置，使胸骨位于斜凳边缘或靠近斜凳的短边。
- 双臂伸直下垂，双手握住哑铃，采用中立式握法（图7.10a）。

俯卧Y练习：动作过程

1. 保持双臂伸直且头部不动，同时慢慢屈肩至活动范围的极限（图7.10b）。
2. 胸部和下巴保持与长凳或稳定球接触。
3. 双臂有控制地慢慢回到开始位置。

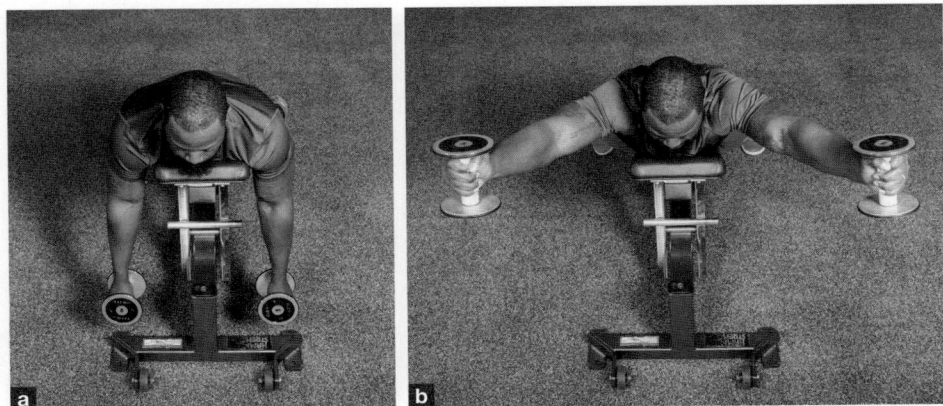

图7.10　俯卧Y练习：a. 开始姿势；b. Y姿势

俯卧T练习：开始姿势

- 俯卧在斜凳或稳定球上（躯干与地面的角度为20 ~ 35度）。
- 如果使用斜凳，需调整身体的位置，使胸骨位于斜凳边缘或靠近斜凳的短边。
- 双臂伸直下垂，双手握住哑铃，采用中立式握法（图7.11a）。

图7.11 俯卧T练习：a. 开始姿势；b. T姿势

俯卧T练习：动作过程

1. 保持双臂伸直且头部不动，同时肩关节水平外展，使双臂向空中抬起（图7.11b）。在该动作的最高点，两侧肩胛骨向中间挤压。

2. 双臂有控制地慢慢回到开始位置。

俯卧I练习：开始姿势

- 俯卧在斜凳或稳定球上（躯干与地面的角度为20～35度）。
- 如果使用斜凳，需调整身体的位置，使胸骨位于斜凳边缘或靠近斜凳的短边。
- 双臂伸直下垂，双手握住哑铃，采用中立式握法（图7.12a）。

俯卧I练习：动作过程

1. 保持双臂伸直且头部不动，同时肩关节完全伸展并向后伸，直到双臂到达其活动范围的极限（图7.12b）。

2. 双臂有控制地慢慢回到开始位置。

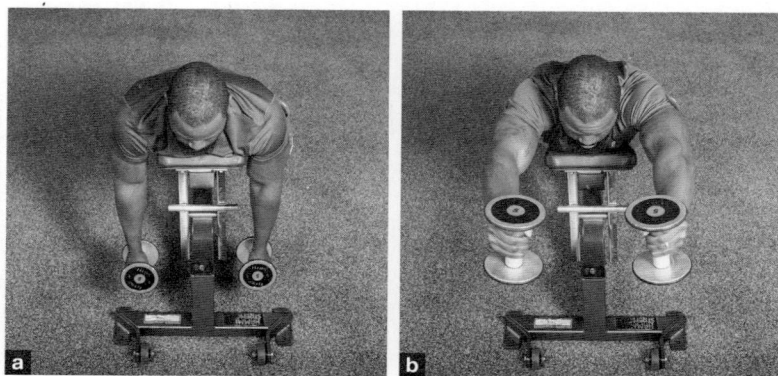

图7.12 俯卧I练习：a. 开始姿势；b. I姿势

呼吸原则

在练习的离心阶段吸气，并在向心阶段呼气。

练习变式

悬挂式Y、T、I练习

不使用稳定球或斜凳，改为使用一对调整为中等长度的悬挂带。为了进入开始姿势，向后倾斜至躯干与地面呈45度角，且肩胛骨向中间挤压。使用与斜凳或稳定球版本相同的手臂姿势和活动范围。

L、W练习

使用稳定球、斜凳或一对悬挂带，开始姿势为上臂在躯干两侧（L练习）或上臂与躯干呈45度角（W练习）。保持屈肘90度，在肩关节处向外旋转手臂来完成运动，使上臂一直保持开始姿势。

教练提示

- 头部位置对此练习至关重要。保持头部稳定将使运动员更有效地锻炼目标部位。如果头部开始抬离斜凳，则活动范围将受到背部的影响，而不是肩部。
- 与其他俯卧练习相比，俯卧I练习可以使用更大的负荷。
- 斜凳和稳定球是此练习的理想选择，但是如果没有这些器械，也可以在地板上完成此练习（但活动范围要小得多）。

直立划船

训练的主要肌肉

上斜方肌、三角肌。

开始姿势

- 采用双脚平行，与肩同宽的站姿，双手分开与肩同宽，采用正握法握住杠铃。
- 保持上身挺直，略微屈膝，并伸展肘关节，将杠铃握在身体前面（图7.13a）。

动作过程

1. 保持杠铃靠近身体，同时将杠铃直线向上拉，直到肘与肩平齐或略高于肩（图7.13b）。
2. 有控制地让杠铃下降至开始位置，同时保持其靠近身体。

呼吸原则

在练习的离心阶段吸气，并在向心阶段呼气。

练习变式

哑铃直立划船

使用哑铃代替杠铃，其他练习内容与直立划船一致。

图7.13 直立划船：a. 开始姿势；b. 拉

弹力带直立划船

　　踩住弹力带，将其固定在地板上，并且双手并拢抓住弹力带的另一端，这是另一种开始姿势。

教练提示

　　如果运动员在杠铃版本的直立划船练习中感到疼痛，则应尝试练习变式，或者改变握距。

俯身划船

训练的主要肌肉

　　背阔肌、大圆肌、肱二头肌、中斜方肌、三角肌后束、菱形肌。

开始姿势

- 双手握住杠铃，使用正握法，握距大于肩宽。
- 稍微屈膝，保持躯干收紧，然后弯腰，直到躯干略高于与地面平行的位置。
- 双臂伸直下垂（图7.14a），在整个练习过程中，保持脊柱中立，背部平直。

动作过程

1. 向上拉起杠铃，直至杠铃到达上腹部或下胸部（图7.14b）。

2. 肘部直线向后移动至身体两侧。

3. 有控制地让杠铃回到开始位置。

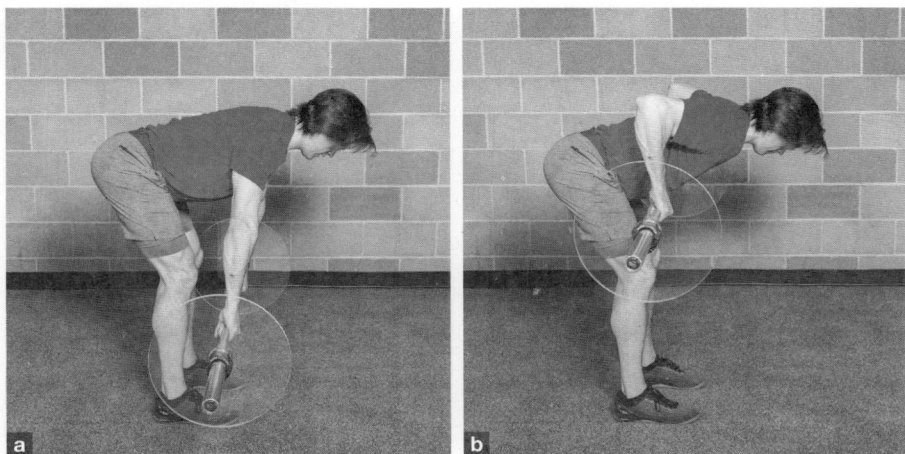

图7.14　俯身划船：a. 开始姿势；b. 拉

呼吸原则

在练习的离心阶段吸气，并在向心阶段呼气。当负荷较大时，使用瓦氏呼吸（请参阅第6章）。

教练提示

若以水平划船的方式继续练习，需保持躯干与地板平行。

单臂哑铃划船

训练的主要肌肉

背阔肌、大圆肌、菱形肌、肱二头肌、中斜方肌、三角肌后束。

开始姿势

- 一只手牢牢放在稳固平面上，该平面的高度应足够低，使躯干保持在略高于与地面平行的位置。
- 保持脊柱中立，同时另一只手握住哑铃并下垂，肘关节完全伸展（图7.15a）。
- 与放在平面上的手同侧的膝盖可与该侧手在同一平面上。

动作过程

1. 使用中立式握法握住哑铃，将哑铃直线向上拉至躯干旁边（图7.15b）。
2. 肘部直线向后移动，并且手应与胸部或上腹部平齐。
3. 有控制地让哑铃回到开始位置。
4. 保持脊柱中立和对躯干的控制。

图7.15　单臂哑铃划船：a. 开始姿势；b. 拉

呼吸原则

在练习的离心阶段吸气，并在向心阶段呼气。

练习变式

哑铃上斜划船

不使用手来支撑，而是俯卧在斜凳上。下巴保持离开斜凳的顶部，同时双手持哑铃下垂。这是另一种开始姿势。

教练提示

- 练习过程中保持躯干平直，躯干的移动范围过大会使目标肌肉得不到有效锻炼。
- 将杠铃提拉到下胸部。

哑铃仰卧屈臂上拉

训练的主要肌肉

背阔肌、胸大肌。

开始姿势

- 躺在长凳上，使身体垂直于长凳的长边，并将肩膀置于长凳上。
- 双脚牢牢地放在地板上，屈膝约90度。
- 让头部离开长凳并保持中立姿势。
- 握住哑铃的两端（使手柄与地板平行）或双手交叠托着哑铃的一端（使手柄与地板接近垂直），然后将哑铃放在颈部或面部上方，双臂垂直于长凳（图7.16a）。
- 在整个活动范围内，肘部均应保持放松状态并略微屈曲。

动作过程

1. 屈曲肩关节，使哑铃下降至头部后方（图7.16b）。

2. 到达最低位置后，让哑铃回到开始位置，不要通过摆动身体来移动哑铃。

呼吸原则

在练习的离心阶段吸气，并在向心阶段呼气。

练习变式

曲杆杠铃仰卧屈臂上拉

使用曲杆杠铃代替哑铃，其他练习内容与哑铃仰卧屈臂上拉一致。

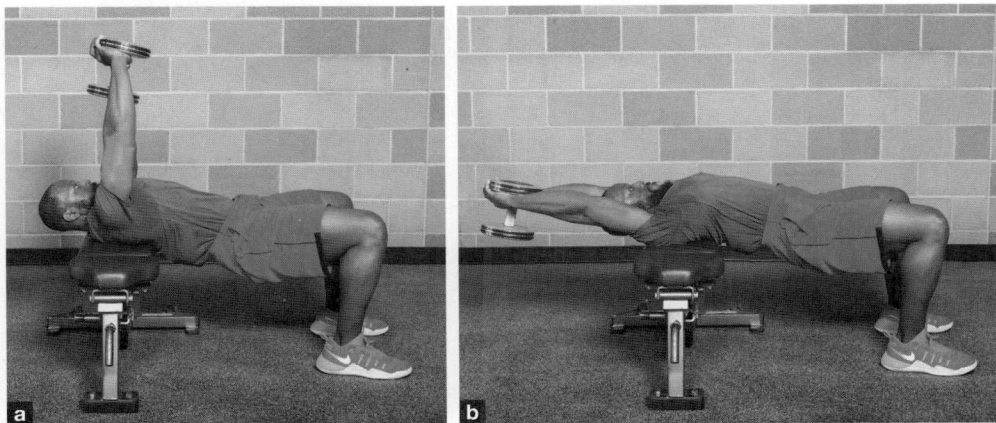

图7.16 哑铃仰卧屈臂上拉：a. 开始姿势；b. 使哑铃下降至头部后方

教练提示

- 使手臂尽可能伸长，而肘关节略微屈曲。
- 在室内使用多张长凳让多名运动员同时进行哑铃仰卧屈臂上拉练习会难以开展，因此需要将长凳错开摆放，以便腾出更多空间，让多名运动员可以采用垂直于长凳的仰卧姿势。

背阔肌下拉（器械）

训练的主要肌肉

背阔肌、中斜方肌、三角肌后束、菱形肌、大圆肌。

开始姿势

- 使用正握法握住拉杆，握距应大于肩宽。
- 坐在坐垫上，将大腿放在压垫下面，使臀部保持在坐垫上。
- 躯干略向后倾斜，使拉杆不会碰到头部和面部。
- 伸展肘关节，使双臂向上伸直（图7.17a）。

动作过程

1. 将拉杆垂直向下拉至上胸部或锁骨（图7.17b）。

2. 保持躯干的姿势不变。在练习过程中，不要主动后倾躯干来帮助完成动作。

3. 有控制地让拉杆回到开始位置。

4. 在整个练习过程中保持躯干的姿势不变。

呼吸原则

在练习的离心阶段吸气，并在向心阶段呼气。

图 7.17 背阔肌下拉（器械）：a. 开始姿势；b. 将拉杆向下拉

练习变式

宽握背阔肌下拉

与常规背阔肌下拉的开始姿势相比，双手以更宽的握距握住拉杆。

反握背阔肌下拉

握住拉杆时，采用反握法而不是正握法。

中立式握法背阔肌下拉

使用 V 形手柄，用中立式握法握住手柄。

教练提示

以垂直划船的形式完成练习，运动员向后倾斜的幅度越大，则练习越偏向于水平划船。

低位滑轮坐姿划船（器械）

训练的主要肌肉

背阔肌、大圆肌、肱二头肌、中斜方肌、三角肌后束、菱形肌。

开始姿势

- 坐下，躯干竖直，双脚放在脚踏板上以支撑身体。
- 用中立式握法、正握法或反握法握住手柄。

- 双臂伸直，用力握紧拉力器或配重片（图7.18a）。

动作过程

1. 将手柄直线向后拉，直至到达上腹部或下胸部（图7.18b）。

2. 保持躯干竖直。在练习过程中，不要主动后倾躯干来帮助完成动作。

3. 有控制地让手柄回到开始位置。

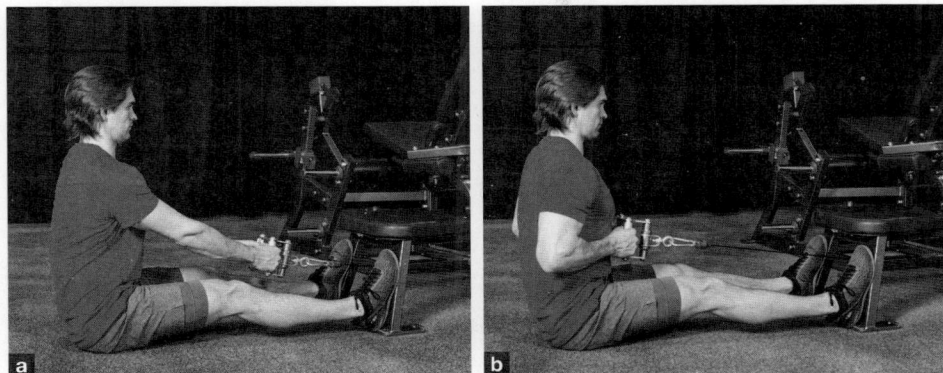

图7.18　低位滑轮坐姿划船（器械）：a. 开始姿势；b. 将手柄向后拉

呼吸原则

在练习的离心阶段吸气，并在向心阶段呼气。

教练提示

保持胸部稳定会使该练习接近于水平划船，利用冲力或躯干后倾幅度太大会改变练习使用的肌肉，从而减少对目标肌肉的刺激。

反向划船

训练的主要肌肉

背阔肌、大圆肌、菱形肌、肱二头肌、中斜方肌、三角肌后束。

开始姿势

- 将杠铃放在J形钩或安全支架上，使其高度略大于手臂的长度。
- 使用正握法握住杠铃，以仰卧姿势垂吊，脚跟放在地板上（图7.19a）；膝关节可以完全伸展或稍微屈曲。

动作过程

1. 向上拉起身体，直到下胸部、胸骨或上腹部接触杠铃（图7.19b）。

2. 肩到踝或肩到膝（取决于所使用的膝关节姿势）在一条直线上。

3. 动作结束时，肘部在身体后方。

4. 有控制地下降身体，回到开始姿势。

呼吸原则

在练习的离心阶段吸气，并在向心阶段呼气。

图 7.19 反向划船：a. 开始姿势；b. 向上拉起身体

练习变式

悬吊训练器划船

使用悬吊训练器代替杠铃。将手柄的高度设置为刚好大于手臂的长度。

教练提示

- 进行反向划船练习时，运动员不得通过摇摆或摆动臀部来协助运动。腹部收紧，身体全程保持成一条直线的状态。
- 抬高脚跟，以增加练习的难度。

引体向上

训练的主要肌肉

背阔肌、大圆肌、菱形肌、中斜方肌、三角肌后束。

开始姿势

- 使用正握法握住单杠，握距与肩同宽或稍宽于肩。
- 头部位于两臂之间。
- 开始姿势为完全悬吊，肘关节伸展，双脚离开地板（图 7.20a）。

动作过程

1. 向上拉起身体，直到下巴在单杠上方（图 7.20b）。
2. 上拉时应可控，不要出现猛拉或摆动身体的动作。

3. 有控制地让身体回到开始姿势。

图7.20　引体向上：a. 开始姿势；b. 上拉，让下巴越过单杆

呼吸原则

在练习的离心阶段吸气，并在向心阶段呼气。

练习变式

反握引体向上

使用反握法代替正握法。

中立式握法引体向上

使用双杠，用中立式握法而不是正握法。

负重或弹力带辅助式引体向上

用负重背心或负重腰带增加引体向上的阻力。对于无法完成引体向上练习的运动员，可以在起蹲架的J形钩之间使用弹力带，或将弹力带绑在单杠上。阻力将因弹力带的长度和宽度而异。

毛巾引体向上

将毛巾挂在单杠上，双手分别抓住毛巾的一端，使用此姿势作为另一种开始姿势。

教练提示

指示运动员在每次重复动作的开始和结束时，双臂均应放在耳朵旁边，这样运动员才能在全活动范围内完成练习。

肱三头肌下拉（器械）

训练的主要肌肉

肱三头肌。

开始姿势

- 使用直杆或绳索附件，使手柄与肩同高。
- 以正握法抓住附件，双肘在身体两侧（图7.21a）。

动作过程

1. 保持肘部贴在身体两侧，同时伸直手臂，直到双手下降到大腿的前面（图7.21b）。
2. 保持肘部贴在身体两侧，同时双手有控制地回到开始位置。

呼吸原则

在练习的离心阶段吸气，并在向心阶段呼气。

练习变式

弹力带肱三头肌下拉

在高处的单杠上悬挂一条弹力带，并用中立式握法抓住弹力带，将其置于肩部，这是另一种开始姿势。此练习的动作过程与常规的肱三头肌下拉相同。

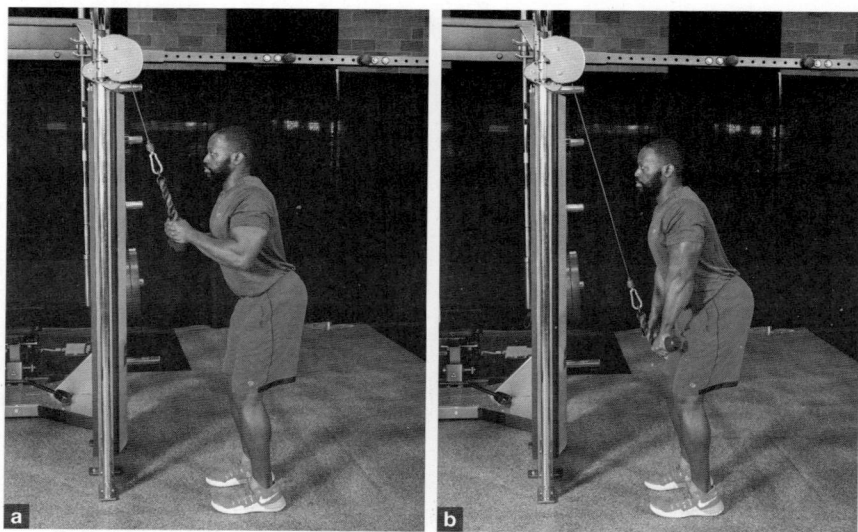

图7.21　肱三头肌下拉（器械）：a. 开始姿势；b. 伸展肘关节

教练提示

用于进行肱三头肌下拉练习的附件装置可决定在此练习过程中肱三头肌的募集程度。

仰卧肱三头肌伸展

训练的主要肌肉

肱三头肌。

开始姿势

- 仰卧在长凳上，有5个接触点（头、肩和臀部在长凳上，双脚在地板上），在整个练习过程中保持这5个接触点不变。
- 握住直杆或曲杆杠铃杆，采用窄距正握法，将杠铃杆举在胸部上方（图7.22a）。

动作过程

1. 保持上臂垂直于身体，肘部保持在原位，同时屈肘将杠铃杆向头部方向下降（图7.22b）。不要让上臂离开原来的位置。
2. 有控制地移动杠铃杆，直到其靠近前额或头顶。
3. 伸展肘关节，使杠铃杆上升回到开始位置。

呼吸原则

在练习的离心阶段吸气，并在向心阶段呼气。

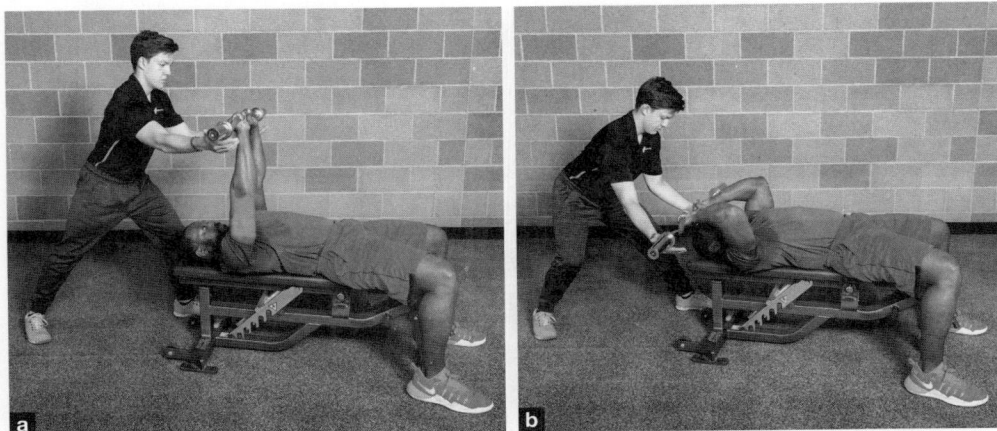

图7.22 仰卧肱三头肌伸展：a. 开始姿势；b. 将杠铃杆向头部方向下降

保护指引

保护人员将位于运动员头部的后方，并在练习过程中或进入开始姿势时根据需要为运动员提供帮助。

练习变式

仰卧哑铃肱三头肌伸展

采用中立式握法，双手各握一个哑铃，而不使用杠铃杆。

教练提示

- 在下降过程中，小心不要让杠铃杆或哑铃撞到额头。
- 此练习可能会使某些运动员感到肘部疼痛，因此务必要准备针对肱三头肌的替代练习。

颈后哑铃肱三头肌伸展

训练的主要肌肉

肱三头肌。

开始姿势

- 坐下或站立。
- 握住哑铃的两端（使手柄与地板平行）或双手交叠托着哑铃的一端（使手柄与地板接近垂直）。
- 将哑铃放在头部上方，肘关节完全伸展，双臂垂直于长凳。

图7.23 颈后哑铃肱三头肌伸展：a. 将哑铃下降至头部后方；b. 将哑铃推举过头顶

动作过程

1. 在保持上臂垂直的同时，屈曲肘关节，使哑铃朝头或颈的后方下降（图 7.23a）。不要让上臂离开原来的位置。

2. 有控制地移动哑铃，直到肘关节屈曲幅度达到极限。

3. 伸展肘关节，让哑铃上升回到开始位置（图 7.23b）。

呼吸原则

在练习的离心阶段吸气，并在向心阶段呼气。

保护指引

在此练习中可以使用保护人员来确保运动员不会让哑铃掉落在头上，或帮助运动员使哑铃进入开始位置。保护人员应站在运动员后面，并在运动员动作失败时提供帮助。

教练提示

- 与站姿相比，采用坐姿会让身体更稳定。
- 增加重量后，应保持相同的活动范围。

杠铃肱二头肌弯举

训练的主要肌肉

肱二头肌、肱肌、肱桡肌。

开始姿势

站直，采用反握法，握距与肩同宽，杠铃位于身体前面，肘关节完全伸展（图 7.24a）。

动作过程

1. 屈肘，同时上臂保持贴住躯干两侧。

2. 仅以肘关节为轴心，在整个活动范围内举起杠铃，使其达到肩部高度（图 7.24b）。

3. 保持躯干垂直于地板，不要通过身体向后猛拉来辅助完成此动作。

4. 有控制地将杠铃下降至开始位置。

呼吸原则

在练习的离心阶段吸气，并在向心阶段呼气。

练习变式

曲杆杠铃肱二头肌弯举

使用曲杆杠铃而不是直杆杠铃，其他练习内容与杠铃肱二头肌弯举一致。

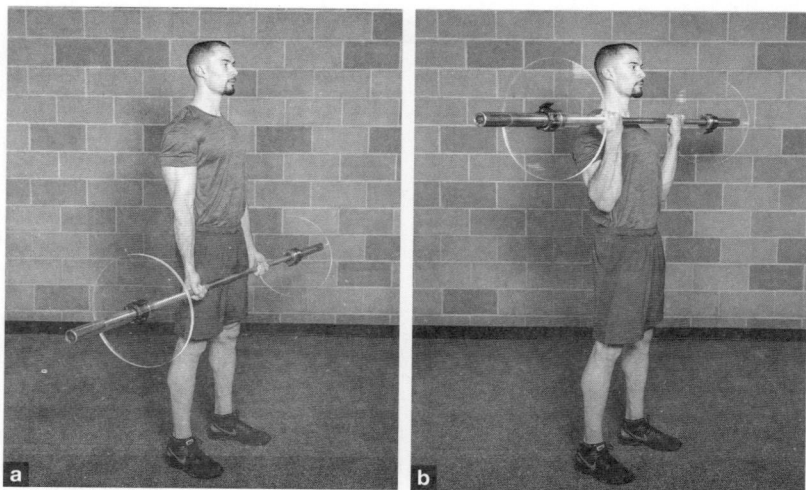

图7.24 杠铃肱二头肌弯举：a. 开始姿势；b. 弯举

拉力器弯举

在拉力器的最低高度上安装绳索附件。采用中立式握法抓住附件，这是另一种开始姿势。

教练提示

此练习有多种变式，可以将肘部固定在不同位置来完成动作，例如，让肘部保持贴住躯干两侧，或高高抬起至胸前（即屈曲肩关节）。

哑铃肱二头肌弯举

训练的主要肌肉

肱二头肌、肱肌、肱桡肌。

开始姿势

- 站直，略微屈膝。
- 采用窄距中立式握法握住一对哑铃，放在身体两侧，肘关节完全伸展（图7.25a）。

动作过程

1. 屈肘，同时上臂保持贴住躯干两侧。
2. 在运动的前半部分逐渐将哑铃旋转至反握（掌心向上）位置，直到哑铃达到肩膀处（图7.25b）。
3. 在整个活动范围内举起哑铃（仅限于肘关节，而不涉及肩关节）。
4. 保持躯干垂直于地板，不要通过身体向后猛拉来辅助完成此动作。
5. 有控制地将哑铃下降至开始位置。

图7.25 哑铃肱二头肌弯举：a. 开始姿势；b. 弯举

呼吸原则

在练习的离心阶段吸气，并在向心阶段呼气。

练习变式

锤式弯举

在整个活动范围内保持中立式握法。

教练提示

使用交替式哑铃肱二头肌弯举可以举起更大的重量。

第 8 章

解剖学核心区域练习技术

泰德·拉思（Ted Rath）

适合橄榄球运动员的训练涉及非常广泛的知识，包括要了解训练**解剖学核心肌肉**的价值和应用方法。最容易识别和一般人最熟悉的是腹直肌、腹横肌、腹内斜肌和腹外斜肌。因为解剖学核心被定义为主轴骨骼及其近端附着点在主轴骨骼上的所有肌肉 [1, 2]，所以除了腹肌和斜肌以外，还包括其他肌肉，例如前锯肌、背阔肌、竖脊肌、腰方肌，甚至臀肌。

核心肌群对于橄榄球运动员的表现尤为重要。在每一轮攻防战术执行中，均有不同程度的作用力传递。实际上，核心肌群是连接运动员身体各个部位的桥梁，因此作用力传递既有效又高效。在冲刺、踢、投掷、击打、挥击和阻挡等常见活动中，作用力是通过动力学链传递的 [6]。如果核心力量不足，这些活动可能无法发挥最大作用力。

在讨论核心训练时，理解术语上的差异很重要。无论动作单独针对哪个肌群，**核心练习**（有时称为**地面结构性练习**）都是为了使身体有效地通过解剖结构的核心传递作用力。核心练习的例子包括深蹲、硬拉和高翻。这些练习不会单独针对解剖学核心肌群（例如，运动员做深蹲的主要目的并非训练腹直肌），但是它们可通过解剖学核心区域传递作用力，因此对于橄榄球运动而言具有比孤立核心练习更大的应用价值 [2, 4, 5, 6]。孤立核心练习通常包括静态或动态的肌肉动作，这些动作专门集中在解剖核心肌肉上，手臂或腿部的参与度不高 [2]。

为解剖学核心区域设计训练计划的首要任务之一是观察运动员完成的动作模式 [3]。橄榄球是一个很复杂的运动项目，身体压力因所需动作的幅度和特定性质而变化。体能教练应识别哪些解剖学核心区域对于训练很重要，然后制定相应的计划。

解剖学核心区域的练习可以通过几种方式进行分类。本章使用了两种方法，每种练习类型对橄榄球运动员都有积极的训练作用。

动作类别

- 抗旋转练习能够训练运动员抵抗旋转的力量，目标是提高稳定性和增强力量。大多数运动员以腹内斜肌和腹外斜肌作为目标训练肌肉。旋转练习则用于增强运动员安全地旋转躯干的能力。这些练习可能非常有益，但是如果操作不当，旋转练习会对腰椎造成不必要的压力。此外，抗伸展练习所涉及的运动和姿势要求运动员主动抵抗腰椎伸展，伸展练习涉及主动伸展髋和脊柱的运动。在正确完成的情况下，这两对互为对抗的练习（即抗旋转/旋转和抗伸展/伸展）在力量训练计划中占有一席之地。最后，抗侧屈练习涉及运动员为对抗侧屈而必须完成的运动和姿势。根据练习所使用的准确技巧，可以将本章所介绍的练习划分为不同的运动类别。

练习类别

- 在第3部分中介绍的休赛期、赛季前、赛季中和赛季后训练计划将解剖学核心区域的练习分为传统练习（肌肉收缩时造成脊柱屈曲或伸展的练习）、等距练习（保持脊柱挺直并需要静态坚持一段时间的练习）、药球练习（在屈曲、扭转脊柱或保持脊柱挺直时使用药球增加阻力的练习）和功能练习（在完成运动时保持脊柱挺直的练习）。

本章中介绍的部分练习可以归入多个类别中，并且许多练习变式可归属于与主要版本不同的类别。除练习选择外，力量训练计划最重要的方面是技术。体能教练的主要责任是设计和实施适当的技术，使运动员安全地对身体施加新刺激，从而实现适应和进步。运动员应以无痛的方式完成每项练习，对目标肌肉实现最佳刺激。通过严格的控制和高效的技术，运动员将增强其解剖学核心区域的力量，这是橄榄球运动员提升其场上执行能力所需的要素。

练习目录

农夫行走

图8.1 农夫行走

练习类型

抗侧屈、功能。

训练的主要肌肉

腹横肌、腹内斜肌、腹外斜肌、腹直肌、竖脊肌、髂腰肌、臀肌。

开始姿势

- 站直，双手各握一个哑铃，稍稍离开身体两侧。
- 双手保持中立姿势。

动作过程

1. 开始行走，在控制下完成规定的距离或时间（图8.1）。
2. 肩膀始终保持平直，同时保持正常的行走步态。
3. 在行走和转身时，需保持对哑铃的完全控制，不要使哑铃摆动。
4. 在整个练习过程中，让腹部肌肉参与并保持躯干挺直。

呼吸原则

呼吸保持平稳可控，在整个练习过程中保持腹腔内压力。

练习变式

杠铃农夫行走

使用杠铃完成此练习，以增加难度。

哑铃手提箱行走

一只手握住一个哑铃，有控制地步行规定的距离或时间。保持肩膀平直，同时保持正常的行走步态，确保避免对侧髋关节外倾。将哑铃安全地转移到另一只手中，在转移过程中，首先以良好的技术蹲下，再将哑铃放到地板上。

壶铃半架式行走

在胸部顶部握住一个壶铃，与手臂平行颈前深蹲练习的手臂位置类似。将拇指的背面靠在中胸部顶部。肩膀始终保持平直，同时保持正常的行走步态。保持肋骨向下的姿势，同时避免髋关节外倾。有控制地步行规定的距离或时间。

壶铃过头式行走

将壶铃举起在头部上方，肩膀稳定地下压，以便让后部肌肉参与。屈曲手腕，使指关节直接指向天花板，肘关节保持锁定。此练习的变式可以是以壶铃倒置的方式拿着壶铃。

壶铃服务生托举

肘部和前臂呈90度，托着一个倒置的壶铃。肘部保持在身体前方，防止其向外张开。肩膀始终保持平直，同时保持正常的行走步态。

推举壶铃行走

双手握住壶铃，从胸骨处开始。保持肩膀平直且胸廓向下压的姿势，同时保持正常的行走步态，慢慢将壶铃推离身体，然后返回。在每次推的时候呼气。

教练提示

- 保持胸廓缩短收紧。
- 保持正常行走的步幅和步态。

高跪姿绳索抗旋转

练习类型

抗旋转、功能。

训练的主要肌肉

腹横肌、腹直肌、腹内斜肌、腹外斜肌、竖脊肌、臀肌。

开始姿势

- 双膝跪地，躯干竖直。
- 用外侧的手在胸骨处支撑手柄（图8.2a）。

动作过程

1. 平稳且可控地将手柄推离胸骨（图8.2b）。
2. 通过外侧手臂施加压力（内侧胸大肌不应参与）。
3. 将手柄返回至胸骨处。

呼吸原则

强而有力地呼吸，在离心阶段吸气，在向心阶段呼气。

练习变式

基础站姿绳索抗旋转

双脚分开与肩同宽站立，双脚采用中立姿势。略微屈膝，让臀肌参与并通过脚跟施加压力。

半跪式绳索抗旋转

内侧腿跪下，同侧脚放松，收缩同侧的臀肌。

图8.2 高跪姿绳索抗旋转：a. 开始姿势；b. 推

***分腿站姿绳索抗旋转（重点是外展肌）**￼*

站立时内侧脚向前一步，脚趾正对前方。保持膝关节微屈，后脚蹬地板的同时让臀肌参与。

分腿站姿绳索抗旋转（重点是腹股沟）

站立时外侧脚向前一步，脚趾正对前方。保持膝关节微屈，后脚蹬地板的同时让臀肌参与。

教练提示

- 保持胸廓向下压的姿势，使腹肌收缩并参与。
- 避免髋部向外打开。
- 保持身体挺直，髋关节在膝关节正上方完全伸展。
- 肩膀保持平直。
- 始终保持臀肌的收缩与参与。

高跪姿下拉

练习类型

抗旋转、抗侧屈、功能。

训练的主要肌肉

腹横肌、腹直肌、腹内斜肌、腹外斜肌、竖脊肌、臀肌。

开始姿势

- 双膝跪地。
- 使用正握法握住直杆。
- 外侧手臂屈曲，内侧手臂伸展（图 8.3a）。
- 拉力器在运动员上方（从高到低的角度）。

动作过程

1. 伸展外侧手臂至锁定姿势（图 8.3b）。
2. 内侧手臂推离胸部呈锁定姿势（图 8.3c）。
3. 内侧手臂从锁定姿势回到胸部（图 8.3d）。
4. 外侧手臂恢复屈曲姿势（图 8.3e）。

呼吸原则

在做出开始姿势时吸气，在向心和离心阶段平稳受控地呼气。每次重复呼吸一次，同时用平稳的呼吸保持腹腔内压力。

图 8.3 高跪姿下拉：a. 开始姿势；b. 伸展外侧手臂

图8.3（续） 高跪姿下拉：c. 内侧手臂推离胸部；d. 内侧手臂回到胸部；e. 屈曲外侧手臂

练习变式

基础站姿下拉

双脚分开与肩同宽站立，采用中立姿势。略微屈膝，让臀肌参与并通过脚跟施加压力。

半跪式下拉

外侧腿跪下，同侧脚放松，收缩同侧臀肌。

分腿站姿下拉

站立时内侧脚向前一步，脚趾正对前方。保持膝关节微屈，后脚蹬地板的同时让臀肌参与。

教练提示

- 保持胸廓向下压的姿势，使腹肌收缩并参与。
- 避免髋部向外打开。
- 保持身体挺直，髋关节在膝关节正上方完全伸展。
- 肩膀保持平直。
- 始终保持臀肌的收缩与参与。

高跪姿上劈

练习类型

　　抗旋转、抗伸展、功能。

训练的主要肌肉

　　腹横肌、腹直肌、腹内斜肌、腹外斜肌、臀肌。

开始姿势

- 双膝跪地。

- 使用正握法握住直杆。

- 外侧手臂屈曲，内侧手臂伸展（图8.4a）。

- 拉力器在运动员髋部下方（从低到高的角度）。

动作过程

1. 伸展外侧手臂至锁定姿势（图8.4b）。

2. 使用核心将内侧手臂推离胸部呈锁定姿势（图8.4c）。

3. 内侧手臂从锁定姿势回到胸部。

4. 外侧手臂恢复屈曲姿势。

图8.4　高跪姿上劈：a. 开始姿势；b. 外侧手臂伸展；c. 内侧手臂推离胸部

呼吸原则

在做出开始姿势时吸气，在向心和离心阶段平稳受控地呼气。每次重复呼吸一次，同时用平稳的呼吸保持腹腔内压力。

练习变式

基础站姿上劈

双脚分开与肩同宽站立，采用中立姿势。略微屈膝，让臀肌参与并通过脚跟施加压力。

半跪式上劈

内侧腿跪下，同侧脚放松，收缩同侧的臀肌。

分腿站姿上劈

站立时外侧脚向前一步，脚趾正对前方。保持膝关节微屈，后脚蹬地板的同时让臀肌参与。

教练提示

- 保持胸廓向下压的姿势，使腹肌收缩并参与。
- 避免髋部向外张开。
- 保持身体挺直，髋关节在膝关节正上方完全伸展。
- 肩膀保持平直。
- 始终保持臀肌的收缩与参与。

坐姿伙伴过头抛

练习类型

抗伸展、药球。

训练的主要肌肉

腹横肌、腹直肌、腹外斜肌、竖脊肌。

开始姿势

- 坐在地上，脚跟接触地板且屈膝（图8.5a）。
- 后倾躯干，使腹肌参与。

动作过程

1. 训练伙伴瞄准略高于运动员额头的点将药球抛出。
2. 接球时保持腹部收紧。
3. 保持手臂伸展，在额头上方用双手接药球（图8.5b）。
4. 慢慢后倾，同时紧缩肚脐。
5. 一直降低至肩胛骨轻轻触地（图8.5c）。

图8.5 坐姿伙伴过头抛：a. 开始姿势；b. 接球；c. 躺下；d. 起身并将球抛给训练伙伴

6. 腹部肌肉用力，并将肩胛骨抬离地面。

7. 起身后，将药球抛给训练伙伴（图8.5d）。

呼吸原则

保持腹腔内压力并平稳呼吸。

练习变式

坐姿伙伴侧抛

训练伙伴正对着运动员身体侧面站立，将球抛向运动员的外侧手臂，高度为胸部下方。运动员让药球减速时，保持挺直躯干，重新引导作用力的方向，转变为向心运动，并将药球抛回给训练伙伴。切记，应仅在不造成任何疼痛的情况下进行旋转练习。

教练提示

- 保持腹部收紧。
- 向着脊柱方向收缩肚脐。
- 消除药球的动量。

正面过臀抛药球

练习类型

抗旋转、药球。

训练的主要肌肉

腹横肌、腹直肌、腹内斜肌、腹外斜肌、竖脊肌、臀肌。

开始姿势

- 面对墙壁站立。
- 向后坐成髋关节铰链姿势，同时让后链肌群承受负荷。
- 将药球拿在身体的一侧，即髋部外侧（图8.6a）。
- 运动员应尽量少旋转或不旋转躯干。

动作过程

1. 用力向前推动髋部，以双臂作为在髋部所生成力量的延伸。

2. 瞄准点在腰部高度（图8.6b）。

3. 肌肉动作类似于双臂壶铃甩摆。

呼吸原则

使用用力呼吸技巧，在向心阶段呼气并在整个离心阶段吸气。

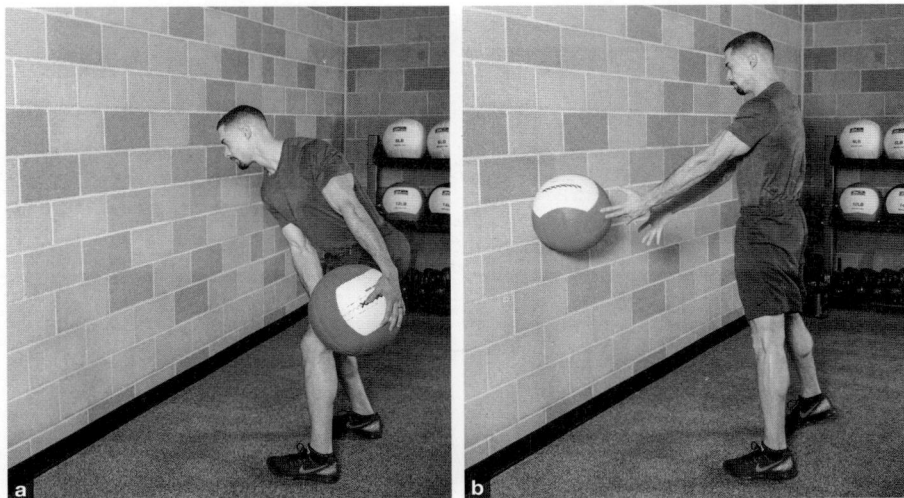

图8.6 正面过臀抛药球：a. 开始姿势；b. 抛球

教练提示

- 使用快速而有力的向心运动，类似于双臂壶铃甩摆的摆动阶段。
- 每次重复后恢复开始姿势。

侧旋过臀抛药球

练习类型

旋转、药球。

训练的主要肌肉

腹外斜肌、腹内斜肌、腹横肌、腹直肌、竖脊肌、臀肌。

开始姿势

- 身体侧对墙壁站立，球将在该墙壁上反弹。
- 髋部向后坐成髋关节铰链姿势，同时让后链肌群承受负荷，墙壁在身体的一侧。
- 将药球拿在离墙壁更远的外侧髋关节处（图8.7a）。
- 保持身体平衡。

动作过程

1. 首先通过离墙壁更远的外侧脚施加压力。
2. 用力向前推动髋部，同时身体向墙壁方向旋转。

图8.7 侧旋过臀抛药球：a. 开始姿势；b. 完成姿势

3. 伸展双臂，使其成为在髋部所生成力量的延伸。

4. 旋转接近完成时，将外侧的手旋转到顶部，类似于将一桶水倒出的姿势。

5. 动作完成时，肩膀保持平直，后侧腿完全伸展且脚部跖屈（图8.7b）。

呼吸原则

在向心阶段用力呼气，并在恢复开始姿势时和离心阶段吸气。

教练提示

- 翻转上面的手，像倒出一桶水一样。
- 完成时要站直并让所有作用力通过双手传递。

侧旋推掷药球

练习类型

旋转、药球。

训练的主要肌肉

腹外斜肌、腹内斜肌、腹横肌、腹直肌、竖脊肌、臀肌。

开始姿势

- 向后蹲呈髋关节铰链姿势，同时让后链肌群承受负荷，墙壁在身体的一侧。
- 药球位于离墙壁更远的外侧胸部。
- 外侧的手放在药球的后面，用作推动手。
- 肘部在药球旁抬高至刚好低于与肩部平行的位置（图8.8a）。

动作过程

1. 首先外侧的脚蹬地，同时伸展髋关节，并开始向墙壁方向旋转。

2. 手成为髋部和躯干所生成力量的延伸。

3. 旋转时用外侧的脚"把虫子压扁"。

4. 动作完成时，肩膀保持平直，后腿完全伸展且脚部跖屈（图8.8b）。

呼吸原则

- 在向心阶段用力呼气。

- 在恢复开始姿势时和离心阶段吸气。

练习变式

髋关节分离式侧旋推掷药球

四分卫进行此练习时可以采用髋关节分离形式。

教练提示

- 从头到尾都是从低向高移动。

- 动作完成时身体竖直，让作用力从地面向上传递至手，将球推出。

图8.8 侧旋推掷药球：a. 开始姿势；b. 完成姿势

杠铃腹肌轮

练习类型

抗伸展、功能。

训练的主要肌肉

腹横肌、腹直肌、背阔肌、竖脊肌、臀肌。

开始姿势

- 双膝跪下，双手放在胸部正下方的杠铃上（图8.9a）。
- 保持臀肌用力。
- 通过双手施加压力，并将杠铃压向地板。
- 下腹部用力，向脊柱方向缩肚脐。

动作过程

1. 使用髋部生成向前的作用力，将杠铃推离身体。
2. 始终保持臀肌收缩。
3. 慢慢向前滚动，双臂呈伸展过头的姿势（图8.9b）。
4. 将杠铃拉回到胸部下方的开始位置。

图8.9 杠铃腹肌轮：a. 双手放在胸部下方的杠铃上；b. 将杠铃推出去并且双臂呈伸展过头的姿势

呼吸原则

在做出开始姿势时吸气。在向心和离心阶段平稳、受控地呼气，每次重复呼吸一次。

教练提示

- 保持腹部收紧。
- 在练习过程中保持胸廓向下压的姿势。
- 此练习不应引起下背部不适。

仰卧卷腹

练习类型

抗伸展、传统。

训练的主要肌肉

腹横肌、腹直肌、腹外斜肌。

开始姿势

- 仰卧在地板或垫子上。
- 将脚跟放在长凳上，髋和膝屈曲约90度。
- 双臂交叠放在胸部或腹部（图8.10a）。

动作过程

1. 颈部屈曲，使下巴向胸部方向移动。
2. 臀部和下背部在垫子上保持中立和静止不同，将躯干朝大腿卷曲，直到上背部离开垫子（图 8.10b）。
3. 伸直躯干回到开始姿势。
4. 双脚、臀部、下背部和双臂的姿势都保持不变。

呼吸原则

在向心阶段呼气，并在离心阶段吸气。

练习变式

交叉腿卷腹

一条腿交叉在另一条腿上方。交叉腿对侧的手放在头上，肘部指向离开身体的方向。卷腹并让肘部接触对侧的膝盖。

手提箱卷腹

双手放在头上，仅作为界标，不要用手臂将头向前拉。开始时，头和脚跟放在地板上，肘和膝在运动过程中有瞬时的接触，然后回到开始姿势。

单边直腿卷腹

伸展一条腿，股四头肌用力，腹肌也要参与。将肩胛骨带离地面并挤压成收缩姿势。

侧卷腹

从侧卧姿势开始，双腿略屈。双手放在头上。

教练提示

在练习过程中保持胸廓向下压的姿势。

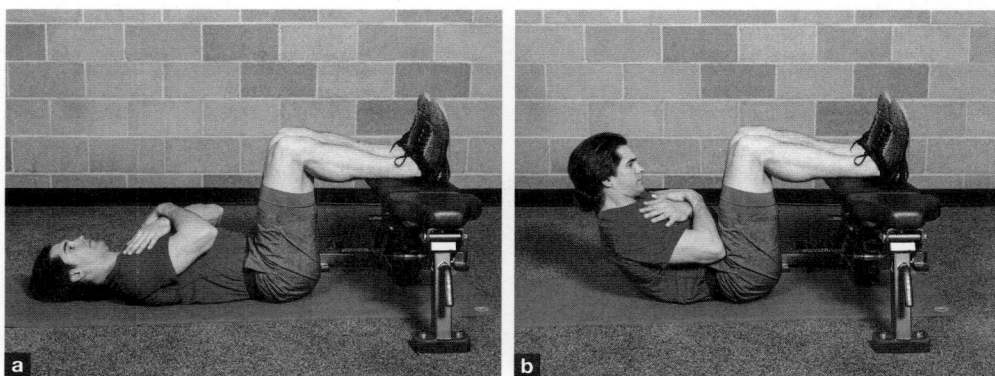

图8.10 仰卧卷腹：a. 开始姿势；b. 卷腹

平板支撑

练习类型

抗伸展、等距。

训练的主要肌肉

腹横肌、腹直肌、斜肌、竖脊肌。

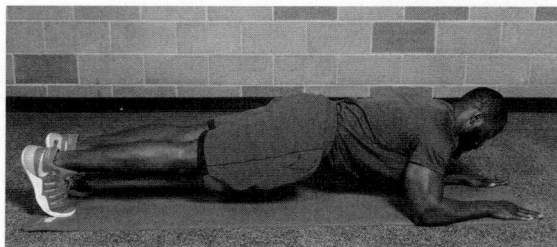

图8.11 平板支撑

静态姿势

1. 双肘在双肩的正下方。

2. 双手平放在地板上。

3. 髋关节保持与地板平行。

4. 以等距方式主动将肘部拉向脚趾，以确保腹肌和股四头肌的参与。

5. 在规定的时间内保持静态姿势（图8.11）。

呼吸原则

始终保持平稳受控的呼吸。通过鼻子吸气，并通过嘴巴平稳且有力地呼气。

练习变式

侧平板支撑

肘部在肩部的正下方，保持肩、髋和踝对齐。髋向前，肩向后，全身始终保持在一条直线上。

直臂平板支撑

双手放在肩部的正下方，保持与腕、肘和肩对齐。全身始终保持在一条直线上。

单手侧平板支撑

将一只手放在同侧肩的正下方，保持与腕、肘和肩对齐，另一只手伸向天花板。髋向前，肩向后，全身始终保持在一条直线上。

侧平板支撑加屈髋

呈侧平板支撑姿势，抬高上侧腿，慢慢地将上侧腿的膝盖带向胸部，并返回开始姿势，完成所要求的重复次数。

教练提示

- 双肘放在双肩的正下方。
- 保持腹部收紧。
- 在练习过程中保持胸廓向下压的姿势。
- 保持双腿锁定（股四头肌用力）。
- 保持手掌向下，肩胛骨分开。
- 进行此练习，可以规定重复次数，也可以规定时间。

侧平板支撑加等距腹股沟保持

练习类型

抗侧屈、等距。

训练的主要肌肉

腹斜肌、竖脊肌、髋内收肌。

静态姿势

1. 面向左侧卧在地板上，左肘位于左肩下方。
2. 左前臂垂直于躯干。
3. 将右腿的小腿部分放在凳子上，左腿在凳子下面伸直。开始时将右腿的大部分都放在凳子上，经过一段时间的练习后，右腿放在凳子上的部分逐渐减少，从而提高难度。
4. 身体的重量将由左臂支撑。
5. 保持上肩、髋、膝和踝对齐。
6. 在规定的时间内保持静态姿势（图8.12）。

图8.12 侧平板支撑加等距腹股沟保持

呼吸原则

始终保持平稳、受控的呼吸。通过嘴巴平稳而有力地吸气和呼气。

练习变式

侧平板支撑加稳定球等距腹股沟保持

将上腿放在不稳定的表面上，例如稳定球。

教练提示

- 保持腹部收紧。
- 在练习过程中保持胸廓向下压的姿势。
- 左肘保持在左肩正下方。

交替仰卧抬腿

练习类型

抗伸展、功能。

训练的主要肌肉

腹横肌、腹直肌。

开始姿势

- 仰面躺在地板上。
- 下背部压着地板。
- 向上伸展双腿（图8.13a）。
- 保持脚尖朝向运动员头部。

动作过程

1. 慢慢下降一条腿。

2. 保持股四头肌屈曲。

3. 在脚跟即将到达地板之前暂停（图8.13b）。

4. 让腿慢慢返回开始姿势，然后另一条腿重复上述步骤。

呼吸原则

始终保持平稳、受控的呼吸。通过嘴巴平稳而有力地吸气和呼气。

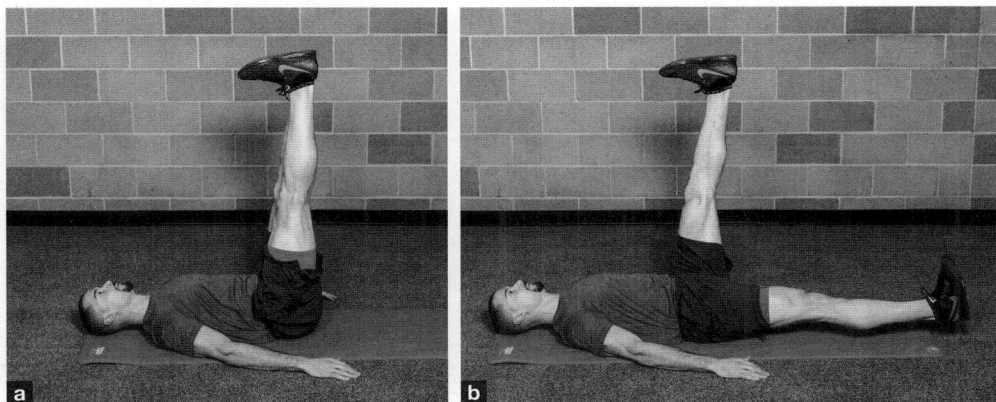

图8.13 交替仰卧抬腿：a.开始姿势；b.下降一条腿

练习变式

核心激活式仰卧抬腿

使用拉力器或弹力带。拉力器在运动员上方，略高于额头处。伸直手臂抓住手柄，将手柄拉向地板，从而让核心参与。

教练提示

- 在整个练习过程中让股四头肌参与并屈曲。
- 脊柱和髋部保持中立。

仰卧臀桥

练习类型

伸展、功能。

训练的主要肌肉

竖脊肌、臀大肌、腘绳肌（半膜肌、半腱肌、股二头肌）。

开始姿势

- 仰卧，屈膝，双脚平放在垫子上（图8.14a）。
- 下背部压着垫子。
- 保持双脚与肩同宽，并且双脚与躯干保持较近的距离。

动作过程

1. 双脚平放在垫子上。
2. 臀部向上推，让骨盆朝天花板方向运动（图8.14b）。
3. 从肩到膝保持在一条直线上。
4. 保持臀肌收紧，腘绳肌放松。
5. 暂停在收缩姿势。

6. 慢慢将臀部放回垫子上。

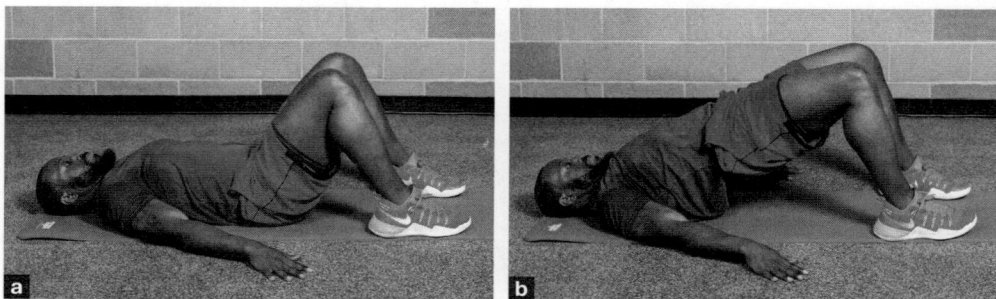

图8.14 仰卧臀桥：a. 开始姿势；b. 抬臀

呼吸原则

在做出开始姿势时吸气。在向心和离心阶段平稳、受控地呼气，每次重复呼吸一次。

练习变式

单腿臀桥

抬起一侧膝关节靠向胸部，用手臂将另一侧腿拉向胸部。向上抬起臀部，同时让骨盆朝天花板方向运动。

单腿臀桥夹网球

抬起一侧膝关节靠向胸部，在腹部和另一侧腿之间放一个网球。向上抬起臀部，同时让骨盆朝天花板方向运动。

核心激活式臀桥

使用拉力器或弹力带。拉力器在运动员上方，略高于额头处。伸直手臂抓住手柄，将手柄拉向地板，从而让核心参与。

迷你带臀桥

在大腿底部使用迷你带。向外推膝关节，拉紧迷你带，从而使臀肌参与。此练习的进行方式可以是保持静态姿势，也可以是完成规定的重复次数。

长凳臀桥

将肩胛骨放在长凳上。在收缩姿势中，膝和腿应屈曲90度。

教练提示

- 在练习过程中保持脊柱挺直。
- 在练习过程中保持胸廓向下压的姿势。

稳定球反向背部伸展

练习类型

伸展、传统。

训练的主要肌肉

竖脊肌。

开始姿势

- 跪在稳定球前面。
- 趴在球上向前滚动，使腹部位于球的顶部，呈俯卧平板支撑的姿势。
- 将手放在垫子上，双手位于肩膀正下方或稍前一点的位置（图8.15a）。
- 在练习过程中，双腿并拢，躯干保持挺直姿势，肘部完全伸展。

动作过程

1. 下半身保持收紧的姿势，髋关节伸展，以抬高双腿。
2. 抬高双腿，直到双腿与躯干在一条直线上（图8.15b）。
3. 放下双腿，恢复开始姿势。

图8.15　稳定球反向背部伸展：a. 开始姿势；b. 抬腿

呼吸原则

在做出开始姿势时吸气。在向心和离心阶段平稳、受控地呼气，每次重复呼吸一次。

练习变式

稳定球背部伸展

遵循与稳定球反向背部伸展相同的原则，但双脚需固定在地板上，抬高上半身，直到上半身与髋部和大腿在一条直线上。

罗马椅背部伸展

使用罗马椅（长凳）代替稳定球，并调节踏板的高度，使髋部与髋垫的顶部对齐。抬高上半身，直到上半身与双腿在一条直线上。让上半身降低，直到其大致垂直于地板（取决于罗巴椅的设计）。

教练提示

- 在运动过程中，切忌旋转下半身、髋部或上半身。
- 切忌摇摆身体或使用其他任何动作来抬高双腿。

第3部分

训练计划设计指南和训练计划示例

第 9 章

休赛期训练计划设计

杰里·帕尔米耶里（Jerry Palmieri）、达伦·克赖因（Darren Krein）
和扎克·伍德芬（Zac Woodfin）

本章讨论橄榄球运动员的休赛期训练计划的设计，包括对休赛期进行训练的目的和目标的解释，以及适用于各比赛级别（高中、大学和职业）的训练时间长度。不过每个赛季的长度和年度时间表各有不同，每个级别可用于休赛期训练的时间量也都不同。

休赛期训练计划通常被认为是年度训练周期的全新开始，因此，比较好的做法是建立3个训练阶段：肌肥大/力量耐力、基础力量和力量/爆发力。这样的训练计划安排可以使运动员在休赛期继续取得良好的进步。

本章提供了休赛期训练中使用的主要练习，并设计了通用（基本）力量训练计划。然后，为了满足六类橄榄球位置球员的运动表现需求，需要对基本计划进行调整，同时仍要观察在训练量和强度方面的线性递进关系，从中等强度到中高等强度，再到高强度。

目的和目标

休赛期是橄榄球运动员获得最大体能提升的最佳时机。因为这段时间没有任何比赛或正式的场上练习，因此训练成为最重要的事，球员可以完全专注于提高其身体素质。

休赛期计划的主要目标之一是增强力量和爆发力。橄榄球是一项对体能要求非常高的运动，需要力量和速度才能实现高水平发挥。当力量和速度结合在一起时，就形成了爆发力。由于该运动涉及大量的身体接触，因此达到一定的体形是另一个目标。力的公式是质量乘以加速度。在加速度没有减小的情况下，增加质量将生成更大的力。球员都希望自己可以尽可能增加瘦体重，前提是这种增加不会降低速度、敏捷性或变向的能力。

橄榄球运动中的跑动通常由3个部分组成：直线、横向和反应。球员需要跑得快，而且必须在多个平面中快速移动。此外，球员还必须能够对自己看到的情况做出快速反应。力量和体形是橄榄球运动员的重要特征，但是如果球员的身体质量增加过多而没有相应地增强爆发力，那么球员的奔跑能力将会受到影响，所增加的质量是低效的。所以，休赛期训练计划的另一个目标是提升球员快速奔跑和移动的能力。提升柔韧性也是训练目标之一，它有助于改善球员在球场上的动作，因此，柔韧性训练将改善球员的活动范围，并使球员在其动作的各个平面上都能更好地移动。

体能是休赛期训练计划的最终目标。虽然耐力也是橄榄球运动员的重要素质，但它不如休赛期训练计划的前4个目标重要。离赛季开始还有几个月的时间，因此有很多时间可以使运动员达到最佳体能。在休赛期过分强调体能训练可能会影响运动员实现其他目标的进度。

训练计划的时长

在休赛期，体能教练有多长时间可用于训练球员呢？这通常取决于两个因素：橄榄球教练和制定训练运动规则的理事机构。有些大学橄榄球教练将推迟开始春季舞会，以尽量延长休赛期训练计划中的连续训练时间。另一些教练可能想将休赛期拆分为春季舞会前后的两个短训期。NCAA将某几周规定为"停训周"，不允许用于进行有组织的训练。NFL则仅指定了两周作为真正的休赛期训练时间，另外指定3周时间允许教练带领球员到球场进行训练和学习。虽然在休赛期这一阶段可以继续训练，但是体能教练仍面临一些限制。在此之后，将进行为期3周的有组织的球队活动，其中包括全队有组织地场上训练。休赛期训练的最后一周则是强制性的迷你训练营。

高中橄榄球教练可能最有机会组织最长的连续休赛期训练。但是，他们可能会遇到一些困难，因为高中橄榄球运动员也可能会参加其他运动项目。高中教练可以使用的一种解决方案是在为期11周的训练后安排一个测试周和一个过渡周。13周大概是一项季节性运动的时长。没有参加其他运动项目的球员有大量的时间进行训练，然后过渡到其春季运动项目，或者带着强壮的身体开始一个新的11周周期。对于参加冬季运动项目的球员来说，他们现在可以与队友一起开始一个新的11周周期。

本章中的休赛期训练计划示例以11周的时间段为基础。表9.1显示了基于比赛级别的休赛期训练计划时间分配。

表9.1 基于比赛级别的休赛期训练计划时间分配

比赛级别	肌肥大/力量耐力（阶段1）	减量/变更（版本1）	基础力量（阶段2）	减量/变更（版本2）	力量/爆发力（阶段3）	总周数
高中	3周	1周	3周	1周	3周	11周
大学	2周	1周*	3周	1周*	3周	9周
职业	2周	—	3周	—	—	5周

*对于大学级别，减量/变更阶段可以选择版本1或版本2，但不能同时安排两个版本

训练计划的结构

休赛期训练计划采用每周4天的局部肌群训练法，周一和周四训练上肢，周二和周五训练

下肢，周三为休息日。

在一周开始时，首先进行上肢训练，因为下肢训练所涉及的肌肉量相对较大，并且通常要求举起较大的负荷，从而可能对神经肌肉系统造成更大的压力。由于不确定运动员在周末参与了什么活动，所以在周一进行不会让神经肌肉系统过度紧张的训练是较为安全的做法。周二将是一节下肢训练课，它将给神经肌肉系统带来更大的压力。周三是休息日，也可以使用恢复器械来提高恢复过程的效果。周四和周五分别为第2个上肢和下肢训练日。

表9.2显示了每周4天的局部肌群训练法的周计划。

表9.2 周计划：每周4天的局部肌群训练法

日	重点	备注
周一	上肢	低压力训练日（周末结束）
周二	下肢	高压力训练日
周三	休息	恢复日
周四	上肢	低压力训练日
周五	下肢	高压力训练日

推荐的练习

休赛期力量训练计划应旨在培养最好的橄榄球运动员，而不是奥林匹克举重运动员、力量举运动员或健美运动员。尽管计划中将使用来自这些其他运动项目的练习，但对这些练习的编排是为了最大限度地提高橄榄球运动员的运动表现水平。

全身练习

此处列出的全身练习特定于休赛期和其他注明的赛季阶段。

- 哑铃高翻组合涉及多个练习，这些练习组合采用中等至较轻的重量来训练全身。它在准备阶段用于训练各种动作并提高运动员的训练容量。
- 壶铃甩摆可培养良好的髋关节伸展能力，这是阻拦和拦截所需的。赛季前也会进行壶铃甩摆练习。
- 肌肉抓举在训练计划的阶段1中进行，以强调髋和膝的完全伸展，这是完成高翻和高抓练习所需的。
- 高翻、单臂哑铃抓举和高抓都是爆发性或爆发力练习，涉及从髋部和腿部快速生成力的能力。在阶段1和阶段2完成抓举拉，而在变化周中完成单臂哑铃抓举，以为在阶段2中完成高抓做准备。从大腿中部开始的悬垂高翻、前蹲等练习适合在阶段2进行高翻练习之前完成。
- 高翻组合、高翻串联和哑铃高翻加借力推举都是组合练习，可带来变化并高效利用训练时间。哑铃高翻加借力推举也可以纳入赛季中训练计划。

- 借力挺举是一项极好的练习，可以将髋部和腿部生成的力转移到手臂。由于橄榄球是一项以推为主导的运动，球员在努力迫使对手向后退时必须从髋部和腿部生成力。借力挺举也可纳入赛季前训练计划。

- 抓举拉和高翻拉分别是距离较短的高抓和高翻变式，让运动员可以使用更大的负荷。这些动作比较简单易学，并且没有信心指导高抓和高翻的教练也可以独立指导运动员进行这些练习。高翻拉可纳入赛季前训练计划。

- 挺举是一项很好的组合练习，涉及训练计划中的两个关键动作，即高翻和借力挺举。赛季前的训练中也要做挺举练习。

下肢练习

由于橄榄球运动员的下肢力量很重要，因此，此处列出的所有下肢练习均会在休赛期和至少一个其他赛季阶段进行。

- 颈后深蹲是增强髋部和腿部力量的重要练习。通常，在此练习中需要大负荷，以给这些工作肌肉造成很大的超负荷效果。在整个训练过程中，每周都会完成一次此练习。颈后深蹲也是赛季前和赛季中训练计划内的一项基本练习。

- 颈前深蹲可使用将杠铃或哑铃放在肩胛上的方式完成，两种方式都可以增强腿部以及解剖学核心区域的力量，迫使球员保持躯干挺直。强壮的核心有益于进行训练计划中的其他练习，也有益于在阻挡和拦截的身体接触时避免身体倒下。赛季前训练也将进行颈前深蹲。

- 硬拉和六角杠铃硬拉要求身体以较低的开始姿势生成力，这类似于进攻线锋或防守线锋从其站姿生成力。负责这两个位置的球员将在其休赛期的阶段2和阶段3以及赛季前的阶段2训练计划中纳入六角杠铃硬拉。

- 弓箭步行走、踏步登阶、箭步蹲和单腿深蹲旨在增强单腿力量。球员经常需要用单腿蹬离地面。他们可能会单腿切入、跳跃或落地。他们需要单腿力量来防止自己倒下，还要生成作用力。这些练习将在训练计划的每个阶段中有所更改，以创造变化。在赛季前训练计划中，还要增加弓箭步转踏步登阶。

- 弹力带伸膝、单腿短弧膝屈伸和手枪深蹲能够锻炼股内侧肌，提高膝关节的稳定性。弹力带伸膝也经常出现在赛季中的训练中。

- 侧平板支撑加等距腹股沟保持、侧向弓箭步和等距腹股沟保持或收缩可锻炼腹股沟。由于橄榄球运动中有大量变向活动，腹股沟的力量至关重要。在赛季前和赛季中训练计划中要纳入这些练习。

- 臀推和单腿臀桥是锻炼臀肌的练习。臀肌非常有力，并且对于跑步有着重要作用。在训练中应先进行仅使用身体自重的单腿臀桥练习，然后过渡到使用杠铃的双腿臀推。这些练习也应被纳入赛季前和赛季中的训练计划中。

- 罗马尼亚硬拉、稳定球三项、反向腿弯举、哑铃腘绳肌行走和腘绳肌滑板可锻炼腘绳肌。保持腘绳肌和股四头肌之间的良好力量平衡，对于防止大腿受伤至关重要。在赛季前和赛季中的训练中也需要进行这些腘绳肌练习。

- 平衡踝关节稳定训练可增强踝关节周围的肌肉力量。严重的踝关节扭伤可能会导致球员长达6周无法正常活动，因此，切勿忽视该区域。赛季前和赛季中的训练计划内也包括此练习。

上肢练习

上肢练习可增强球员的推的能力，同时还可确保球员前后肌肉的良好平衡。其中一些练习被纳入多个赛季阶段的训练计划。

- 卧推、上斜卧推、哑铃卧推、哑铃上斜卧推、窄距卧推和卧推锁定可通过推举运动锻炼胸部、肩膀和肱三头肌。在准备阶段，会进行杠铃和哑铃版本的卧推和上斜卧推练习，以显著增加肌肉量，提高这些肌肉的肥大效果。这些练习还可增加上肢的瘦体重，对于在碰撞中保护身体很有用。赛季前的训练计划中也会涉及这些推举动作，但训练量较小。

- 铁链卧推是一项动态练习，强调快速推举杠铃。此练习将在阶段2和阶段3进行，用于培养爆发力，同时还将被纳入赛季前和赛季中训练计划。

- 哑铃肩部推举和肩部推举可明显增加肩部的质量和力量。在阶段1使用哑铃来增强单侧力量，然后在阶段2使用杠铃。赛季前训练计划中也纳入了肩部推举。

- 背阔肌下拉和俯身划船练习有助于建立胸部和背部之间的肌肉平衡。由于将重点放在推的练习上，球员出现胸部和背部肌肉失衡的情况并不罕见。随着时间的推移，这种失衡会导致球员受伤。在赛季前和赛季中的整个训练过程中也要进行这些练习。

- 爆发力耸肩和颈部练习可锻炼斜方肌和颈部肌肉，为颈部提供保护。球员要完成爆发力耸肩，而不是缓慢抬肩并向后旋肩，以补充高翻和抓举的拉力作用。

- 肩部辅助练习旨在增加肩部的质量，并建立其前部和后部之间的肌肉平衡。

- 在训练中完成的推举动作使肩部的内旋肌肉得到了明显锻炼。因此，必须在训练计划中加入肩外旋练习，以建立肩部的肌肉平衡。这些练习也被纳入了赛季前训练计划中。

- 在阶段2和阶段3，药球胸前传球和药球落下接球可提高上肢爆发力。在阶段3，每组所使用的重量递减，以强调爆发力的提高。在赛季前训练计划中也包含这些爆发力动作。

核心练习

增强解剖学核心区域的练习有助于提升球员将力量和爆发力在下肢和上肢之间传递的能力。在休赛期训练计划中，在周一和周四的上肢训练结束时进行核心的传统练习和药球练习，并在周二和周五的下肢训练结束时进行等距练习和功能练习。

位置调整

设计休赛期训练计划时，必须首先制定基本训练计划（第189 ~ 193页的表9.3），然后根据位置的需求进行调整。

进攻线锋和防守线锋

进攻线锋和防守线锋在阶段1对基本训练计划没有任何修改。在阶段2和阶段3中增加卧推锁定，以强化在近距离争球线战术中最后的推动能力。用铁链颈后深蹲代替单腿练习，以增强下肢爆发力。还添加了六角杠铃硬拉，以增强通过其站姿生成的下肢力量。在阶段3中，进攻线锋分别使用站姿和在启动模式下进行药球胸前传球3次，共进行3组，然后减轻药球的重量，以增强每组传球的爆发力。每组铁链颈后深蹲后可以叠加组合跳箱，以增强爆发力（第194 ~ 198页的表9.4）。

- 阶段1. 无变化。
- 阶段2. 卧推锁定3组 ×3次、铁链颈后深蹲和六角杠铃硬拉4组 ×4次。
- 阶段3. 进攻线锋完成药球胸前传球3组 ×（3+3）次，每组的重量递减；防守线锋完成重量递减的药球胸前传球3组 ×10次、卧推锁定3组 ×2次、铁链颈后深蹲叠加组合跳箱6组 ×2次，以及六角杠铃硬拉4组 ×2次。

近端锋、全卫和线卫

近端锋、全卫和线卫的身体要求介于强壮的线锋和快速的技巧性球员之间。与线锋一样，将铁链颈后深蹲添加到他们的阶段2和阶段3中，以增强下肢爆发力，但他们仍然要完成2组单腿练习。在阶段3中，在每组铁链颈后深蹲之后叠加组合跳箱，以增加爆发力训练。在这些位置的球员容易在颈部和肩膀出现臂丛损伤，这是颈部和肩膀的创伤所产生的一种神经痛，导致手臂出现刺痛和无力。可在训练计划中增加一些练习来强化该部位的力量以防止发生臂丛损伤（第199 ~ 204页的表9.5）。

- 阶段1. 等距颈部拉伸每个方向2组 ×5次。
- 阶段2. 臂丛损伤组合每个方向2组 ×10次、等距颈部拉伸每个方向2组 ×5次、哑铃颈部拉伸耸肩每侧2组 ×10次、铁链颈后深蹲以及箭步蹲每侧2组 ×6次（即左腿完成1组6次重复，右腿完成1组6次重复，然后休息并重复）。
- 阶段3. 臂丛损伤组合每个方向2组 ×10次、等距颈部拉伸每个方向2组 ×5次、哑铃颈部拉伸耸肩每侧2组 ×10次、铁链颈后深蹲叠加组合跳箱6组 ×2次，以及单腿深蹲每侧2组 ×3次。

外接手和跑卫

尽管外接手和跑卫需要很强壮，但他们不想过多增加体重，以至于影响其速度。为了增强其上肢力量，使上肢重量明显增加，这些球员在阶段1和阶段3会进行负重引体向上和负重反向划船练习。在阶段2，他们会做一些传统的背部练习，为训练计划增加变化（第205～209页的表9.6）。

- 阶段1. 负重引体向上4组×10次和负重反向划船4组×10次。
- 阶段2. 窄握背阔肌下拉3组×6～8次、站姿单臂哑铃划船3组×6～8次，以及坐姿划船5组×6～8次。
- 阶段3. 负重引体向上5组×5次和负重反向划船5组×5次。

防守后卫

防守后卫训练计划的调整是近端锋、全卫、线卫和外接手、跑卫训练计划的组合。这些球员担心过大的体重会影响他们的速度，因此他们会在阶段1和阶段3完成负重引体向上和负重反向划船，而在阶段2完成一些传统的背部练习，为训练计划增加变化。防守后卫也容易在颈部和肩膀处出现臂丛损伤（第210～215页的表9.7）。

- 阶段1. 负重引体向上4组×10次、负重反向划船4组×10次，以及等距颈部拉伸每个方向2组×5次。
- 阶段2. 窄握背阔肌下拉3组×6～8次、站姿单臂哑铃划船3组×6～8次、臂丛损伤组合每个方向2组×10次、等距颈部拉伸每个方向2组×5次、哑铃颈部拉伸耸肩每侧2组×10次，以及坐姿划船5组×6～8次。
- 阶段3. 负重引体向上5组×5次、臂丛损伤组合每个方向2组×10次、等距颈部拉伸每个方向2组×5次、哑铃颈部拉伸耸肩每侧2组×10次，以及负重反向划船5组×5次。

四分卫

四分卫需要保持肩部的柔韧性，因此需要使用哑铃卧推和哑铃上斜卧推来代替杠铃版本，再配合一些不同形式的俯卧撑。俯卧撑是一项很好的练习，不仅可以增强胸部和肩部力量，还可以提高该部位的稳定性。在训练计划中取消药球胸前传球。在阶段1，这些球员需要完成交替式哑铃卧推和上斜卧推，以及稳定球俯卧撑和负重俯卧撑。紧紧抓住球所需的握力和掷球所需的躯干旋转能力是四分卫训练计划中必须进行针对性训练的要素。在所有3个阶段中，在完成基本训练计划中规定的握力练习之后，还要进行强化手指的伸肌训练带练习和等距抓握橄榄球练习。在所有3个阶段中，都要完成半跪式上劈和下拉来训练躯干的旋转能力。在阶段2中，用单臂哑铃卧推或上斜卧推代替杠铃的版本，而铁链卧推则由弹力带俯卧撑和稳定球俯卧撑（双脚放在箱子上）代替。哑铃仰卧屈臂上拉类似于投掷动作，用于代替TRX划船。肩部推举将继续进行，但使用哑铃而不是杠铃，以减轻对肩关节的压力。同样，在抓举练习中也使用哑铃。为了增强投掷动作的拉伸反射性，训练计划中纳入了头顶单臂快速投掷药球。由于四分卫在完成投掷时必须使手臂减速，所以训练计划中包括药球减速投掷。坐姿伙伴侧抛和侧卧抬腿可增强躯干旋转能力，而药球下拉则有助于提高投掷的爆发力。在阶段3中，用双臂哑铃卧推或上斜卧推代替杠铃版本，用铁链俯卧撑和俯卧撑（在稳定球上）（一只脚在箱子上）代替铁链卧推。稳定球上的绳索仰卧屈臂上拉可作为阶段2中使用的哑铃仰卧屈臂上拉的变式。环绕式药球练习（重量递减）和哑铃转体有助于提高躯干旋转的爆发力，而跪姿药球BLOB投掷（重量递减）可增强投掷的爆发力（第216～221页的表9.8）。

- 阶段1. 交替式哑铃卧推3组×8～10次（代替卧推）；稳定球俯卧撑3组×10次（代替哑铃上斜卧推）；对于周一的握力练习，增加伸肌训练带练习每个方向2组×10次和等距抓握橄榄球练习15秒；交替式哑铃上斜卧推3组×8～10次（代替上斜卧推）；负重俯卧撑3组×8次（代替哑铃卧推）；半跪式上劈每侧10次；半跪式下拉每侧10次；对于周四的握力练习增加伸肌训练带练习每个方向2组×10次和等距抓握橄榄球练习15秒。

- 阶段2. 单臂哑铃卧推或单臂哑铃上斜卧推每侧手臂4组×5次（代替杠铃卧推）；哑铃仰卧屈臂上拉3组×6～8次（代替TRX划船）；取消药球胸前传球；哑铃肩部推举3组×6次（不使用杠铃）；单臂哑铃抓举每侧手臂4组×3次（代替杠铃高抓）；头顶单臂快速投掷药球每个方向2组×10次和头顶单臂减速投掷药球每个方向2组×10次；坐姿伙伴侧抛每个方向2组×10次和侧卧抬腿每个方向2组×8次；对于周一的握力练习，增加伸肌训练带练习每个方向2组×10次和等距抓握橄榄球15秒练习；弹力带俯卧撑3组×6次和稳定球俯卧撑（双脚放在箱子上）3组×8次（代替铁链卧推）；半跪式下拉每侧10次；半跪式上劈每侧10次；对于周四的握力练习增加伸肌训练带练习每个方向2组×10次和等距抓握橄榄球练习15秒；药球下拉3组×5次。

- 阶段3. 哑铃卧推或哑铃上斜卧推4组×4次（代替杠铃）；仅3组窄握背阔肌下拉；稳定球绳索仰卧屈臂上拉3组×6次；取消药球胸前传球；头顶单臂快速投掷药球每侧2组×10次和头顶单臂减速投掷药球每侧2组×10次；环绕式药球练习每个方向2组×10次（重量递减）和哑铃转体每个方向2组×10次；对于周一的握力练习，增加伸肌训练带练习每个方向2组×10次和等距抓握橄榄球练习15秒；铁链俯卧撑4组×3次；稳定球俯卧撑3组×6次（一只脚在箱子上）；半跪式下拉每侧10次；半跪式上劈每侧10次；对于周四的握力练习增加伸肌训练带练习每个方向2组×10次和等距抓握橄榄球练习15秒；跪姿药球BLOB投掷3组×5次（重量递减）。

踢球手和弃踢手

踢球手和弃踢手凭借他们的双腿赢得队友的尊重。对于这些球员来说，拥有发达的髋部至关重要，因此，每周的第1个腹股沟练习将被4个方向的臀肌训练器练习（髋部屈曲、伸展、内收和外展）代替。由于这些球员并不需要上肢爆发力，所以取消药球胸前传球（第222～226页的表9.9）。

- 在每个阶段，在每周的第1个以腹股沟为重点的练习中增加4个方向的臀肌训练器练习。
- 在阶段2和阶段3中取消药球胸前传球。

解读训练示例表

各训练计划示例表中所显示的"周期"针对每个周期的练习列出了具体的1RM百分比，以及要完成的重复次数（第227、228页的表9.10）。如果某个练习未列出百分比，则球员应选择可以通过良好技术完成规定强度的重量。百分比是分数中的分子，而重复次数是分母。如果要以相同百分比和重复次数完成多组，则组数将以×开头。例如，80/5×3表示80%1RM，3组，每组重复5次。如果未指定百分比或强度，则首先列出组数，然后列出重复次数（例如，3×8表示3组，每组8次重复）。

训练计划示例表中灰色的行表示根据场上位置对基本训练计划（第189 ~ 193页的表9.3）进行的更改。

训练量和强度

休赛期训练周期（第227、228页的表9.10）以高训练量和低强度开始，并在数周内逐渐转变为低训练量和高强度。阶段1的计划是为了引导球员回到训练中。通常，在过渡到休赛期训练计划前，球员会有一段减少训练的时期。此阶段旨在增加肌肥大并提高个人的训练容量，以为后续强度较高的训练做好准备。需要花费大量的精力来掌握练习的技术。阶段2的特点是训练量下降，强度上升。训练计划中包含了生成爆发力的完整奥林匹克举重动作，而不是阶段1中进行的以技术为主的部分练习。阶段3更明显地减小训练量和提高强度，使训练强度达到本周期的最高水平。

在阶段1和阶段2后有一个减量/变更周。这一周是为了在训练计划中增加变化，同时让身体得以恢复。这一周的训练量减少，强度在中等范围内。只有3个训练日，可以促进球员的身体恢复。

该模式是一个为期3周的线性周期，强度每周递增，从中等强度到中高等强度，再到高强度。在高强度训练之后是减量/变更周，然后再进入下一阶段的训练。在阶段3结束时，可以用一周进行测试，为周期练习确定新的最高强度。

虽然训练计划对每个周期的练习都规定了具体的百分比和重复次数，但一般来说，在阶段1中，基于爆发力的奥林匹克举重练习的强度水平为以67% ~ 77%1RM完成4或5次重复。非爆发力的核心（或主要）练习（不要误认为是训练解剖学核心区域的练习；请参阅第8章）以65% ~ 77%1RM完成8 ~ 10次。阶段2的奥林匹克举重练习使用75% ~ 85%1RM完成3次。非爆发力核心练习以75% ~ 87%1RM完成5次。阶段3的奥林匹克举重练习达到80% ~ 92%1RM，每组2次，而非爆发力核心练习则规定为80% ~ 92%1RM，每组3次。

在每个阶段，基于球员1RM的训练百分比在几周内递增，以达到与其阶段相对应的最大重复次数所规定的强度（具体数字见第52页的表4.1）。最初，当一个练习要完成多组时，球员将无法按照表4.1中规定的百分比完成所要求的重复次数。但是，随着他们的力量增加，他们应该能够在阶段结束时以该强度完成相应的重复次数。这些百分比是根据真实的1RM进行规划的。如果球员采用估计的1RM，则该百分比可能需要稍微降低。

辅助练习的重复次数通常在阶段1中为8 ~ 10次，在阶段2中为6 ~ 8次，在阶段3中则为4 ~ 6次。

练习的顺序

建议按以下方式安排训练课中的练习顺序。

1. 奥林匹克举重（在训练计划中首先完成）。

2. 非爆发力核心练习。

3. 辅助练习。

4. 解剖学核心区域练习（作为训练课的结束练习）。

本章中的训练计划示例根据推拉类型将一些练习进行组合，以提高时间效率。在一组肌肉恢复的同时，可以完成针对其拮抗肌的练习。这些练习不应作为没有休息的循环训练，而应在各组练习之间安排一些恢复时间，以便运动员可以完成高强度的训练。

小结

本章介绍了一些在休赛期训练橄榄球运动员的合理原则。许多不同的练习可用于实现相同的目标。休赛期是橄榄球运动员至关重要的训练期，因此体能教练应使用本章中介绍的信息来设计最能满足运动员需求的休赛期训练计划。

热身

热身1

泡沫轴滚动、激活和基于动作的热身

使用小重量进行热身（每个动作重复5次）

- 侧平举
- 前平举
- 俯身侧平举
- 弯举转推举
- 过顶肱三头肌伸展
- 外旋

热身2

泡沫轴滚动、激活和基于动作的热身

弹力带臀肌强化

侧跨步（每侧1组×10次）

杠铃热身［45磅（约20千克）］

- 抓举（5次重复）
- 过顶深蹲（5次重复）
- 颈前深蹲加推举（5次重复）

热身3

泡沫轴滚动、激活和基于动作的热身

弹力带臀肌强化

侧跨步转跨越（每侧3~5次重复）

杠铃热身［45磅（约20千克）］

- 抓举（5次重复）
- 过顶深蹲（5次重复）
- 颈前深蹲加推举（5次重复）

热身4

泡沫轴滚动、激活和基于动作的热身

弹力带臀肌强化

杠铃热身［45磅（约20千克）］

- 抓举（5次重复）
- 过顶深蹲（5次重复）
- 颈前深蹲加推举（5次重复）

表9.3 休赛期基本训练计划

肌肥大/力量耐力（阶段1）

周一

	练习	组数 × 重复次数（时间）		练习	组数 × 重复次数（时间）
	热身1				
1a	抓举拉	4×5	4a	哑铃肩部推举	3×8
1b	环绕式砸药球	每个方向3×4	4b	腹部（药球）	依据动作而定
2a	卧推	周期*	5a	哑铃肱二头肌弯举	3×10
2b	宽握背阔肌下拉	3×8 ~ 10	5b	肩外旋（哑铃或拉力器）	每侧2×10
3a	交替式哑铃上斜卧推	3×8 ~ 10	6a	抓杠铃片练习（10千克）（握力练习）	第1周: 30秒 第2周: 45秒 第3周: 60秒
3b	拉力器划船	3×8 ~ 10	6b	4个方向的颈部练习	每个方向1×8

*关于周期，详见表9.10。

周二

	练习	组数 × 重复次数（时间）		练习	组数 × 重复次数（时间）
	热身2				
1	哑铃高翻组合	周期*	3a	背部伸展	第1周: 2×15 第2周: 2×20 第3周: 2×25
	高翻		3b	平衡盘（脱鞋，以强化踝关节）	每个方向1×20
	颈前深蹲		4a	稳定球三项	第1周: 3×6 第2周: 3×8 第3周: 3×10
	直立划船				
	侧向深蹲				
	俯身划船				
2a	颈后深蹲	周期*	4b	腹部（功能）	依据动作而定
2b	弹力带伸膝（保持2秒）	每侧2×10	5	弹力带柔韧性练习: 抬腿、外展、内收、股四头肌、屈髋肌	每侧1×10秒

*关于周期，详见表9.10。

周四

	练习	组数 × 重复次数（时间）		练习	组数 × 重复次数（时间）
	热身1				
1a	双臂壶铃甩摆	4×5	4b	肩外旋: 使用角形肩部训练器的哑铃练习（站立、上斜、下斜）	每种姿势1×10
1b	侧旋过臀抛药球	每侧3×5			
2a	上斜卧推	周期*			
2b	站姿单臂哑铃划船	3×8 ~ 10			
3a	交替式哑铃卧推	3×8 ~ 10	5a	仰卧肱三头肌伸展	3×10
3b	面拉（器械）	3×10	5b	腹部（药球）	依据动作而定
4a	爆发力耸肩	3×10	6a	握力训练器练习	2×10
			6b	4个方向的颈部练习	每个方向1×8

*关于周期，详见表9.10。

续表

周五

	练习	组数 × 重复次数（时间）		练习	组数 × 重复次数（时间）
	热身 3				
1	肌肉抓举	周期*	4a	单腿短弧膝屈伸	2×10
2	高翻技术（悬垂高翻和颈前深蹲）	周期*	4b	反向腿弯举（强调离心）	第 1 周：2×8 第 2 周：2×10 第 3 周：2×12
			5a	腹部（功能）	依据动作而定
			5b	平衡盘（脱鞋，以强化踝关节）	每个方向 1×20
3a	弓箭步行走	每侧 3×10	6	弹力带柔韧性练习：抬腿、外展、内收、股四头肌、屈髋肌	每侧 1×10 秒
3b	侧平板支撑加等距腹股沟保持	2×10			

*关于周期，详见表 9.10。

减量/变更（版本 1）

周一

	练习	组数 × 重复次数（时间）		练习	组数 × 重复次数（时间）
	热身 1				
1	砸药球	3×10	3b	低位滑轮坐姿划船（器械）	2×8
2a	窄距卧推	4×5	4a	哑铃耸肩	3×8
2b	毛巾引体向上	3×8	4b	反握弯举（曲杆杠铃）	3×8
3a	双杠臂屈伸	2×10	5	4 个方向的颈部练习	每个方向 1×8

周二

	练习	组数 × 重复次数（时间）		练习	组数 × 重复次数（时间）
	热身 2				
1	单臂哑铃抓举	每侧 4×3	3b	腘绳肌滑板（强调离心）	每侧 2×10
2	颈后深蹲（轻）	周期*	4	单腿臀桥（自重）	每侧 2×10
3a	侧平板支撑加等距腹股沟保持	2×30 秒	5	弹力带柔韧性练习：抬腿、外展、内收、股四头肌、屈髋肌	每侧 1×10 秒

*关于周期，详见表 9.10。

周四

	练习	组数 × 重复次数（时间）		练习	组数 × 重复次数（时间）
	热身 4				
1	高翻组合（杠铃）	周期*	2a	哑铃上斜卧推	3×8, 6, 5
	高翻	3 次重复	2b	俯身侧平举	每侧 3×8
	颈前深蹲加推举	3 次重复	3a	踏步登阶（哑铃或杠铃）	每侧 3×6
	俯身划船	3 次重复			

续表

	练习	组数 × 重复次数（时间）		练习	组数 × 重复次数（时间）
3b	肩部练习组合（杠铃）	2组	4a	颈后哑铃肱三头肌伸展	3×8
	前平举	6次重复	4b	腹部（功能）	依据动作而定
	直立划船	8次重复	5	弹力带柔韧性练习：抬腿、外展、内收、股四头肌、屈髋肌	每侧1×10秒
	肩部推举	8次重复			

*关于周期，详见表9.10。

基础力量（阶段2）

周一

	练习	组数 × 重复次数（时间）		练习	组数 × 重复次数（时间）
	热身1				
1	双臂哑铃高翻加借力推举	周期*	4b	腹部（药球）	依据动作而定
2a	卧推或上斜卧推	周期*	5a	曲杆杠铃肱二头肌弯举	3×8
2b	负重引体向上	3×6~8	5b	肩外旋（哑铃或拉力器）	每侧2×10
3a	药球胸前传球	3×10	6a	抓杠铃片练习（15千克）（握力练习）	第1周：30秒 第2周：45秒 第3周：60秒
3b	TRX划船	3×6~8	6b	4个方向的颈部练习	每个方向1×8
4a	杠铃肩部推举	3×6			

*关于周期，详见表9.10。

周二

	练习	组数 × 重复次数（时间）		练习	组数 × 重复次数（时间）
	热身2				
1	高抓（速度）	周期*	4b	侧向深蹲	每侧2×6
2	颈后深蹲	周期*	5a	腹部（功能）	依据动作而定
3a	臀推	2×8	5b	平衡盘（脱鞋，以强化踝关节）	每个方向1×25
3b	手枪深蹲（负重）	每侧2×10	6	弹力带柔韧性练习：抬腿、外展、内收、股四头肌、屈髋肌	每侧1×10秒
4a	罗马尼亚硬拉	3×8			

*关于周期，详见表9.10。

周四

	练习	组数 × 重复次数（时间）		练习	组数 × 重复次数（时间）
	热身1				
1	借力挺举	周期*	4a	肱三头肌下拉	3×8
2a	铁链卧推	周期*	4b	TRX划船	3×10
2b	负重反向划船	5×6~8	5a	腹部（药球）	依据动作而定
3a	药球落下接球	3×10	5b	抓杠铃片练习（握力练习）	每侧2×60秒
3b	俯身侧平举	3×8	6	4个方向的颈部练习	每个方向1×8

*关于周期，详见表9.10。

续表

周五

	练习	组数 × 重复次数（时间）		练习	组数 × 重复次数（时间）
	热身3				
1	高翻	周期*	4a	反向腿弯举（强调离心）	第1周：2×8 第2周：2×10 第3周：2×12
2	高翻拉	3×5	4b	平衡盘（脱鞋，以强化踝关节）	每个方向1×25
3a	箭步蹲	每侧3×6	5	腹部（功能）	依据动作而定
3b	侧平板支撑加等距腹股沟保持	2×10	6	弹力带柔韧性练习：抬腿、外展、内收、股四头肌、屈髋肌	每侧1×10秒

*关于周期，详见表9.10。

减量/变更（版本2）

周一

	练习	组数 × 重复次数（时间）		练习	组数 × 重复次数（时间）
	热身1				
1	砸药球	3×10	3b	低位滑轮坐姿划船（器械）	2×8
2a	哑铃卧推	4×5	4a	哑铃耸肩	3×8
2b	毛巾引体向上	3×6	4b	哑铃肱二头肌弯举	3×8
3a	卧推锁定	3×3	5	4个方向的颈部练习	每个方向1×8

周二

	练习	组数 × 重复次数（时间）		练习	组数 × 重复次数（时间）
	热身2				
1	单臂哑铃抓举	每侧手臂4×3	3b	腘绳肌滑板（强调离心）	每侧2×10
2	颈后深蹲（轻）	周期*	4	弹力带柔韧性练习：抬腿、外展、内收、股四头肌、屈髋肌	每侧1×10秒
3a	侧平板支撑加等距腹股沟保持	2×30秒			

*关于周期，详见表9.10。

周四

	练习	组数 × 重复次数（时间）		练习	组数 × 重复次数（时间）
	热身4				
1	高翻串联（杠铃）	周期*	3b	肩部练习组合（杠铃）	2组
	高翻	2次重复		前平举	6次重复
	借力挺举	2次重复		直立划船	8次重复
	颈前深蹲	2次重复		推举	8次重复
2a	哑铃上斜卧推	3×5	4a	颈后哑铃肱三头肌伸展	3×8
2b	俯身侧平举	每侧3×8	4b	腹部（功能）	依据动作而定
3a	弓箭步转踏步登阶	每侧3×2	5	弹力带柔韧性练习：抬腿、外展、内收、股四头肌、屈髋肌	每侧1×10秒

*关于周期，详见表9.10。

续表

力量/爆发力（阶段3）

周一

	练习	组数 × 重复次数（时间）		练习	组数 × 重复次数（时间）
	热身1				
1	抓举拉	4×3	4b	锤式弯举	3×6
2a	卧推或上斜卧推	周期*	5a	肩外旋（哑铃或拉力器）	每侧2×10
2b	窄握背阔肌下拉	5×4～6	5b	腹部（药球）	依据动作而定
3a	药球胸前传球	3×3（重量递减）	6a	抓杠铃片练习（20千克）（握力练习）	第1周：30秒第2周：45秒第3周：60秒
3b	哑铃上斜划船	3×6	6b	4个方向的颈部练习	每个方向1×8
4a	拉力器侧平举	每侧3×6			

*关于周期，详见表9.10。

周二

	练习	组数 × 重复次数（时间）		练习	组数 × 重复次数（时间）
	热身2				
1	挺举	周期*	4a	侧向弓箭步	每侧3×5
2	颈后深蹲	周期*	4b	腹部（功能）	依据动作而定
3a	罗马尼亚硬拉	3×5	5	平衡盘（脱鞋，以强化踝关节）	每个方向1×30
3b	臀推	2×5	6	弹力带柔韧性练习：抬腿、外展、内收、股四头肌、屈髋肌	每侧1×10秒

*关于周期，详见表9.10。

周四

	练习	组数 × 重复次数（时间）		练习	组数 × 重复次数（时间）
	热身1				
1	单臂哑铃抓举	每侧手臂4×2	4b	肩外旋：使用角形肩部训练器的哑铃练习（站立、上斜、下斜）	每种姿势1×10
2a	铁链卧推	周期*	5a	颈后拉力器肱三头肌伸展	3×6
2b	单臂哑铃划船	5×4～6	5b	捏夹力训练器练习	每侧2×30秒
3a	药球落下接球	3×3（重量递减）	6a	腹部（药球）	依据动作而定
3b	反握背阔肌下拉	3×4～6	6b	4个方向的颈部练习	每个方向1×8
4a	悬挂式Y、T、I练习	每个练习2×8			

*关于周期，详见表9.10。

周五

	练习	组数 × 重复次数（时间）		练习	组数 × 重复次数（时间）
	热身3				
1	高翻	周期*	4b	哑铃腘绳肌行走	每侧3×6
2	高翻拉	3×3	5a	腹部（功能）	依据动作而定
3	铁链颈后深蹲	周期*	5b	平衡盘（脱鞋，以强化踝关节）	每个方向1×30
4a	单腿蹲	每侧3×3	6	弹力带柔韧性练习：抬腿、外展、内收、股四头肌、屈髋肌	每侧1×10秒

*关于周期，详见表9.10。

表9.4 进攻线锋和防守线锋的休赛期训练计划

肌肥大/力量耐力（阶段1）

周一

	练习	组数 × 重复次数（时间）		练习	组数 × 重复次数（时间）
	热身1				
1a	抓举拉	4×5	4a	哑铃肩部推举	3×8
1b	环绕式砸药球	每个方向3×4	4b	腹部（药球）	依据动作而定
2a	卧推	周期*	5a	哑铃肱二头肌弯举	3×10
2b	宽握背阔肌下拉	3×8～10	5b	肩外旋（哑铃或拉力器）	每侧2×10
3a	交替式哑铃上斜卧推	3×8～10	6a	抓杠铃片练习（10千克）（握力练习）	第1周：30秒 第2周：45秒 第3周：60秒
3b	拉力器划船	3×8～10	6b	4个方向的颈部练习	每个方向1×8

*关于周期，详见表9.10。

周二

	练习	组数 × 重复次数（时间）		练习	组数 × 重复次数（时间）
	热身2				
1	哑铃高翻组合	周期*	3a	背部伸展	第1周：2×15 第2周：2×20 第3周：2×25
	高翻		3b	平衡盘（脱鞋，以强化踝关节）	每个方向1×20
	颈前深蹲		4a	稳定球三项	第1周：3×6 第2周：3×8 第3周：3×10
	直立划船				
	侧向深蹲				
	俯身划船				
2a	颈后深蹲	周期*	4b	腹部（功能）	依据动作而定
2b	弹力带伸膝（保持2秒）	每侧2×10	5	弹力带柔韧性练习：抬腿、外展、内收、股四头肌、屈髋肌	每侧1×10秒

*关于周期，详见表9.10。

周四

	练习	组数 × 重复次数（时间）		练习	组数 × 重复次数（时间）
	热身1				
1a	双臂壶铃甩摆	4×5	4a	爆发力耸肩	3×10
1b	侧旋过臀抛药球	每侧3×5	4b	肩外旋：使用角形肩部训练器的哑铃练习（站立、上斜、下斜）	每种姿势1×10
2a	上斜卧推	周期*	5a	仰卧肱三头肌伸展	3×10
2b	站姿单臂哑铃划船	3×8～10	5b	腹部（药球）	依据动作而定
3a	交替式哑铃卧推	3×8～10	6a	握力训练器练习	2×10
3b	面拉（器械）	3×10	6b	4个方向的颈部练习	每个方向1×8

*关于周期，详见表9.10。

周五

	练习	组数 × 重复次数（时间）		练习	组数 × 重复次数（时间）
	热身3				
1	肌肉抓举	周期*	4a	单腿短弧膝屈伸	2×10
2	高翻技术（悬垂高翻和颈前深蹲）	周期*	4b	反向腿弯举（强调离心）	第1周：2×8 第2周：2×10 第3周：2×12
			5a	腹部（功能）	依据动作而定
			5b	平衡盘（脱鞋，以强化踝关节）	每个方向1×20
3a	弓箭步行走	每侧3×10	6	弹力带柔韧性练习：抬腿、外展、内收、股四头肌、屈髋肌	每侧1×10秒
3b	侧平板支撑加等距腹股沟保持	2×10			

*关于周期，详见表9.10。

减量/变更（版本1）

周一

	练习	组数 × 重复次数（时间）		练习	组数 × 重复次数（时间）
	热身1				
1	砸药球	3×10	3b	低位滑轮坐姿划船（器械）	2×8
2a	窄距卧推	4×5	4a	哑铃耸肩	3×8
2b	毛巾引体向上	3×8	4b	反握弯举（曲杆杠铃）	3×8
3a	双杠臂屈伸	2×10	5	4个方向的颈部练习	每个方向1×8

周二

	练习	组数 × 重复次数（时间）		练习	组数 × 重复次数（时间）
	热身2				
1	单臂哑铃抓举	每侧4×3	3b	腘绳肌滑板（强调离心）	每侧2×10
2	颈后深蹲（轻）	周期*	4	单腿臀桥（自重）	每侧2×10
3a	侧平板支撑加等距腹股沟保持	2×30秒	5	弹力带柔韧性练习：抬腿、外展、内收、股四头肌、屈髋肌	每侧1×10秒

*关于周期，详见表9.10。

周四

	练习	组数 × 重复次数（时间）		练习	组数 × 重复次数（时间）
	热身3				
1	高翻组合（杠铃）	周期*	3b	肩部练习组合（杠铃）	2组
	高翻	3次重复		前平举	6次重复
	颈前深蹲加推举	3次重复		直立划船	8次重复
	俯身划船	3次重复		推举	8次重复
2a	哑铃上斜卧推	3×8，6，5	4a	颈后哑铃肱三头肌伸展	3×8
2b	俯身侧平举	每侧3×8	4b	腹部（功能）	依据动作而定
3a	踏步登阶（哑铃或杠铃）	每侧3×6	5	弹力带柔韧性练习：抬腿、外展、内收、股四头肌、屈髋肌	每侧1×10秒

*关于周期，详见表9.10。

续表

基础力量（阶段2）

周一

	练习	组数 × 重复次数（时间）		练习	组数 × 重复次数（时间）
	热身1				
1	双臂哑铃高翻加借力推举	周期*	4b	腹部（药球）	依据动作而定
2a	卧推或上斜卧推	周期*	5a	曲杆杠铃肱二头肌弯举	3×8
2b	负重引体向上	3×6~8	5b	肩外旋（哑铃或拉力器）	每侧2×10
3a	药球胸前传球	3×10	6a	抓杠铃片练习（15千克）（握力练习）	第1周：30秒 第2周：45秒 第3周：60秒
3b	TRX划船	3×6~8	6b	4个方向的颈部练习	每个方向1×8
4a	杠铃肩部推举	3×6			

*关于周期，详见表9.10。

周二

	练习	组数 × 重复次数（时间）		练习	组数 × 重复次数（时间）
	热身2				
1	高抓	周期*	4b	侧向深蹲	每侧2×6
2	颈后深蹲	周期*	5a	腹部（功能）	依据动作而定
3a	臀推	2×8	5b	平衡盘（脱鞋，以强化踝关节）	每个方向1×25
3b	手枪深蹲（负重）	每侧2×10	6	弹力带柔韧性练习：抬腿、外展、内收、股四头肌、屈髋肌	每侧1×10秒
4a	罗马尼亚硬拉	3×8			

*关于周期，详见表9.10。

周四

	练习	组数 × 重复次数（时间）		练习	组数 × 重复次数（时间）
	热身1				
1	借力挺举	周期*	4b	肱三头肌下拉	3×8
2a	铁链卧推	周期*	5a	TRX划船	3×10
2b	负重反向划船	5×6~8	5b	腹部（药球）	依据动作而定
3a	卧推锁定	3×3	6a	抓杠铃片练习（握力练习）	每侧2×60秒
3b	药球落下接球	3×8	6b	4个方向的颈部练习	每个方向1×8
4a	俯身侧平举	3×8			

*关于周期，详见表9.10。

周五

	练习	组数 × 重复次数（时间）		练习	组数 × 重复次数（时间）
	热身3				
1	高翻	周期*	5a	反向腿弯举（10千克）（强调离心）	第1周：2×8 第2周：2×10 第3周：2×12
2	高翻拉	3×5	5b	平衡盘（脱鞋，以强化踝关节）	每个方向1×25
3	铁链颈后深蹲	周期*	6	腹部（功能）	依据动作而定
4a	六角杠铃硬拉	4×4	7	弹力带柔韧性练习：抬腿、外展、内收、股四头肌、屈髋肌	每侧1×10秒
4b	侧平板支撑加等距腹股沟保持	2×10			

*关于周期，详见表9.10。

续表

减量/变更（版本2）

周一

	练习	组数×重复次数（时间）			练习	组数×重复次数（时间）
	热身1					
1	砸药球	3×10		3b	低位滑轮坐姿划船（器械）	2×8
2a	哑铃卧推	4×5		4a	哑铃耸肩	3×8
2b	毛巾引体向上	3×6		4b	哑铃肱二头肌弯举	3×8
3a	卧推锁定	3×3		5	4个方向的颈部练习	每个方向1×8

周二

	练习	组数×重复次数（时间）			练习	组数×重复次数（时间）
	热身2					
1	单臂哑铃抓举	每侧4×3		3b	腘绳肌滑板（强调离心）	每侧2×10
2	颈后深蹲（轻）	周期*		4	弹力带柔韧性练习：抬腿、外展、内收、股四头肌、屈髋肌	每侧1×10秒
3a	侧平板支撑加等距腹股沟保持	2×30秒				

*关于周期，详见表9.10。

周四

	练习	组数×重复次数（时间）			练习	组数×重复次数（时间）
	热身4					
1	高翻串联（杠铃）	周期*		3b	肩部练习组合（杠铃）	2组
	高翻	2次重复			前平举	6次重复
	借力挺举	2次重复			直立划船	8次重复
	颈前深蹲	2次重复			肩部推举	8次重复
2a	哑铃上斜卧推	3×5		4a	颈后哑铃肱三头肌伸展	3×8
2b	俯身侧平举	每侧3×8		4b	腹部（功能）	依据动作而定
3a	弓箭步转踏步登阶	每侧3×2		5	弹力带柔韧性练习：抬腿、外展、内收、股四头肌、屈髋肌	每侧1×10秒

*关于周期，详见表9.10。

力量/爆发力（阶段3）

周一

	练习	组数×重复次数（时间）			练习	组数×重复次数（时间）
	热身1					
1	抓举拉	4×3		4a	拉力器侧平举	每侧3×6
2a	卧推或上斜卧推	周期*		4b	锤式弯举	3×6
2b	窄握背阔肌下拉	5×4～6		5a	肩外旋（哑铃或拉力器）	每侧2×10
3a	药球胸前传球（重量递减）			5b	腹部（药球）	依据动作而定
	进攻线锋：药球胸前传球	3×（3+3）		6a	抓杠铃片练习（20千克）（握力练习）	第1周：30秒 第2周：45秒 第3周：60秒
	防守线锋：药球胸前传球	3×10		6b	4个方向的颈部练习	每个方向1×8
3b	哑铃上斜划船	3×6				

*关于周期，详见表9.10。

周二

	练习	组数 × 重复次数（时间）		练习	组数 × 重复次数（时间）
	热身2				
1	挺举	周期*	4a	侧向弓箭步	每侧3×5
2	颈后深蹲	周期*	4b	腹部（功能）	依据动作而定
3a	罗马尼亚硬拉	3×5	5	平衡盘（脱鞋，以强化踝关节）	每个方向1×30
3b	臀推	2×5	6	弹力带柔韧性练习：抬腿、外展、内收、股四头肌、屈髋肌	每侧1×10秒

*关于周期，详见表9.10。

周四

	练习	组数 × 重复次数（时间）		练习	组数 × 重复次数（时间）
	热身1				
1	单臂哑铃抓举	每侧手臂4×2	4b	悬挂式Y、T、I练习	每个练习2×8
2a	铁链卧推	周期*	5a	肩外旋：使用角形肩部训练器的哑铃练习（站立、上斜、下斜）	每种姿势1×10
2b	单臂哑铃划船	5×4~6	5b	颈后拉力器肱三头肌伸展	3×6
3a	防守线锋：卧推锁定	3×2	6a	捏夹力训练器练习	每侧2×30秒
3b	药球落下接球	3×3（重量递减）	6b	腹部（药球）	依据动作而定
4a	反握背阔肌下拉	3×4~6	7	4个方向的颈部练习	每个方向1×8

*关于周期，详见表9.10。

周五

	练习	组数 × 重复次数（时间）		练习	组数 × 重复次数（时间）
	热身3				
1	高翻	周期*	5a	哑铃腘绳肌行走	每侧3×6
2	高翻拉	3×3	5b	腹部（功能）	依据动作而定
3	防守线锋：铁链颈后深蹲	周期*	6	平衡盘（脱鞋，以强化踝关节）	每个方向1×30
	防守线锋：组合跳箱（在每次铁链颈后深蹲之后）	6×2	7	弹力带柔韧性练习：抬腿、外展、内收、股四头肌、屈髋肌	每侧1×10秒
4	防守线锋：六角杠铃硬拉	4×2			

*关于周期，详见表9.10。

表9.5 近端锋、全卫和线卫的休赛期训练计划

肌肥大/力量耐力（阶段1）

周一

	练习	组数 × 重复次数（时间）			练习	组数 × 重复次数（时间）
	热身1					
1a	抓举拉	4×5		4b	腹部（药球）	依据动作而定
1b	环绕式砸药球	每个方向3×4		5a	哑铃肱二头肌弯举	3×10
2a	卧推	周期*		5b	肩外旋（哑铃或拉力器）	每侧2×10
2b	宽握背阔肌下拉	3×8～10		6a	抓杠铃片练习（10千克）（握力练习）	第1周：30秒 第2周：45秒 第3周：60秒
3a	交替式哑铃上斜卧推	3×8～10		6b	4个方向的颈部练习	每个方向1×8
3b	拉力器划船	3×8～10			等距颈部拉伸	每个方向2×5，每次30秒
4a	哑铃肩部推举	3×8				

*关于周期，详见表9.10。

周二

	练习	组数 × 重复次数（时间）			练习	组数 × 重复次数（时间）
	热身2					
1	哑铃高翻组合	周期*		3b	平衡盘（脱鞋，以强化踝关节）	每个方向1×20
	高翻			4a	稳定球三项	第1周：3×6 第2周：3×8 第3周：3×10
	颈前深蹲					
	直立划船					
	侧向深蹲					
	俯身划船					
2a	颈后深蹲	周期*		4b	腹部（功能）	依据动作而定
2b	弹力带柔膝（保持2秒）	每侧2×10		5	弹力带柔韧性练习：抬腿、外展、内收、股四头肌、屈髋肌	每侧1×10秒
3a	背部伸展	第1周：2×15 第2周：2×20 第3周：2×25				

*关于周期，详见表9.10。

周四

	练习	组数 × 重复次数（时间）			练习	组数 × 重复次数（时间）
	热身1					
1a	双臂壶铃甩摆	4×5		3a	交替式哑铃卧推	3×8～10
1b	侧旋过臀抛药球	每侧3×5		3b	面拉（器械）	3×10
2a	上斜卧推	周期*		4a	爆发力耸肩	3×10
2b	站姿单臂哑铃划船	3×8～10		4b	肩外旋：使用角形肩部训练器的哑铃练习（站立、上斜、下斜）	每种姿势1×10

续表

	练习	组数 × 重复次数（时间）		练习	组数 × 重复次数（时间）
5a	仰卧肱三头肌伸展	3×10	6b	4个方向的颈部练习	每个方向1×8
5b	腹部（药球）	依据动作而定		等距颈部拉伸	每个方向2×5，每次30秒
6a	握力训练器练习	2×10			

*关于周期，详见表9.10。

周五

	练习	组数 × 重复次数（时间）		练习	组数 × 重复次数（时间）
	热身3				
1	肌肉抓举	周期*	4a	单腿短弧膝屈伸	2×10
2	高翻技术（悬垂高翻和颈前深蹲）	周期*	4b	反向腿弯举（强调离心）	第1周：2×8 第2周：2×10 第3周：2×12
			5a	腹部（功能）	依据动作而定
			5b	平衡盘（脱鞋，以强化踝关节）	每个方向1×20
3a	弓箭步行走	每侧3×10	6	弹力带柔韧性练习：抬腿、外展、内收、股四头肌、屈髋肌	每侧1×10秒
3b	侧平板支撑加等距腹股沟保持	2×10			

*关于周期，详见表9.10。

减量/变更（版本1）

周一

	练习	组数 × 重复次数（时间）		练习	组数 × 重复次数（时间）
	热身1				
1	砸药球	3×10	4a	哑铃耸肩	3×8
2a	窄距卧推	4×5	4b	反握弯举（曲杆杠铃）	3×8
2b	毛巾引体向上	3×8	5	4个方向的颈部练习	每个方向1×8
3a	双杠臂屈伸	2×10		等距颈部拉伸	每个方向2×5，每次30秒
3b	低位滑轮坐姿划船（器械）	2×8			

周二

	练习	组数 × 重复次数（时间）		练习	组数 × 重复次数（时间）
	热身2				
1	单臂哑铃抓举	每侧4×3	3b	腘绳肌滑板（强调离心）	每侧2×10
2	颈后深蹲（轻）	周期*	4	单腿臀桥（自重）	每侧2×10
3a	侧平板支撑加等距腹股沟保持	2×30秒	5	弹力带柔韧性练习：抬腿、外展、内收、股四头肌、屈髋肌	每侧1×10秒

*关于周期，详见表9.10。

续表

周四

	练习	组数 × 重复次数（时间）		练习	组数 × 重复次数（时间）
	热身4				
1	高翻组合（杠铃）	周期*	3b	肩部练习组合（杠铃）	2组
	高翻	3次重复		前平举	6次重复
	颈前深蹲加推举	3次重复		直立划船	8次重复
	俯身划船	3次重复		肩部推举	8次重复
2a	哑铃上斜卧推	3×8，6，5	4a	颈后哑铃肱三头肌伸展	3×8
2b	俯身侧平举	每侧3×8	4b	腹部（功能）	依据动作而定
3a	踏步登阶（哑铃或杠铃）	每侧3×6	5	弹力带柔韧性练习：抬腿、外展、内收、股四头肌、屈髋肌	每侧1×10秒

*关于周期，详见表9.10。

基础力量（阶段2）

周一

	练习	组数 × 重复次数（时间）		练习	组数 × 重复次数（时间）
	热身1				
1	双臂哑铃高翻加借力推举	周期*	5a	曲杆杠铃肱二头肌弯举	3×8
2a	卧推或上斜卧推	周期*	5b	臂丛损伤组合	每个方向2×10
2b	负重引体向上	3×6～8	6a	肩外旋（哑铃或拉力器）	每个方向2×10
3a	药球胸前传球	3×10	6b	抓杠铃片练习（15千克）（握力练习）	第1周：30秒 第2周：45秒 第3周：60秒
3b	TRX划船	3×6～8	7	4个方向的颈部练习	每个方向1×8
4a	杠铃肩部推举	3×6		等距颈部拉伸	每个方向2×5，每次30秒
4b	腹部（药球）	依据动作而定			

*关于周期，详见表9.10。

周二

	练习	组数 × 重复次数（时间）		练习	组数 × 重复次数（时间）
	热身2				
1	高抓	周期*	4b	侧向深蹲	每侧2×6
2	颈后深蹲	周期*	5a	腹部（功能）	依据动作而定
3a	臀推	2×8	5b	哑铃颈部拉伸耸肩	每侧2×10
3b	手枪深蹲（负重）	每侧2×10	6	平衡盘（脱鞋，以强化踝关节）	每个方向1×25
4a	罗马尼亚硬拉	3×8	7	弹力带柔韧性练习：抬腿、外展、内收、股四头肌、屈髋肌	每侧1×10秒

*关于周期，详见表9.10。

续表

周四

	练习	组数 × 重复次数（时间）		练习	组数 × 重复次数（时间）
	热身1				
1	借力挺举	周期*	4b	TRX划船	3×10
2a	铁链卧推	周期*	5a	腹部（药球）	依据动作而定
2b	负重反向划船	5×6~8	5b	抓杠铃片练习（握力练习）	每侧2×60秒
3a	药球落下接球	3×8	6	4个方向的颈部练习	每个方向1×8
3b	俯身侧平举	3×8		等距颈部拉伸	每个方向2×5，每次30秒
4a	肱三头肌下拉	3×8			

*关于周期，详见表9.10。

周五

	练习	组数 × 重复次数（时间）		练习	组数 × 重复次数（时间）
	热身3				
1	高翻	周期*	5a	反向腿弯举（10千克）（强调离心）	第1周：2×8 第2周：2×10 第3周：2×12
2	高翻拉	3×5	5b	平衡盘（脱鞋，以强化踝关节）	每个方向1×25
3	铁链颈后深蹲	周期*	6	腹部（功能）	依据动作而定
4a	箭步蹲	每侧2×6	7	弹力带柔韧性练习：抬腿、外展、内收、股四头肌、屈髋肌	每侧1×10秒
4b	侧平板支撑加等距腹股沟保持	2×10			

*关于周期，详见表9.10。

减量/变更（版本2）

周一

	练习	组数 × 重复次数（时间）		练习	组数 × 重复次数（时间）
	热身1				
1	砸药球	3×10	4a	哑铃耸肩	3×8
2a	哑铃卧推	4×5	4b	哑铃肱二头肌弯举	3×8
2b	毛巾引体向上	3×6	5	4个方向的颈部练习	每个方向1×8
3a	卧推锁定	3×3		等距颈部拉伸	每个方向2×5，每次30秒
3b	低位滑轮坐姿划船（器械）	2×8			

续表

周二

	练习	组数 × 重复次数（时间）		练习	组数 × 重复次数（时间）
	热身 2				
1	单臂哑铃抓举	每侧 4×3	3b	腘绳肌滑板（强调离心）	每侧 2×10
2	颈后深蹲（轻）	周期*	4	弹力带柔韧性练习：抬腿、外展、内收、股四头肌、屈髋肌	每侧 1×10 秒
3a	侧平板支撑加等距腹股沟保持	2×30 秒			

*关于周期，详见表 9.10。

周四

	练习	组数 × 重复次数（时间）		练习	组数 × 重复次数（时间）
	热身 4				
1	高翻串联（杠铃）	周期*	3b	肩部练习组合（杠铃）	2 组
	高翻	2 次重复		前平举	6 次重复
	借力挺举	2 次重复		直立划船	8 次重复
	颈前深蹲	2 次重复		肩部推举	8 次重复
2a	哑铃上斜卧推	3×5	4a	颈后哑铃肱三头肌伸展	3×8
2b	俯身侧平举	每侧 3×8	4b	腹部（功能）	依据动作而定
3a	弓箭步转踏步登阶	每侧 3×2	5	弹力带柔韧性练习：抬腿、外展、内收、股四头肌、屈髋肌	每侧 1×10 秒

*关于周期，详见表 9.10。

力量/爆发力（阶段 3）

周一

	练习	组数 × 重复次数（时间）		练习	组数 × 重复次数（时间）
	热身 1				
1	抓举拉	4×3	5a	臂丛损伤组合	每个方向 2×10
2a	卧推或上斜卧推	周期*	5b	肩外旋（哑铃或拉力器）	每侧 2×10
2b	窄握背阔肌下拉	5×4 ~ 6	6a	腹部（药球）	依据动作而定
3a	药球胸前传球	3×3（重量递减）	6b	抓杠铃片练习（20 千克）（握力练习）	第 1 周：30 秒 第 2 周：45 秒 第 3 周：60 秒
3b	哑铃上斜划船	3×6	7	4 个方向的颈部练习	每个方向 1×8
4a	锤式哑铃交换臂弯举	3×6		等距颈部拉伸	每个方向 2×5，每次 30 秒
4b	拉力器侧平举	每侧 2×6			

*关于周期，详见表 9.10。

续表

周二

	练习	组数 × 重复次数（时间）		练习	组数 × 重复次数（时间）
	热身 2				
1	挺举	周期*	4b	哑铃颈部拉伸耸肩	每侧 2×10
2	颈后深蹲	周期*	5a	腹部（功能）	依据动作而定
3a	罗马尼亚硬拉	3×5	5b	平衡盘（脱鞋，以强化踝关节）	每个方向 1×30
3b	臀推	2×5	6	弹力带柔韧性练习：抬腿、外展、内收、股四头肌、屈髋肌	每侧 1×10 秒
4a	侧向弓箭步	每侧 3×5			

*关于周期，详见表9.10。

周四

	练习	组数 × 重复次数（时间）		练习	组数 × 重复次数（时间）
	热身 1				
1	单臂哑铃抓举	每侧 4×2	4b	肩外旋：使用角形肩部训练器的哑铃练习（站立、上斜、下斜）	每种姿势 1×10
2a	铁链卧推	周期*	5a	颈后拉力器肱三头肌伸展	3×6
2b	单臂哑铃划船	5×4 ~ 6	5b	捏夹力训练器练习	每侧 2×30 秒
3a	药球落下接球	3×3（重量递减）	6a	腹部（药球）	依据动作而定
3b	反握背阔肌下拉	3×4 ~ 6	6b	4 个方向的颈部练习	每个方向 1×8
4a	悬挂式 Y、T、I 练习	每个练习 2×8		等距颈部拉伸	每个方向 2×5，每次 30 秒

*关于周期，详见表9.10。

周五

	练习	组数 × 重复次数（时间）		练习	组数 × 重复次数（时间）
	热身 3				
1	高翻	周期*	4b	哑铃腘绳肌行走	每侧 3×6
2	高拉	3×3	5a	腹部（功能）	依据动作而定
3	铁链颈后深蹲	周期*	5b	平衡盘（脱鞋，以强化踝关节）	每个方向 1×30
	组合跳箱（在每次铁链颈后深蹲之后）	6×2	6	弹力带柔韧性练习：抬腿、外展、内收、股四头肌、屈髋肌	每侧 1×10 秒
4a	单腿深蹲	每侧 2×3			

*关于周期，详见表9.10。

表9.6　外接手和跑卫的休赛期训练计划

肌肥大/力量耐力（阶段1）

周一

	练习	组数 × 重复次数（时间）		练习	组数 × 重复次数（时间）
	热身1				
1a	抓举拉	4×5	4a	哑铃肩部推举	3×8
1b	环绕式砸药球	每个方向3×4	4b	腹部（药球）	依据动作而定
2a	卧推	周期*	5a	哑铃肱二头肌弯举	3×10
2b	负重引体向上	4×10	5b	肩外旋（哑铃或拉力器）	每侧2×10
3a	交替式哑铃上斜卧推	3×8～10	6a	抓杠铃片练习（10千克）（握力练习）	第1周：30秒　第2周：45秒　第3周：60秒
3b	拉力器划船	3×8～10	6b	4个方向的颈部练习	每个方向1×8

*关于周期，详见表9.10。

周二

	练习	组数 × 重复次数（时间）		练习	组数 × 重复次数（时间）
	热身2				
1	哑铃高翻组合	周期*	3a	背部伸展	第1周：2×15　第2周：2×20　第3周：2×25
	高翻		3b	平衡盘（脱鞋，以强化踝关节）	每个方向1×20
	颈前深蹲		4a	稳定球三项	第1周：3×6　第2周：3×8　第3周：3×10
	直立划船				
	侧向深蹲				
	俯身划船				
2a	颈后深蹲	周期*	4b	腹部（功能）	依据动作而定
2b	弹力带伸膝（保持2秒）	每侧2×10	5	弹力带柔韧性练习：抬腿、外展、内收、股四头肌、屈髋肌	每侧1×10秒

*关于周期，详见表9.10。

周四

	练习	组数 × 重复次数（时间）		练习	组数 × 重复次数（时间）
	热身1				
1a	双臂壶铃甩摆	4×5	4a	爆发力耸肩	3×10
1b	侧旋过臀抛药球	每侧3×5	4b	肩外旋：使用角形肩部训练器的哑铃练习（站立、上斜、下斜）	每种姿势1×10
2a	上斜卧推	周期*	5a	仰卧肱三头肌伸展	3×10
2b	负重反向划船	4×10	5b	腹部（药球）	依据动作而定
3a	交替式哑铃卧推	3×8～10	6a	握力训练器练习	2×10
3b	面拉（器械）	3×10	6b	4个方向的颈部练习	每个方向1×8

*关于周期，详见表9.10。

周五

	练习	组数 × 重复次数 （时间）		练习	组数 × 重复次数 （时间）
	热身 3				
1	肌肉抓举	周期*	4a	单腿短弧膝屈伸	2 × 10
2	高翻技术（悬垂高 翻和颈前深蹲）	周期*	4b	反向腿弯举（强调离心）	第1周：2 × 8 第2周：2 × 10 第3周：2 × 12
			5a	腹部（功能）	依据动作而定
			5b	平衡盘（脱鞋，以强化踝关节）	每个方向 1 × 20
3a	弓箭步行走	每侧 3 × 10	6	弹力带柔韧性练习：抬腿、外 展、内收、股四头肌、屈髋肌	每侧 1 × 10 秒
3b	侧平板支撑加等距 腹股沟保持	2 × 10			

*关于周期，详见表9.10。

减量/变更（版本1）

周一

	练习	组数 × 重复次数 （时间）		练习	组数 × 重复次数 （时间）
	热身 1				
1	砸药球	3 × 10	3b	低位滑轮坐姿划船（器械）	2 × 8
2a	窄距卧推	4 × 5	4a	哑铃耸肩	3 × 8
2b	毛巾引体向上	3 × 8	4b	反握弯举（曲杆杠铃）	3 × 8
3a	双杠臂屈伸	2 × 10	5	4个方向的颈部练习	每个方向 1 × 8

周二

	练习	组数 × 重复次数 （时间）		练习	组数 × 重复次数 （时间）
	热身 2				
1	单臂哑铃抓举	每侧手臂 4 × 3	3b	腘绳肌滑板（强调离心）	每侧 2 × 10
2	颈后深蹲（轻）	周期*	4	单腿臀桥（自重）	每侧 2 × 10
3a	侧平板支撑加等距 腹股沟保持	2 × 30 秒	5	弹力带柔韧性练习：抬腿、外 展、内收、股四头肌、屈髋肌	每侧 1 × 10 秒

*关于周期，详见表9.10。

周四

	练习	组数 × 重复次数 （时间）		练习	组数 × 重复次数 （时间）
	热身 4				
1	高翻组合（杠铃）	周期*	3b	肩部练习组合（杠铃）	2组
	高翻	3次重复		前平举	6次重复
	颈前深蹲转推举	3次重复		直立划船	8次重复
	俯身划船	3次重复		肩部推举	8次重复
2a	哑铃上斜卧推	3 × 8, 6, 5	4a	颈后哑铃肱三头肌伸展	3 × 8
2b	俯身侧平举	每侧 3 × 8	4b	腹部（功能）	依据动作而定
3a	踏步登阶（哑铃或 杠铃）	每侧 3 × 6	5	弹力带柔韧性练习：抬腿、外 展、内收、股四头肌、屈髋肌	每侧 1 × 10 秒

*关于周期，详见表9.10。

续表

基础力量（阶段2）

周一

	练习	组数 × 重复次数（时间）		练习	组数 × 重复次数（时间）
	热身1				
1	双臂哑铃高翻加借力推举	周期*	4b	腹部（药球）	依据动作而定
2a	卧推或上斜卧推	周期*	5a	曲杆杠铃肱二头肌弯举	3×8
2b	窄握背阔肌下拉	3×6～8	5b	肩外旋（哑铃或拉力器）	每侧2×10
3a	药球胸前传球	3×10	6a	抓杠铃片练习（15千克）（握力练习）	第1周：30秒 第2周：45秒 第3周：60秒
3b	站姿单臂哑铃划船	3×6～8	6b	4个方向的颈部练习	每个方向1×8
4a	杠铃肩部推举	3×6			

*关于周期，详见表9.10。

周二

	练习	组数 × 重复次数（时间）		练习	组数 × 重复次数（时间）
	热身2				
1	高抓	周期*	4b	侧向深蹲	每侧2×6
2	颈后深蹲	周期*	5a	腹部（功能）	依据动作而定
3a	臀推	2×8	5b	平衡盘（脱鞋，以强化踝关节）	每个方向1×25
3b	手枪深蹲（负重）	每侧2×10	6	弹力带柔韧性练习：抬腿、外展、内收、股四头肌、屈髋肌	每侧1×10秒
4a	罗马尼亚硬拉	3×8			

*关于周期，详见表9.10。

周四

	练习	组数 × 重复次数（时间）		练习	组数 × 重复次数（时间）
	热身1				
1	借力挺举	周期*	4b	TRX划船	3×10
2a	铁链卧推	周期*	5a	腹部（药球）	依据动作而定
2b	坐姿划船	5×6～8	5b	握力练习	
3a	药球落下接球	3×8		抓杠铃片练习（握力练习）	每侧2×60秒
3b	俯身侧平举	3×8	6	4个方向的颈部练习	每个方向1×8
4a	肱三头肌下拉	3×8			

*关于周期，详见表9.10。

周五

	练习	组数 × 重复次数（时间）		练习	组数 × 重复次数（时间）
	热身3				
1	高翻	周期*	3a	箭步蹲	每侧3×6
2	高翻拉	3×5	3b	侧平板支撑加等距腹股沟保持	2×10

续表

	练习	组数 × 重复次数（时间）		练习	组数 × 重复次数（时间）
4a	反向腿弯举（10千克）（强调离心）	第1周：2×8 第2周：2×10 第3周：2×12	5	腹部（功能）	依据动作而定
4b	平衡盘（脱鞋，以强化踝关节）	每个方向1×25	6	弹力带柔韧性练习：抬腿、外展、内收、股四头肌、屈髋肌	每侧1×10秒

*关于周期，详见表9.10。

减量/变更（版本2）

周一

	练习	组数 × 重复次数（时间）		练习	组数 × 重复次数（时间）
	热身1				
1	砸药球	3×10	3b	低位滑轮坐姿划船（器械）	2×8
2a	哑铃卧推	4×5	4a	哑铃耸肩	3×8
2b	毛巾引体向上	3×6	4b	哑铃肱二头肌弯举	3×8
3a	卧推锁定	3×3	5	4个方向的颈部练习	每个方向1×8

周二

	练习	组数 × 重复次数（时间）		练习	组数 × 重复次数（时间）
	热身2				
1	单臂哑铃抓举	每侧4×3	3b	腘绳肌滑板（强调离心）	每侧2×10
2	颈后深蹲（轻）	周期*	4	弹力带柔韧性练习：抬腿、外展、内收、股四头肌、屈髋肌	每侧1×10秒
3a	侧平板支撑加等距腹股沟保持	2×30秒			

*关于周期，详见表9.10。

周四

	练习	组数 × 重复次数（时间）		练习	组数 × 重复次数（时间）
	热身4				
1	高翻串联（杠铃）	周期*	3b	肩部练习组合（杠铃）	2组
	高翻	2次重复		前平举	6次重复
	借力挺举	2次重复		直立划船	8次重复
	颈前深蹲	2次重复		肩部推举	8次重复
2a	哑铃上斜卧推	3×5	4a	颈后哑铃肱三头肌伸展	3×8
2b	俯身侧平举	每侧3×8	4b	腹部（功能）	依据动作而定
3a	弓箭步转踏步登阶	每侧3×2	5	弹力带柔韧性练习：抬腿、外展、内收、股四头肌、屈髋肌	每侧1×10秒

*关于周期，详见表9.10。

力量/爆发力（阶段3）

周一

	练习	组数 × 重复次数（时间）		练习	组数 × 重复次数（时间）
	热身1				

续表

	练习	组数 × 重复次数（时间）		练习	组数 × 重复次数（时间）
1	抓举拉	4×3	4b	锤式弯举	3×6
2a	卧推或上斜卧推	周期*	5a	肩外旋（哑铃或拉力器）	每侧2×10
2b	负重引体向上	5×5	5b	腹部（药球）	依据动作而定
3a	药球胸前传球	3×3（重量递减）	6a	抓杠铃片练习（20千克）（握力练习）	第1周：30秒 第2周：45秒 第3周：60秒
3b	哑铃上斜划船	3×6	6b	4个方向的颈部练习	每个方向1×8
4a	拉力器侧平举	每侧3×6			

*关于周期，详见表9.10。

周二

	练习	组数 × 重复次数（时间）		练习	组数 × 重复次数（时间）
	热身2				
1	挺举	周期*	4a	侧向弓箭步	每侧3×5
2	颈后深蹲	周期*	4b	腹部（功能）	依据动作而定
3a	罗马尼亚硬拉	3×5	5	平衡盘（脱鞋，以强化踝关节）	每个方向1×30
3b	臀推	2×5	6	弹力带柔韧性练习：抬腿、外展、内收、股四头肌、屈髋肌	每侧1×10秒

*关于周期，详见表9.10。

周四

	练习	组数 × 重复次数（时间）		练习	组数 × 重复次数（时间）
	热身1				
1	单臂哑铃抓举	每侧4×2	4b	肩外旋：使用角形肩部训练器的哑铃练习（站立、上斜、下斜）	每种姿势1×10
2a	铁链卧推	周期*	5a	颈后拉力器肱三头肌伸展	3×6
2b	负重反向划船	5×5	5b	捏夹力训练器练习	每侧2×30秒
3a	药球落下接球	3×3（重量递减）	6a	腹部（药球）	依据动作而定
3b	反握背阔肌下拉	3×4 ~ 6	6b	4个方向的颈部练习	每个方向1×8
4a	悬挂式Y、T、I练习	每个练习2×8			

*关于周期，详见表9.10。

周五

	练习	组数 × 重复次数（时间）		练习	组数 × 重复次数（时间）
	热身3				
1	高翻	周期*	4a	腹部（功能）	依据动作而定
2	高翻拉	3×3	4b	平衡盘（脱鞋，以强化踝关节）	每个方向1×30
3a	单腿深蹲	每侧3×3	5	弹力带柔韧性练习：抬腿、外展、内收、股四头肌、屈髋肌	每侧1×10秒
3b	哑铃腘绳肌行走	每侧3×6			

*关于周期，详见表9.10。

表9.7 防守后卫的休赛期训练计划

肌肥大/力量耐力（阶段1）

周一

	练习	组数 × 重复次数（时间）		练习	组数 × 重复次数（时间）
	热身1				
1a	抓举拉	4×5	4b	腹部（药球）	依据动作而定
1b	环绕式砸药球	每个方向3×4	5a	哑铃肱二头肌弯举	3×10
2a	卧推	周期*	5b	肩外旋（哑铃或拉力器）	每侧2×10
2b	负重引体向上	4×10	6a	抓杠铃片练习（10千克）（握力练习）	第1周：30秒 第2周：45秒 第3周：60秒
3a	交替式哑铃上斜卧推	3×8～10	6b	4个方向的颈部练习	每个方向1×8
3b	拉力器划船	3×8～10		等距颈部拉伸	每个方向2×5，每次30秒
4a	哑铃肩部推举	3×8			

*关于周期，详见表9.10。

周二

	练习	组数 × 重复次数（时间）		练习	组数 × 重复次数（时间）
	热身2				
1	哑铃高翻组合	4组	3a	背部伸展	第1周：2×15 第2周：2×20 第3周：2×25
	高翻		3b	平衡盘（脱鞋，以强化踝关节）	每个方向1×20
	颈前深蹲		4a	稳定球三项	第1周：3×6 第2周：3×8 第3周：3×10
	直立划船				
	侧向深蹲				
	俯身划船				
2a	颈后深蹲	周期*	4b	腹部（功能）	依据动作而定
2b	弹力带伸膝（保持2秒）	每侧2×10	5	弹力带柔韧性练习：抬腿、外展、内收、股四头肌、屈髋肌	每侧1×10秒

*关于周期，详见表9.10。

周四

	练习	组数 × 重复次数（时间）		练习	组数 × 重复次数（时间）
	热身1				
1a	双臂壶铃甩摆	4×5	3b	面拉（器械）	3×10
1b	侧旋过臀抛药球	每侧3×5	4a	爆发力耸肩	3×10
2a	上斜卧推	周期*	4b	肩外旋：使用角形肩部训练器的哑铃练习（站立、上斜、下斜）	每种姿势1×10
2b	负重反向划船	4×10	5a	仰卧肱三头肌伸展	3×10
3a	交替式哑铃卧推	3×8～10	5b	腹部（药球）	依据动作而定

续表

	练习	组数 × 重复次数（时间）		练习	组数 × 重复次数（时间）
6a	握力训练器练习	2 × 10		等距颈部拉伸	每个方向2×5，每次30秒
6b	4个方向的颈部练习	每个方向1 × 8			

*关于周期，详见表9.10。

周五

	练习	组数 × 重复次数（时间）		练习	组数 × 重复次数（时间）
	热身3				
1	肌肉抓举	周期*	4a	单腿短弧膝屈伸	2 × 10
2	高翻技术（悬垂高翻和颈前深蹲）	周期*	4b	反向腿弯举（强调离心）	第1周：2 × 8 第2周：2 × 10 第3周：2 × 12
			5a	腹部（功能）	依据动作而定
			5b	平衡盘（脱鞋，以强化踝关节）	每个方向1 × 20
3a	弓箭步行走	每侧3 × 10	6	弹力带柔韧性练习：抬腿、外展、内收、股四头肌、屈髋肌	每侧1 × 10秒
3b	侧平板支撑加等距腹股沟保持	2 × 10			

*关于周期，详见表9.10。

减量/变更（版本1）

周一

	练习	组数 × 重复次数（时间）		练习	组数 × 重复次数（时间）
	热身1				
1	砸药球	3 × 10	4a	哑铃耸肩	3 × 8
2a	窄距卧推	4 × 5	4b	反握弯举（曲杆杠铃）	3 × 8
2b	毛巾引体向上	3 × 8	5	4个方向的颈部练习	每个方向1 × 8
3a	双杠臂屈伸	2 × 10		等距颈部拉伸	每个方向2×5，每次30秒
3b	低位滑轮坐姿划船（器械）	2 × 8			

周二

	练习	组数 × 重复次数（时间）		练习	组数 × 重复次数（时间）
	热身2				
1	单臂哑铃抓举	每侧4 × 3	3b	腘绳肌滑板（强调离心）	每侧2 × 10
2	颈后深蹲（轻）	周期*	4	单腿臀桥（自重）	每侧2 × 10
3a	侧平板支撑加等距腹股沟保持	2 × 30秒	5	弹力带柔韧性练习：抬腿、外展、内收、股四头肌、屈髋肌	每侧1 × 10秒

*关于周期，详见表9.10。

周四

	练习	组数 × 重复次数（时间）		练习	组数 × 重复次数（时间）
	热身4				
1	高翻组合（杠铃）	周期*	3b	肩部练习组合（杠铃）	2组
	高翻	3次重复		前平举	6次重复
	颈前深蹲加推举	3次重复		直立划船	8次重复
	俯身划船	3次重复		肩部推举	8次重复
2a	哑铃上斜卧推	3×8, 6, 5	4a	颈后哑铃肱三头肌伸展	3×8
2b	俯身侧平举	每侧3×8	4b	腹部（功能）	依据动作而定
3a	踏步登阶（哑铃或杠铃）	每侧3×6	5	弹力带柔韧性练习：抬腿、外展、内收、股四头肌、屈髋肌	每侧1×10秒

*关于周期，详见表9.10。

基础力量（阶段2）

周一

	练习	组数 × 重复次数（时间）		练习	组数 × 重复次数（时间）
	热身1				
1	双臂哑铃高翻加借力推举	周期*	5a	曲杆杠铃弯举	3×8
2a	卧推或上斜卧推	周期*	5b	臂丛损伤组合	每个方向2×10
2b	窄握背阔肌下拉	3×6～8	6a	肩外旋（哑铃或拉力器）	每个方向2×10
3a	药球胸前传球	3×10	6b	抓杠铃片练习（15千克）（握力练习）	第1周：30秒 第2周：45秒 第3周：60秒
3b	站姿单臂哑铃划船	3×6～8	7	4个方向的颈部练习	每个方向1×8
4a	杠铃肩部推举	3×6		等距颈部拉伸	每个方向2×5，每次30秒
4b	腹部（药球）	依据动作而定			

*关于周期，详见表9.10。

周二

	练习	组数 × 重复次数（时间）		练习	组数 × 重复次数（时间）
	热身2				
1	高抓	周期*	4b	侧向深蹲	每侧2×6
2	颈后深蹲	周期*	5a	腹部（功能）	依据动作而定
3a	臀推	2×8	5b	哑铃颈部拉伸耸肩	每侧2×10
3b	手枪深蹲（负重）	每侧2×10	6	平衡盘（脱鞋，以强化踝关节）	每个方向1×25
4a	罗马尼亚硬拉	3×8	7	弹力带柔韧性练习：抬腿、外展、内收、股四头肌、屈髋肌	每侧1×10秒

*关于周期，详见表9.10。

续表

周四

	练习	组数 × 重复次数（时间）		练习	组数 × 重复次数（时间）
	热身 1				
1	借力挺举	周期*	4b	TRX 划船	3×10
2a	铁链卧推	周期*	5a	腹部（药球）	依据动作而定
2b	坐姿划船	5×6~8	5b	抓杠铃片练习（握力练习）	每侧 2×60 秒
3a	药球落下接球	3×8	6	4 个方向的颈部练习	每个方向 1×8
3b	俯身侧平举	3×8		等距颈部拉伸	每个方向 2×5，每次 30 秒
4a	肱三头肌下拉	3×8			

*关于周期，详见表 9.10。

周五

	练习	组数 × 重复次数（时间）		练习	组数 × 重复次数（时间）
	热身 3				
1	高翻	周期*	4a	反向腿弯举（10 千克）（强调离心）	第 1 周：2×8 第 2 周：2×10 第 3 周：2×12
2	高翻拉	3×5	4b	平衡盘（脱鞋，以强化踝关节）	每个方向 1×25
3a	箭步蹲	每侧 3×6	5	腹部（功能）	依据动作而定
3b	侧平板支撑加等距腹股沟保持	2×10	6	弹力带柔韧性练习：抬腿、外展、内收、股四头肌、屈髋肌	每侧 1×10 秒

*关于周期，详见表 9.10。

减量/变更（版本 2）

周一

	练习	组数 × 重复次数（时间）		练习	组数 × 重复次数（时间）
	热身 1				
1	砸药球	3×10	4a	哑铃耸肩	3×8
2a	哑铃卧推	4×5	4b	哑铃肱二头肌弯举	3×8
2b	毛巾引体向上	3×6	5	4 个方向的颈部练习	每个方向 1×8
3a	卧推锁定	3×3		等距颈部拉伸	每个方向 2×5，每次 30 秒
3b	低位滑轮坐姿划船（器械）	2×8			

续表

周二

	练习	组数 × 重复次数（时间）		练习	组数 × 重复次数（时间）
	热身2				
1	单臂哑铃抓举	每侧4×3	3b	腘绳肌滑板（强调离心）	每侧2×10
2	颈后深蹲（轻）	周期*	4	弹力带柔韧性练习：抬腿、外展、内收、股四头肌、屈髋肌	每侧1×10秒
3a	侧平板支撑加等距腹股沟保持	2×30秒			

*关于周期，详见表9.10。

周四

	练习	组数 × 重复次数（时间）		练习	组数 × 重复次数（时间）
	热身4				
1	高翻串联（杠铃）	周期*	3b	肩部练习组合（杠铃）	2组
	高翻	2次重复		前平举	6次重复
	借力挺举	2次重复		直立划船	8次重复
	颈前深蹲	2次重复		肩部推举	8次重复
2a	哑铃上斜卧推	3×5	4a	颈后哑铃肱三头肌伸展	3×8
2b	俯身侧平举	每侧3×8	4b	腹部（功能）	依据动作而定
3a	弓箭步转踏步登阶	每侧3×2	5	弹力带柔韧性练习：抬腿、外展、内收、股四头肌、屈髋肌	每侧1×10秒

*关于周期，详见表9.10。

力量/爆发力（阶段3）

周一

	练习	组数 × 重复次数（时间）		练习	组数 × 重复次数（时间）
	热身1				
1	抓举拉	4×3	5a	臂丛损伤组合	每个方向2×10
2a	卧推或上斜卧推	周期*	5b	肩外旋（哑铃或拉力器）	每侧2×10
2b	负重引体向上	5×5	6	腹部（药球）	依据动作而定
3a	药球胸前传球	3×3（重量递减）	7a	抓杠铃片练习（20千克）（握力练习）	第1周：30秒 第2周：45秒 第3周：60秒
3b	哑铃上斜划船	3×6	7b	4个方向的颈部练习	每个方向1×8
4a	锤式弯举	3×6		等距颈部拉伸	每个方向2×5，每次30秒
4b	拉力器侧平举	每侧2×6			

*关于周期，详见表9.10。

续表

周二

	练习	组数 × 重复次数（时间）		练习	组数 × 重复次数（时间）
	热身 2				
1	挺举	周期*	4b	哑铃颈部拉伸耸肩	每侧 2×10
2	颈后深蹲	周期*	5a	腹部（功能）	依据动作而定
3a	罗马尼亚硬拉	3×5	5b	平衡盘（脱鞋，以强化踝关节）	每个方向 1×30
3b	臀推	2×5	6	弹力带柔韧性练习：抬腿、外展、内收、股四头肌、屈髋肌	每侧 1×10 秒
4a	侧向弓箭步	每侧 3×5			

*关于周期，详见表9.10。

周四

	练习	组数 × 重复次数（时间）		练习	组数 × 重复次数（时间）
	热身 1				
1	单臂哑铃抓举	每侧 4×2	4b	肩外旋：使用角形肩部训练器的哑铃练习（站立、上斜、下斜）	每种姿势 1×10
2a	铁链卧推	周期*	5a	颈后拉力器肱三头肌伸展	3×6
2b	负重反向划船	5×5	5b	捏夹力训练器练习	每侧 2×30 秒
3a	药球落下接球	3×3（重量递减）	6a	腹部（药球）	依据动作而定
3b	反握背阔肌下拉	3×4 ~ 6	6b	4 个方向的颈部练习	每个方向 1×8
4a	悬挂式 Y、T、I 练习	每个练习 2×8		等距颈部拉伸	每个方向 2×5，每次 30 秒

*关于周期，详见表9.10。

周五

	练习	组数 × 重复次数（时间）		练习	组数 × 重复次数（时间）
	热身 3				
1	高翻	周期*	4a	哑铃腘绳肌行走	每侧 3×6
2	高翻拉	3×3	4b	腹部（功能）	依据动作而定
3a	铁链颈后深蹲	周期*	5	平衡盘（脱鞋，以强化踝关节）	每个方向 1×30
3b	单腿深蹲	每侧 3×3	6	弹力带柔韧性练习：抬腿、外展、内收、股四头肌、屈髋肌	每侧 1×10 秒

*关于周期，详见表9.10。

表9.8 四分卫的休赛期训练计划

肌肥大/力量耐力（阶段1）

周一

	练习	组数 × 重复次数 （时间）		练习	组数 × 重复次数 （时间）
	热身1				
1a	抓举拉	4×5	4b	腹部（药球）	依据动作而定
1b	环绕式砸药球	每个方向3×4	5a	哑铃肱二头肌弯举	3×10
2a	交替式哑铃卧推	3×8～10	5b	肩外旋（哑铃或拉力器）	每侧2×10
2b	宽握背阔肌下拉	3×8～10	6a	抓杠铃片练习（10千克）（握力练习）	第1周：30秒 第2周：45秒 第3周：60秒
3a	稳定球俯卧撑	3×10		伸肌训练带（握力练习）	每个方向2×10
3b	拉力器划船	3×8～10		橄榄球握力练习	15秒
4a	哑铃肩部推举	3×8	6b	4个方向的颈部练习	每个方向1×8

周二

	练习	组数 × 重复次数 （时间）		练习	组数 × 重复次数 （时间）
	热身2				
1	哑铃高翻组合	周期*	3a	背部伸展	第1周：2×15 第2周：2×20 第3周：2×25
	高翻		3b	平衡盘（脱鞋，以强化踝关节）	每个方向1×20
	颈前深蹲		4a	稳定球三项	第1周：3×6 第2周：3×8 第3周：3×10
	直立划船				
	侧向深蹲				
	俯身划船				
2a	颈后深蹲	周期*	4b	腹部（功能）	依据动作而定
2b	弹力带伸膝（保持2秒）	每侧2×10	5	弹力带柔韧性练习：抬腿、外展、内收、股四头肌、屈髋肌	每侧1×10秒

*关于周期，详见表9.10。

周四

	练习	组数 × 重复次数 （时间）		练习	组数 × 重复次数 （时间）
	热身1				
1a	双臂壶铃甩摆	4×5	3a	负重俯卧撑	3×8
1b	侧旋过臀抛药球	每侧3×5	3b	面拉（器械）	3×10
2a	交替式哑铃上斜卧推	3×8～10	4a	爆发力耸肩	3×10
2b	站姿单臂哑铃划船	3×8～10	4b	肩外旋：使用角形肩部训练器的哑铃练习（站立、上斜、下斜）	每种姿势1×10

续表

	练习	组数 × 重复次数（时间）		练习	组数 × 重复次数（时间）
5a	仰卧肱三头肌伸展	3 × 10		伸肌训练带练习	每个方向2 × 10
5b	半跪式下拉	每侧10次		等距抓握橄榄球练习	15秒
	半跪式上劈	每侧10次	6b	4个方向的颈部练习	每个方向1 × 8
6a	握力训练器练习	2 × 10			

周五

	练习	组数 × 重复次数（时间）		练习	组数 × 重复次数（时间）
	热身3				
1	肌肉抓举	周期*	4a	单腿短弧膝屈伸	2 × 10
2	高翻技术（悬垂高翻和颈前深蹲）	周期*	4b	反向腿弯举（强调离心）	第1周：2 × 8 第2周：2 × 10 第3周：2 × 12
			5a	腹部（功能）	依据动作而定
			5b	平衡盘（脱鞋，以强化踝关节）	每个方向1 × 20
3a	弓箭步行走	每侧3 × 10	6	弹力带柔韧性练习：抬腿、外展、内收、股四头肌、屈髋肌	每侧1 × 10秒
3b	侧平板支撑加等距腹股沟保持	2 × 10			

*关于周期，详见表9.10。

减量/变更（版本1）

周一

	练习	组数 × 重复次数（时间）		练习	组数 × 重复次数（时间）
	热身1				
1	砸药球	3 × 10	3b	低位滑轮坐姿划船（器械）	2 × 8
2a	哑铃卧推	3 × 8, 6, 5	4a	哑铃耸肩	3 × 8
2b	毛巾引体向上	3 × 8	4b	反握弯举（曲杆杠铃）	3 × 8
3a	双杠臂屈伸	2 × 10	5	4个方向的颈部练习	每个方向1 × 8

周二

	练习	组数 × 重复次数（时间）		练习	组数 × 重复次数（时间）
	热身2				
1	单臂哑铃抓举	每侧手臂4 × 3	3b	腘绳肌滑板（强调离心）	每侧2 × 10
2	颈后深蹲（轻）	周期*	4	单腿臀桥（自重）	每侧2 × 10
3a	侧平板支撑加等距腹股沟保持	2 × 30秒	5	弹力带柔韧性练习：抬腿、外展、内收、股四头肌、屈髋肌	每侧1 × 10秒

*关于周期，详见表9.10。

续表

周四

	练习	组数 × 重复次数（时间）		练习	组数 × 重复次数（时间）
	热身 4				
1	高翻组合（杠铃）	周期*	3b	肩部练习组合（杠铃）	2组
	高翻	3次重复		前平举	6次重复
	颈前深蹲转推举	3次重复		直立划船	8次重复
	俯身划船	3次重复		肩部推举	8次重复
2a	哑铃上斜卧推	3×8, 6, 5	4a	颈后哑铃肱三头肌伸展	3×8
2b	俯身侧平举	每侧3×8	4b	腹部（功能）	依据动作而定
3a	踏步登阶（哑铃或杠铃）	每侧3×6	5	弹力带柔韧性练习：抬腿、外展、内收、股四头肌、屈髋肌	每侧1×10秒

*关于周期，详见表9.10。

基础力量（阶段2）

周一

	练习	组数 × 重复次数（时间）		练习	组数 × 重复次数（时间）
	热身 1				
1	双臂哑铃高翻加借力推举	周期*	4b	坐姿伙伴侧抛	每个方向2×10
2a	单臂哑铃卧推或单臂哑铃上斜卧推	每侧手臂4×5		侧卧抬腿	每侧2×8
2b	负重引体向上	3×6～8	5a	曲杆杠铃肱二头肌弯举	3×8
3a	哑铃仰卧屈臂上拉	3×6～8	5b	肩外旋（哑铃或拉力器）	每侧2×10
3b	哑铃肩部推举	3×6	6a	抓杠铃片练习（15千克）（握力练习）	第1周：30秒 第2周：45秒 第3周：60秒
4a	头顶单臂快速投掷药球	每个方向2×10		伸肌训练带（握力练习）	每个方向2×10
	头顶单臂减速投掷药球	每个方向2×10		橄榄球握力练习	15秒
			6b	4个方向的颈部练习	每个方向1×8

*关于周期，详见表9.10。

周二

	练习	组数 × 重复次数（时间）		练习	组数 × 重复次数（时间）
	热身 2				
1	单臂哑铃抓举	每侧手臂4×3	4b	侧向深蹲	每侧2×6
2	颈后深蹲	周期*	5a	腹部（功能）	依据动作而定
3a	臀推	2×8	5b	平衡盘（脱鞋，以强化踝关节）	每个方向1×25
3b	手枪深蹲（负重）	每侧2×10	6	弹力带柔韧性练习：抬腿、外展、内收、股四头肌、屈髋肌	每侧1×10秒
4a	罗马尼亚硬拉	3×8			

*关于周期，详见表9.10。

周四

	练习	组数 × 重复次数（时间）		练习	组数 × 重复次数（时间）
	热身 1				
1	借力挺举	周期*	5a	半跪式下拉	每侧 10 次
2a	弹力带俯卧撑	3×6		半跪式上劈	每侧 10 次
2b	负重反向划船	5×6 ~ 8	5b	抓杠铃片练习（握力练习）	每侧 2×60 秒
3a	稳定球俯卧撑（双脚在箱子上）	3×8		伸肌训练带（握力练习）	每个方向 2×10
3b	俯身侧平举	3×8		橄榄球握力练习	15 秒
4a	肱三头肌下拉	3×8	6	4 个方向的颈部练习	每个方向 1×8
4b	TRX 划船	3×10			

*关于周期，详见表 9.10。

周五

	练习	组数 × 重复次数（时间）		练习	组数 × 重复次数（时间）
	热身 3				
1	高翻	周期*	4a	反向腿弯举（10 千克）（强调离心）	第 1 周：2×8 第 2 周：2×10 第 3 周：2×12
2	高翻拉	3×5	4b	平衡盘（脱鞋，以强化踝关节）	每个方向 1×25
3a	箭步蹲	每侧 3×6	5	药球下拉	3×5
3b	侧平板支撑加等距腹股沟保持	2×10	6	弹力带柔韧性练习：抬腿、外展、内收、股四头肌、屈髋肌	每侧 1×10 秒

*关于周期，详见表 9.10。

减量/变更（版本 2）

周一

	练习	组数 × 重复次数（时间）		练习	组数 × 重复次数（时间）
	热身 1				
1	砸药球	3×10	3b	低位滑轮坐姿划船（器械）	2×8
2a	哑铃卧推	4×5	4a	哑铃耸肩	3×8
2b	毛巾引体向上	3×6	4b	哑铃肱二头肌弯举	3×8
3a	铁链俯卧撑	3×3	5	4 个方向的颈部练习	每个方向 1×8

周二

	练习	组数 × 重复次数（时间）		练习	组数 × 重复次数（时间）
	热身 2				
1	单臂哑铃抓举	每侧 4×3	2	颈后深蹲（轻）	周期*

续表

	练习	组数 × 重复次数（时间）		练习	组数 × 重复次数（时间）
3a	侧平板支撑加等距腹股沟保持	2×30秒	4	弹力带柔韧性练习：抬腿、外展、内收、股四头肌、屈髋肌	每侧1×10秒
3b	腘绳肌滑板（强调离心）	每侧2×10			

*关于周期，详见表9.10。

周四

	练习	组数 × 重复次数（时间）		练习	组数 × 重复次数（时间）
	热身4				
1	高翻串联（杠铃）	周期*	3b	肩部练习组合（杠铃）	2组
	高翻	2次重复		前平举	6次重复
	借力挺举	2次重复		直立划船	8次重复
	颈前深蹲	2次重复		肩部推举	8次重复
2a	哑铃上斜卧推	3×5	4a	颈后哑铃肱三头肌伸展	3×8
2b	俯身侧平举	每侧3×8	4b	腹部（功能）	依据动作而定
3a	弓箭步转踏步登阶	每侧3×2	5	弹力带柔韧性练习：抬腿、外展、内收、股四头肌、屈髋肌	每侧1×10秒

*关于周期，详见表9.10。

力量/爆发力（阶段3）

周一

	练习	组数 × 重复次数（时间）		练习	组数 × 重复次数（时间）
	热身1				
1	抓举拉	4×3	4b	环绕式药球练习	每个方向2×10（重量递减）
2a	哑铃卧推或哑铃上斜卧推	4×4		哑铃转体	每个方向2×10
2b	窄握背阔肌下拉	3×4～6	5a	锤式弯举	3×6
3a	稳定球绳索仰卧屈臂上拉	3×6	5b	肩外旋（哑铃或拉力器）	每侧2×10
3b	拉力器侧平举	每侧3×6	6a	抓杠铃片练习（20千克）（握力练习）	第1周：30秒 第2周：45秒 第3周：60秒
4a	头顶单臂快速投掷药球	每侧2×10		伸肌训练带（握力练习）	每个方向2×10
	头顶单臂减速投掷药球	每侧2×10		橄榄球握力练习	15秒
			6b	4个方向的颈部练习	每个方向1×8

续表

周二

	练习	组数 × 重复次数（时间）		练习	组数 × 重复次数（时间）
	热身 2				
1	挺举	周期*	4a	侧向弓箭步	每侧 3×5
2	颈后深蹲	周期*	4b	腹部（功能）	依据动作而定
3a	罗马尼亚硬拉	3×5	5	平衡盘（脱鞋，以强化踝关节）	每个方向 1×30
3b	臀推	2×5	6	弹力带柔韧性练习：抬腿、外展、内收、股四头肌、屈髋肌	每侧 1×10 秒

*关于周期，详见表 9.10。

周四

	练习	组数 × 重复次数（时间）		练习	组数 × 重复次数（时间）
	热身 1				
1	单臂哑铃抓举	每侧手臂 4×2	5a	颈后拉力器肱三头肌伸展	3×6
2a	铁链俯卧撑	4×3	5b	半跪式下拉	每侧 10 次
2b	单臂哑铃划船	4×4～6		半跪式上劈	每侧 10 次
3a	稳定球俯卧撑（一只脚在箱子上）	3×6	6a	捏夹力训练器练习	每侧 2×30 秒
3b	反握背阔肌下拉	3×4～6		伸肌训练带练习	每个方向 2×10
4a	悬挂式 Y、T、I 练习	每个练习 2×8		等距抓握橄榄球练习	15 秒
4b	肩外旋：使用角形肩部训练器的哑铃练习（站立、上斜、下斜）	每种姿势 1×10	6b	4 个方向的颈部练习	每个方向 1×8

周五

	练习	组数 × 重复次数（时间）		练习	组数 × 重复次数（时间）
	热身 3				
1	高翻	周期*	4b	哑铃腘绳肌行走	每侧 3×6
2	高翻拉	3×3	5a	跪姿药球 BLOB 投掷	3×5（重量递减）
3	铁链颈后深蹲	周期*	5b	平衡盘（脱鞋，以强化踝关节）	每个方向 1×30
4a	单腿深蹲	每侧 3×3	6	弹力带柔韧性练习：抬腿、外展、内收、股四头肌、屈髋肌	每侧 1×10 秒

*关于周期，详见表 9.10。

表9.9 踢球手和弃踢手的休赛期训练计划

肌肥大/力量耐力（阶段1）

周一

	练习	组数×重复次数（时间）		练习	组数×重复次数（时间）
	热身1				
1a	抓举拉	4×5	4a	哑铃肩部推举	3×8
1b	环绕式砸药球	每个方向3×4	4b	腹部（药球）	依据动作而定
2a	卧推	周期*	5a	哑铃肱二头肌弯举	3×10
2b	宽握背阔肌下拉	3×8~10	5b	肩外旋（哑铃或拉力器）	每个方向2×10
3a	交替式哑铃上斜卧推	3×8~10	6a	抓杠铃片练习（10千克）（握力练习）	第1周：30秒 第2周：45秒 第3周：60秒
3b	拉力器划船	3×8~10	6b	4个方向的颈部练习	每个方向1×8

*关于周期，详见表9.10。

周二

	练习	组数×重复次数（时间）		练习	组数×重复次数（时间）
	热身2				
1	哑铃高翻组合	周期*	3b	平衡盘（脱鞋，以强化踝关节）	每个方向1×20
	高翻		4a	4个方向的臀肌训练器练习	每个方向10次
	颈前深蹲		4b	稳定球三项	第1周：6 第2周：8 第3周：10
	直立划船				
	侧向深蹲				
	俯身划船				
2a	颈后深蹲	周期*	5	腹部（功能）	依据动作而定
2b	弹力带伸膝（保持2秒）	每侧2×10	6	弹力带柔韧性练习：抬腿、外展、内收、股四头肌、屈髋肌	每侧1×10秒
3a	背部伸展	第1周：2×15 第2周：2×20 第3周：2×25			

*关于周期，详见表9.10。

周四

	练习	组数×重复次数（时间）		练习	组数×重复次数（时间）
	热身1				
1a	双臂壶铃甩摆	4×5	4a	爆发力耸肩	3×10
1b	侧旋过臀抛药球	每侧3×5	4b	肩外旋：使用角形肩部训练器的哑铃练习（站立、上斜、下斜）	每种姿势1×10
2a	上斜卧推	周期*	5a	仰卧曲杆杠铃肱三头肌伸展	3×10
2b	站姿单臂哑铃划船	3×8~10	5b	腹部（药球）	依据动作而定
3a	交替式哑铃卧推	3×8~10	6a	握力训练器练习	2×10
3b	面拉（器械）	3×10	6b	4个方向的颈部练习	每个方向1×8

*关于周期，详见表9.10。

续表

周五

	练习	组数 × 重复次数（时间）		练习	组数 × 重复次数（时间）
	热身3				
1	肌肉抓举	周期*	4a	单腿短弧膝屈伸	2×10
2	高翻技术（悬垂高翻和颈前深蹲）	周期*	4b	反向腿弯举（强调离心）	第1周：2×8 第2周：2×10 第3周：2×12
			5a	腹部（功能）	依据动作而定
			5b	平衡盘（脱鞋，以强化踝关节）	每个方向1×20
3a	弓箭步行走	每侧3×10	6	弹力带柔韧性练习：抬腿、外展、内收、股四头肌、屈髋肌	每侧1×10秒
3b	侧平板支撑加等距腹股沟保持	2×10			

*关于周期，详见表9.10。

减量/变更（版本1）

周一

	练习	组数 × 重复次数（时间）		练习	组数 × 重复次数（时间）
	热身1				
1	砸药球	3×10	3b	低位滑轮坐姿划船（器械）	2×8
2a	窄距卧推	4×5	4a	哑铃耸肩	3×8
2b	毛巾引体向上	3×8	4b	反握弯举（曲杆杠铃）	3×8
3a	双杠臂屈伸	2×10	5	4个方向的颈部练习	每个方向1×8

周二

	练习	组数 × 重复次数（时间）		练习	组数 × 重复次数（时间）
	热身2				
1	单臂哑铃抓举	每侧手臂4×3	3b	腘绳肌滑板（强调离心）	每侧2×10
2	颈后深蹲（轻）	周期*	4	单腿臀桥（自重）	每侧2×10
3a	侧平板支撑加等距腹股沟保持	2×30秒	5	弹力带柔韧性练习：抬腿、外展、内收、股四头肌、屈髋肌	每侧1×10秒

*关于周期，详见表9.10。

周四

	练习	组数 × 重复次数（时间）		练习	组数 × 重复次数（时间）
	热身4				
1	高翻组合（杠铃）	周期*	2b	俯身侧平举	每侧3×8
	高翻	3次重复	3a	踏步登阶（哑铃或杠铃）	每侧3×6
	颈前深蹲加推举	3次重复	3b	肩部练习组合（杠铃）	2组
	俯身划船	3次重复		前平举	6次重复
2a	哑铃上斜卧推	3×8, 6, 5		直立划船	8次重复

续表

	练习	组数 × 重复次数（时间）		练习	组数 × 重复次数（时间）
	肩部推举	8次重复	4b	腹部（功能）	依据动作而定
4a	颈后哑铃肱三头肌伸展	3×8	5	弹力带柔韧性练习：抬腿、外展、内收、股四头肌、屈髋肌	每侧1×10秒

*关于周期，详见表9.10。

基础力量（阶段2）

周一

	练习	组数 × 重复次数（时间）		练习	组数 × 重复次数（时间）
	热身1				
1	双臂哑铃高翻加借力推举	周期*	4a	腹部（药球）	依据动作而定
2a	卧推或上斜卧推	周期*	4b	曲杆杠铃弯举	3×8
2b	负重引体向上	3×6～8	5a	肩外旋（哑铃或拉力器）	每侧2×10
3a	杠铃肩部推举	3×6	5b	抓杠铃片练习（15千克）（握力练习）	第1周：30秒 第2周：45秒 第3周：60秒
3b	TRX划船	3×6～8	6	4个方向的颈部练习	每个方向1×8

*关于周期，详见表9.10。

周二

	练习	组数 × 重复次数（时间）		练习	组数 × 重复次数（时间）
	热身2				
1	高抓	周期*	4b	4个方向的臀肌训练器练习	每个方向10次
2	颈后深蹲	周期*	5a	腹部（功能）	依据动作而定
3a	臀推	2×8	5b	平衡盘（脱鞋，以强化踝关节）	每个方向1×25
3b	手枪深蹲（负重）	每侧2×10	6	弹力带柔韧性练习：抬腿、外展、内收、股四头肌、屈髋肌	每侧1×10秒
4a	罗马尼亚硬拉	3×8			

*关于周期，详见表9.10。

周四

	练习	组数 × 重复次数（时间）		练习	组数 × 重复次数（时间）
	热身1				
1	借力挺举	周期*	4a	TRX划船	3×10
2a	铁链卧推	周期*	4b	腹部（药球）	依据动作而定
2b	负重反向划船	5×6～8	5	抓杠铃片练习（握力练习）	每侧2×60秒
3a	俯身侧平举	3×8	6	4个方向的颈部练习	每个方向1×8
3b	肱三头肌下拉	3×8			

*关于周期，详见表9.10。

续表

周五

	练习	组数 × 重复次数 （时间）		练习	组数 × 重复次数 （时间）
	热身3				
1	高翻	周期*	4a	反向腿弯举（10千克）（强调离心）	第1周：2×8 第2周：2×10 第3周：2×12
2	高翻拉	3×5	4b	平衡盘（脱鞋，以强化踝关节）	每个方向1×25
3a	箭步蹲	每侧3×6	5	腹部（功能）	依据动作而定
3b	侧平板支撑加等距 腹股沟保持	2×10	6	弹力带柔韧性练习：抬腿、外 展、内收、股四头肌、屈髋肌	每侧1×10秒

*关于周期，详见表9.10。

减量/变更（版本2）

周一

	练习	组数 × 重复次数 （时间）		练习	组数 × 重复次数 （时间）
	热身1				
1	砸药球	3×10	3b	低位滑轮坐姿划船（器械）	2×8
2a	哑铃卧推	4×5	4a	哑铃耸肩	3×8
2b	毛巾引体向上	3×6	4b	哑铃肱二头肌弯举	3×8
3a	卧推锁定	3×3	5	4个方向的颈部练习	每个方向1×8

周二

	练习	组数 × 重复次数 （时间）		练习	组数 × 重复次数 （时间）
	热身2				
1	单臂哑铃抓举	每侧4×3	3b	腘绳肌滑板（强调离心）	每个方向2×10
2	颈后深蹲（轻）	周期*	4	弹力带柔韧性练习：抬腿、外 展、内收、股四头肌、屈髋肌	每侧1×10秒
3a	侧平板支撑加等距 腹股沟保持	2×30秒			

*关于周期，详见表9.10。

周四

	练习	组数 × 重复次数 （时间）		练习	组数 × 重复次数 （时间）
	热身4				
1	高翻串联（杠铃）	周期*	3b	肩部练习组合（杠铃）	2组
	高翻	2次重复		前平举	6次重复
	借力挺举	2次重复		直立划船	8次重复
	颈前深蹲	2次重复		肩部推举	8次重复
2a	哑铃上斜卧推	3×5	4a	颈后哑铃肱三头肌伸展	3×8
2b	俯身侧平举	每侧3×8	4b	腹部（功能）	依据动作而定
3a	弓箭步转踏步登阶	每侧3×2	5	弹力带柔韧性练习：抬腿、外 展、内收、股四头肌、屈髋肌	每侧1×10秒

*关于周期，详见表9.10。

续表

力量/爆发力（阶段3）

周一

	练习	组数 × 重复次数（时间）		练习	组数 × 重复次数（时间）
	热身1				
1	抓举拉	4×3	4a	锤式弯举	3×6
2a	卧推或上斜卧推	周期*	4b	肩外旋（哑铃或拉力器）	每侧2×10
2b	窄握背阔肌下拉	5×4~6	5a	腹部（药球）	依据动作而定
3a	拉力器侧平举	每侧3×6	5b	抓杠铃片练习（20千克）（握力练习）	第1周：30秒 第2周：45秒 第3周：60秒
3b	哑铃上斜划船	3×6	6	4个方向的颈部练习	每个方向1×8

*关于周期，详见表9.10。

周二

	练习	组数 × 重复次数（时间）		练习	组数 × 重复次数（时间）
	热身2				
1	挺举	周期*	4a	4个方向的臀肌训练器练习	每个方向10次
2	颈后深蹲	周期*	4b	腹部（功能）	依据动作而定
3a	罗马尼亚硬拉	3×5	5	平衡盘（脱鞋，以强化踝关节）	每个方向1×30
3b	臀推	2×5	6	弹力带柔韧性练习：抬腿、外展、内收、股四头肌、屈髋肌	每侧1×10秒

*关于周期，详见表9.10。

周四

	练习	组数 × 重复次数（时间）		练习	组数 × 重复次数（时间）
	热身1				
1	单臂哑铃抓举	每侧4×2	4a	肩外旋：使用角形肩部训练器的哑铃练习（站立、上斜、下斜）	每种姿势1×10
2a	铁链卧推	周期*	4b	颈后拉力器肱三头肌伸展	3×6
2b	单臂哑铃划船	5×4~6	5a	捏夹力训练器练习	每侧2×30秒
3a	悬挂式Y、T、I练习	每个练习2×8	5b	腹部（药球）	依据动作而定
3b	反握背阔肌下拉	3×4~6	6	4个方向的颈部练习	每个方向1×8

*关于周期，详见表9.10。

周五

	练习	组数 × 重复次数（时间）		练习	组数 × 重复次数（时间）
	热身3				
1	高翻	周期*	4a	腹部（功能）	依据动作而定
2	高翻拉	3×3	4b	平衡盘（脱鞋，以强化踝关节）	每个方向1×30
3a	单腿深蹲	每侧4×3	5	弹力带柔韧性练习：抬腿、外展、内收、股四头肌、屈髋肌	每侧1×10秒
3b	哑铃腘绳肌行走	每侧3×6			

*关于周期，详见表9.10。

表9.10 休赛期训练周期

阶段序号	名称	周序号	强度	练习	方案*
1	肌肥大/力量耐力	1	中等	肌肉抓举	4×5
				哑铃高翻组合	4×3
				高翻技术	52/4, 60/4, 67/4, 70/4, 72/4
				颈后深蹲	50/5, 57/5, 65/10, 67/10, 70/10
				卧推/上斜卧推	50/5, 57/5, 65/10, 67/10, 70/10
1	肌肥大/力量耐力	2	中高等	肌肉抓举	4×4
				哑铃高翻组合	4×4
				高翻技术	55/4, 62/4, 70/4, 72/4, 75/4
				颈后深蹲	55/5, 62/5, 70/10, 72/10, 75/8
				卧推/上斜卧推	55/5, 62/5, 70/10, 72/10, 75/8
1	肌肥大/力量耐力	3	高	肌肉抓举	4×3
				哑铃高翻组合	4×5
				高翻技术	57/4, 65/4, 72/4, 75/4, 77/4
				颈后深蹲	57/5, 65/5, 72/10, 75/8, 77/8
				卧推/上斜卧推	55/3, 62/3, 70/4, 72/4, 75/4
	减量/变更（版本1）	4		颈后深蹲（轻）	57/5, 65/5, 72/10, 75/8, 77/8
				高翻组合	57/3, 65/3, 67/3, 70/3
2	基础力量	5	中等	双臂哑铃高翻加借力推举	4×5
				卧推	60/3, 67/3, 75/5, 77/5, 80/5, 82/5
				铁链卧推	135×8, 135CH×3, 50CH/3×6, 70/1, 80/1
				高抓	50/3, 57/3, 65/3, 67/3, 70/3
				颈后深蹲	60/3, 67/3, 75/5, 77/5, 80/5, 82/5
				借力挺举/高翻	60/3, 67/3, 75/3, 77/3, 80/3
2	基础力量	6	中高等	双臂哑铃高翻加借力推举	4×4
				上斜卧推	62/3, 70/3, 77/5, 80/5, 82/5, 85/5
				铁链卧推	135×8, 135CH×3, 50CH/3×6, 72/1, 82/1
				高抓	52/3, 60/3, 67/3, 70/3, 72/3
				颈后深蹲	62/3, 70/3, 77/5, 80/5, 82/5, 85/5
				借力挺举/高翻	62/3, 70/3, 77/3, 80/3, 82/3

续表

阶段序号	名称	周序号	强度	练习	方案*
2	基础力量	7	高	双臂哑铃高翻加借力推举	4×3
				卧推	57/3, 65/3, 80/5, 82/5, 85/5, 87/5
				铁链卧推	135×8, 135CH×3, 50CH/3×6, 75/1, 85/1
				高抓	55/3, 62/3, 70/3, 72/3, 75/3
				颈后深蹲	57/3, 65/3, 80/5, 82/5, 85/5, 87/5
				借力挺举/高翻	65/3, 72/3, 80/3, 82/3, 85/3
	减量/变更（版本2）	8		颈后深蹲（轻）	60/3, 67/3, 75/3, 77/3, 80/3
				高翻串联	60/2, 67/2, 70/2, 72/2
3	力量/爆发力	9	中等	卧推	62/3, 70/3, 77/3, 80/3, 82/3, 85/3, 87/3
				铁链卧推	135×8, 135CH×3, 50CH/3×6, 75/1, 85/1
				挺举	65/2, 72/2, 75/2, 77/2
				颈后深蹲	62/3, 70/3, 77/3, 80/3, 82/3, 85/3, 87/3
				铁链颈后深蹲	135×8, 135CH×3, 50CH/3×4
				高翻	67/2, 75/2, 82/2, 85/2, 87/2
3	力量/爆发力	10	中高等	上斜卧推	65/3, 72/3, 80/3, 82/3, 85/3, 87/3, 90/3
				铁链卧推	135×8, 135CH×3, 50CH/3×6, 77/1, 87/1
				挺举	67/2, 75/2, 77/2, 80/2
				颈后深蹲	65/3, 72/3, 80/3, 82/3, 85/3, 87/3, 90/3
				铁链颈后深蹲	135×8, 135CH×3, 50CH/3×4
				高翻	70/2, 77/2, 85/2, 87/2, 90/2
3	力量/爆发力	11	高	卧推	65/3, 72/3, 82/3, 85/3, 87/3, 90/3, 92/3
				铁链卧推	135×8, 135CH×3, 50CH/3×6, 80/1, 90/1
				挺举	70/2, 77/2, 80/2, 82/2
				颈后深蹲	65/3, 72/3, 82/3, 85/3, 87/3, 90/3, 92/3
				铁链颈后深蹲	135×8, 135CH×3, 50CH/3×4
				高翻	72/2, 80/2, 87/2, 90/2, 92/2

*该列为每个周期的练习规定了具体的1RM百分比，以及要执行的重复次数。百分比是分数中的分子，而重复次数是分母。如果未列出百分比，则球员应选择可以通过良好技术完成规定强度的重量（首先列出组数，然后列出重复次数；例如3×8表示3组，每组8次重复）。如果要以相同百分比和重复次数进行多组练习，则组将按以×开头。例如，80/5×3表示80%1RM，3组，每组5次重复。对于铁链颈后深蹲和铁链卧推，135×8代表以135磅（约61千克）进行8次重复，而135CH×3则是以135磅（约61千克）加上铁链进行3次重复（这些是热身组）。对于铁链颈后深蹲和铁链卧推训练组，%1RM位于"CH"之前，并且铁链已计入负荷。例如，50CH/3×4表示50%1RM，加上铁链，4组，每组3次重复。

第 10 章

赛季前训练计划设计

杰里·帕尔米耶里 (Jerry Palmieri)、达伦·克赖因 (Darren Krein)
和扎克·伍德芬 (Zac Woodfin)

橄榄球运动员的赛季前训练计划与第9章中介绍的休赛期训练计划类似。因此,引入的新练习极少,但针对6类橄榄球位置增加了一些练习变式。由于赛季前训练期较短,所以该训练计划只有两个阶段:基础力量阶段和力量/爆发力阶段。

目的和目标

在本书中,赛季前是球员去训练营报道之前的训练期。它是休赛期的延伸,能为即将到来的赛季提供平稳的过渡。赛季前的目标与休赛期的目标相似,但重点略有不同。

随着赛季的临近,球员的能量代谢能力成为重中之重。如果球员无法克服疲劳,则在休赛期训练中增强的所有力量和爆发力将毫无用处。所以在赛季前的训练中仍必须继续增强力量和爆发力,但不如休赛期时那么强调这方面的训练。橄榄球运动员在进入赛季时必须能够生成尽可能大的爆发力。假设球员在休赛期训练中增加了优质的瘦体重,那么现阶段重要的就是在体能要求不断提升的情况下,该球员仍可保持该体形。进入赛季时的体重可以承受大量体能训练,这是一个很好的信号,表明橄榄球员将能够在严酷条件下的漫长赛季中保持其瘦体重。

随着赛季的临近,必须强调在多个平面中进行侧向变向和在反应中移动,而不是直线运动。橄榄球运动涉及多个方向的移动,并且通常需要根据对手的移动迅速做出反应。距离赛季越近,训练越要有针对性,尤其是在移动和体能方面的训练。柔韧性训练必须继续改善球员的关节活动范围。

训练计划的时长

赛季前的训练计划时长具体取决于教练的审慎决定,或在时间表中分配的时间。在大学环境中,暑期班的一个学期可能是8周,然后马上开始进入训练营,所以赛季前训练时长为8周。

通常，NFL的赛季前训练计划时长为5周，涵盖从休赛期训练或强制性迷你训练营结束直到去训练营报道的时间。高中球员的赛季前训练通常在进入训练营之前的6 ~ 7周开始。

　　本章中的赛季前训练计划示例为期6周。不管赛季前有多长时间，其计划均由两个阶段组成：基础力量阶段（阶段1）、力量/爆发力阶段（阶段2）。表10.1显示了基于比赛级别的赛季前训练计划时间分配。

表10.1　基于比赛级别的赛季前训练计划时间分配

比赛级别	基础力量	减量/变更	力量/爆发力	减量/变更	总周数
高中	2 周	—	3 周	1 周	6 周
大学	3 周	1 周	3 周	1 周	8 周
职业	2 周	—	2 周	1 周	5 周

训练计划的结构

　　赛季前训练计划从每周4天的局部肌群训练开始，周一和周四训练上肢，周二和周五训练下肢，周三为休息日。此局部肌群训练法类似于在休赛期训练计划中为基础力量阶段推荐的计划。

　　在第2个阶段中，训练计划更改为每周3天的全身训练计划。每次的训练都包括奥林匹克举重、上肢推举练习和一些辅助练习。力量训练安排在周一、周三和周五。在这一训练阶段中，力量训练有所减少，更强调能量代谢训练。

推荐的练习

　　赛季前力量训练计划的设计目的应为帮助球员为即将到来的赛季做好准备。

全身练习

　　在第9章中确定了赛季前进行的全身练习。尽管这些练习是在休赛期训练计划中介绍的，但它们在赛季前也有特定用途。高翻、单臂哑铃抓举和高抓都是涉及从髋部和腿部快速生成作用力的爆发性或爆发力练习。单臂哑铃抓举作为高抓的升级版本，将在减量/变更周中完成。高翻串联是一项组合练习，有助于在减量/变更周高效利用训练时间。

下肢练习

　　赛季前训练计划中所有的下肢练习已在第9章进行了介绍。

上肢练习

　　赛季前训练计划中的上肢练习基本上已在第9章进行了介绍，只有一个例外，即直立划船。直立划船能够加强肩部和斜方肌的力量，用于补充颈部练习，增加对颈部的保护并减少臂丛损伤的发生。

核心练习

在赛季前训练计划中，在上肢训练结束时进行解剖学核心区域的传统练习和药球练习（阶段1在周一和周四进行训练，阶段2在周三进行训练），并在下肢训练结束时进行等距练习和功能练习（阶段1在周二和周五进行训练，阶段2在周一和周五进行训练）。

位置调整

在设计赛季前训练计划时，应首先制定基本训练计划（第236 ~ 238页的表10.2），然后根据位置类别的需求进行调整。

进攻线锋和防守线锋

进攻线锋和防守线锋在阶段1没有对基本训练计划进行任何调整。在阶段2中，增加了药球落下接球（重量递减）用于增强爆发力，并增加了六角杠铃硬拉，以增强通过其站姿生成的下肢力量。进攻线锋分别使用站姿和在启动模式下进行药球胸前传球3次，共进行3组，然后减轻药球的重量，以增强每组传球的爆发力（第239 ~ 241页的表10.3）。

- 阶段1. 无变化。
- 阶段2. 药球落下接球3组 ×3次，每组重量递减；六角杠铃硬拉4组 ×3次；进攻线锋完成药球胸前传球3组 ×（3 + 3）次，每组重量递减，防守线锋完成药球胸前传球3组 ×10次。

近端锋、全卫和线卫

由于近端锋、全卫和线卫在其位置和参与的特勤组任务中会遭遇剧烈的碰撞，这些球员很容易在颈部和肩部出现臂丛损伤。因此，在基本训练计划中增加了一些练习来强化这些部位的力量并降低出现损伤的风险（第242 ~ 244页的表10.4）。

外接手和跑卫

外接手和跑卫需要很强壮，并避免因过大的体重影响其速度。这些球员在阶段1仅完成传统的背部练习。在阶段2的3个训练周中，加入了负重反向划船和负重引体向上（第245 ~ 247页的表10.5）。

- 阶段1. 无变化。
- 阶段2. 负重反向划船4组 ×5次（代替TRX划船）和负重引体向上4组 ×5次（代替窄握背阔肌下拉）。

防守后卫

特定于防守后卫的训练计划是近端锋、全卫、线卫的训练计划和外接手、跑卫的训练计划的组合。为了避免增加过多的肌肉质量，这些球员在阶段1中仅完成传统的背部练习。在阶段2的3个训练周中，增加了负重反向划船和负重引体向上。因为在其位置和所参与的特勤组任务中会遭遇剧烈的碰撞，防守后卫很容易在颈部和肩部出现臂丛损伤，因此在计划中增加了等距颈部拉伸、臂丛损伤组合和哑铃颈部拉伸耸肩，以降低出现臂丛损伤的风险（第248～250页的表10.6）。

• 阶段1. 臂丛损伤组合每个方向2组×10次、等距颈部拉伸每个方向2组×5次，以及哑铃颈部拉伸耸肩每侧2组×10次。

• 阶段2. 负重反向划船4组×5次（代替TRX划船）、负重引体向上4组×5次（代替窄握背阔肌下拉）、臂丛损伤组合每个方向2组×10次、等距颈部拉伸每个方向2组×5次，以及哑铃颈部拉伸耸肩每侧2组×10次。

四分卫

四分卫需要保持肩部的柔韧性，因此需要使用哑铃卧推和哑铃上斜卧推代替杠铃版本，还应配合一些不同形式的俯卧撑。俯卧撑不仅可以增强胸部和肩部的力量，还可以提高该部位的稳定性。在基本训练计划中应取消药球胸前传球。

在阶段1中，四分卫应进行交替式哑铃卧推和上斜卧推，以及稳定球俯卧撑（双脚放在箱子上）和弹力带俯卧撑。为了改善躯干旋转能力，四分卫在两个阶段都要完成半跪式上劈和下拉。四分卫不完成背阔肌下拉，改为完成类似于投掷动作的哑铃仰卧屈臂上拉。为了最大限度地减轻对肩部的压力，四分卫在两个阶段中都应使用哑铃代替杠铃来完成高抓。头顶单臂快速投掷药球可增强投掷动作的拉伸反射。由于四分卫在完成投掷时会使手臂减速，因此训练计划中应包括头顶单臂药球减速投掷。坐姿伙伴侧抛和侧卧抬腿可增强躯干旋转能力，而药球上劈则有助于提高投掷的爆发力。对于握力练习，应增加伸肌训练带练习和等距抓握橄榄球练习，训练四分卫紧紧抓住球的能力。

在阶段2中，四分卫完成双臂哑铃（不是杠铃）卧推或上斜卧推，用铁链俯卧撑和稳定球俯卧撑（一只脚在箱子上）代替铁链卧推。稳定球绳索仰卧屈臂上拉代替阶段1中使用的哑铃仰卧屈臂上拉，以增加变化。增加使用角形肩部训练器的哑铃练习，以进一步增强外侧肩袖肌群的力量。环绕式药球练习（重量递减）和哑铃转体有助于增强躯干旋转的爆发力。跪姿药球BLOB投掷（重量递减）能够增强投掷爆发力。与抓举一样，完成肩部推举时使用哑铃代替杠铃，以减轻对肩关节的压力。增加捏夹力训练器练习和伸肌训练带练习，以增强手指的力量，还有等距抓握橄榄球练习，以提供额外的握力练习（第251～253页的表10.7）。

• 阶段1. 交替式哑铃卧推4组×5次（代替卧推）；稳定球俯卧撑（双脚放在箱子上）3组×8次（代替药球胸前传球）；哑铃仰卧屈臂上拉3组×6～8次（代替宽握背阔肌下拉）；

单臂哑铃抓举每侧4组×3次（而不是杠铃高抓）；头顶单臂快速投掷药球每个方向2组×10次和头顶单臂减速投掷药球每个方向2组×10次；坐姿伙伴侧抛每个方向2组×10次和侧卧抬腿每侧2组×8次；交替式哑铃上斜卧推4组×5次（代替上斜卧推）；弹力带俯卧撑3组×6次（代替药球落下接球）；半跪式上劈每侧10次；半跪式下拉每侧10次；药球上劈3组×5次；对于握力练习，增加伸肌训练带练习每侧2个方向×10次和等距抓握橄榄球练习15秒。

- 阶段2. 哑铃卧推或哑铃上斜卧推4组×4次（代替杠铃）；稳定球绳索仰卧屈臂上拉3组×6次；头顶单臂快速投掷药球每个方向2组×10次和头顶单臂减速投掷药球每个方向2组×10次；环绕式药球练习每个方向2组×10次（重量递减）和哑铃转体每个方向2组×10次；哑铃肩部推举4组×5次（而不是杠铃）；铁链俯卧撑4组×3次和稳定球俯卧撑3组×6次（一只脚在箱子上）；单臂哑铃抓举每侧4组×2次；半跪式上劈每侧10次；半跪式下拉每侧10次；跪姿药球BLOB投掷3组×5次（重量递减）；增加使用角形肩部训练器的哑铃练习，以增加一个肩外旋训练日；增加捏夹力训练器练习每侧2组30秒、伸肌训练带练习每个方向2组×10次，以及等距抓握橄榄球练习15秒。

踢球手和弃踢手

踢球手和弃踢手需要受过良好训练的臀部肌肉，因此，4个方向的臀肌训练器练习是重点练习（并且不需要进行药球胸前传球练习）（第254～256页的表10.8）。

- 在两个阶段中均增加4个方向的臀肌训练器练习作为有针对性的腹股沟练习。
- 在两个阶段中均取消药球胸前传球。

训练量和强度

由于赛季前训练是在休赛期训练之后进行的，球员进入该训练期时已拥有良好的训练基础。因此，赛季前训练周期（见第257页的表10.9）从中等强度和中等训练量开始，逐渐进展为高强度和低训练量。阶段1是基础力量阶段，类似于休赛期训练计划的阶段2。阶段2的训练量下降，不仅体现在重复次数减少，而且还体现在减少了一个训练日，训练的数量也更少。随着体能训练计划中的跑动量增加，这种减少是必要的。

休赛期的周期在为期3个训练周的每个阶段之后安排1个减量/变更周，因此训练周与减量周的比率为3：1。在6周以内的较短周期中，可以连续安排更多的训练周，而减量/变更周可以推迟到周期即将结束时安排，使球员在进入训练营之前有时间进行一些恢复。

该周期是线性的，在每个阶段内，每周的强度递增。由于阶段1只是一个为期2周的阶段，因此强度从中等递增到中高等。阶段2是重复次数减少的阶段，为期3周，对于非爆发力核心（或主要）练习（不要误认为是解剖学核心区域练习；请参阅第8章），从中等强度到中高等强

解读训练计划示例表

各训练计划示例表中所显示的"周期"针对每个周期的练习列出了具体的1RM百分比，以及要完成的重复次数（第257页的表10.9）。如果某个练习未列出百分比，则球员应选择可以通过良好技术完成规定强度的重量。百分比是分数中的分子，而重复次数是分母。如果要以相同百分比和重复次数完成多组，则组数将以×开头。例如，80/5×3表示80%1RM，3组，每组重复5次。如果未指定百分比或强度，则首先列出组数，然后列出重复次数（例如，3×8表示3组，每组8次重复）。

训练计划示例表中灰色的行表示根据场上位置对基本训练计划（第236～238页的表10.2）进行的更改。

度，再到高强度。在每周的第2次颈后深蹲和卧推训练中使用铁链，以动态地调整训练强度。与周初的训练相比，杠铃的重量减轻，并且要非常快速地移动杠铃，从而增强爆发力。此外，在每组铁链颈后深蹲之后，需要完成组合跳箱，以增加额外的爆发力训练。进行奥林匹克举重练习时使用的强度与阶段1相似，重复次数从3次减少到2次，使重点放在杠铃移动速度和爆发力的生成上。紧随5个训练周之后是减量/变更周，其训练量较低，强度适中。

虽然训练计划对每个周期的练习都规定了具体的百分比和重复次数，但一般来说，在阶段1中，奥林匹克举重练习的强度水平为以75%～82%1RM完成3次。非爆发力核心练习以75%～85%1RM完成5次。在阶段2中，挺举练习以72%～82%1RM完成2次，而高翻拉练习将使用较重的负荷完成3次。非爆发力核心练习以80%～92%1RM完成3次。

在每个阶段中，基于球员1RM的训练百分比递增，以达到与其阶段相对应的最大重复次数所规定的强度（具体数字见第52页的表4.1）。最初，球员将不太可能按照表4.1中规定的百分比完成所要求的重复次数，尤其是一个练习要完成多组的情况。随着他们的力量增强，他们应该能够在阶段结束时以规定强度完成相应的重复次数。请注意，规定的百分比是根据真实的1RM进行设计的。如果球员采用估计的1RM，则该百分比可能需要稍微降低。

辅助练习的重复次数通常规定为在阶段1中为6～8次，在阶段2中为4～6次。

练习的顺序

体能教练应按照以下顺序在训练课中安排力量训练。

1. 奥林匹克举重（在训练中首先完成）。

2. 非爆发力核心练习。

3. 辅助练习。

4. 解剖学核心区域练习（作为训练课的结束练习）。

本章中的训练示例以从推到拉的顺序进行安排，主动肌活跃时，拮抗的肌肉或肌群处于休息状态。体能教练不应将这些练习作为循环训练，让各组或练习之间没有休息时间，而应允许有足够的恢复时间，以便运动员可以完成高强度的训练。

小结

虽然从概念上讲，赛季前训练计划与休赛期训练计划相似，不过教练和球员应认识到赛季前训练需要有针对性地训练橄榄球运动所需的身体素质。由于训练营的场上练习和比赛即将开始，球员必须做好身体准备，在发挥自己最高水平的同时保持良好的身体机能才可以参加比赛。

热身

热身1

泡沫轴滚动、激活和基于动作的热身

使用小重量进行热身（每个动作重复5次）

- 侧平举
- 前平举
- 俯身侧平举
- 弯举转推举
- 过顶肱三头肌伸展
- 外旋

热身2

泡沫轴滚动、激活和基于动作的热身

弹力带臀肌强化

侧跨步（每侧1组×10次）

杠铃热身［45磅（约20千克）］

- 抓举（5次重复）
- 过顶深蹲（5次重复）
- 颈前深蹲加推举（5次重复）

热身3

泡沫轴滚动、激活和基于动作的热身

弹力带臀肌强化

侧跨步转跨越（每侧3～5次重复）

杠铃热身［45磅（约20千克）］

- 抓举（5次重复）
- 过顶深蹲（5次重复）
- 颈前深蹲加推举（5次重复）

热身4

泡沫轴滚动、激活和基于动作的热身

弹力带臀肌强化

杠铃热身［45磅（约20千克）］

- 抓举（5次重复）
- 过顶深蹲（5次重复）
- 颈前深蹲加推举（5次重复）

表10.2　赛季前基本训练计划

基础力量（阶段1）

周一

	练习	组数 × 重复次数（时间）		练习	组数 × 重复次数（时间）
	热身 1				
1	双臂壶铃甩摆	4×5	5a	哑铃锤式弯举	3×8
2a	卧推	周期*	5b	肩外旋：使用角形肩部训练器的哑铃练习（站立、上斜、下斜）	每种姿势 1×10
2b	宽握背阔肌下拉	5×6 ~ 8			
3	药球胸前传球	3 × 10			
4a	直立划船	3×6			
4b	腹部（药球）	依据动作而定	6	4 个方向的颈部练习	每个方向 1×8

*关于周期，详见表 10.9。

周二

	练习	组数 × 重复次数（时间）		练习	组数 × 重复次数（时间）
	热身 2				
1	高抓	周期*	4a	罗马尼亚硬拉	3×6
2	颈后深蹲	周期*	4b	腹部（功能）	依据动作而定
3a	臀推	2×8	5	弹力带柔韧性练习：抬腿、外展、内收、股四头肌、屈髋肌	每侧 1×10 秒
3b	侧向深蹲	每侧 2×6			

*关于周期，详见表 10.9。

周四

	练习	组数 × 重复次数（时间）		练习	组数 × 重复次数（时间）
	热身 1				
1	借力挺举	周期*	4a	肱三头肌下拉	3×8
2a	上斜卧推	周期*	4b	腹部（药球）	依据动作而定
2b	站姿单臂哑铃划船	5×6 ~ 8	5a	哑铃抓握练习（握力练习）	每侧 2×60 秒
3a	药球落下接球	3 × 10	5b	4 个方向的颈部练习	每个方向 1×8
3b	TRX 划船	3×8			

*关于周期，详见表 10.9。

周五

	练习	组数 × 重复次数（时间）		练习	组数 × 重复次数（时间）
	热身 2				
1	高翻	周期*	4a	平衡盘（脱鞋，以强化踝关节）	每个方向 1×30
2	高翻拉	3×5	4b	腹部（功能）	依据动作而定
3a	弓箭步转踏步登阶	每侧 3×3	5	弹力带柔韧性练习：抬腿、外展、内收、股四头肌、屈髋肌	每侧 1×10 秒
3b	反向背部伸展	第 1 周：2 × 15 第 2 周：2 × 20			

*关于周期，详见表 10.9。

续表

力量/爆发力（阶段2）

周一

	练习	组数 × 重复次数（时间）		练习	组数 × 重复次数（时间）
	热身2				
1	高翻拉	5×3	4a	哑铃腘绳肌行走	每侧2×5
2	颈后深蹲	周期*	4b	腹部（功能）	依据动作而定
3a	卧推或上斜卧推	周期*	5	4个方向的颈部练习	每个方向1×8
3b	TRX划船	4×4～6	6	弹力带柔韧性练习：抬腿、外展、内收、股四头肌、屈髋肌	每侧1×10秒

*关于周期，详见表10.9。

周三

	练习	组数 × 重复次数（时间）		练习	组数 × 重复次数（时间）
	热身3				
1	高抓	周期*	4a	肩外旋（哑铃或拉力器）	每个方向2×10
2a	踏步登阶	每条腿3×5	4b	腹部（药球）	依据动作而定
2b	杠铃肩部推举	4×5	5	平衡盘（脱鞋，以强化踝关节）	每个方向1×30
3a	臀推	2×5	6	弹力带柔韧性练习：抬腿、外展、内收、股四头肌、屈髋肌	每侧1×10秒
3b	侧向弓箭步	每条腿2×5			

*关于周期，详见表10.9。

周五

	练习	组数 × 重复次数（时间）		练习	组数 × 重复次数（时间）
	热身2				
1	挺举	周期*	4	药球胸前传球	3组，重量递减：20/3，15/3，10/3
2	铁链颈后深蹲	周期*	5a	反向背部伸展［10磅（约5千克）］	第1周：2×15 第2周：2×20 第3周：2×25
	组合跳箱（在每次铁链颈后深蹲之后）	4×2	5b	腹部（功能）	依据动作而定
3a	铁链卧推	周期*	6	4个方向的颈部练习	每个方向1×8
3b	窄握背阔肌下拉	4×4～6	7	弹力带柔韧性练习：抬腿、外展、内收、股四头肌、屈髋肌	每侧1×10秒

*关于周期，详见表10.9。

续表

减量/变更

周一

	练习	组数 × 重复次数（时间）		练习	组数 × 重复次数（时间）
	热身 1				
1	双臂壶铃甩摆	4×5	3b	俯卧 Y、T、I 练习	每个练习 2×5
2a	上斜卧推（轻）	周期*	4a	锤式弯举	3×6
2b	引体向上	4×8	4b	4 个方向的颈部练习	每个方向 1×8
3a	哑铃耸肩	3×10			

*关于周期，详见表 10.9。

周二

	练习	组数 × 重复次数（时间）		练习	组数 × 重复次数（时间）
	热身 2				
1	单臂哑铃抓举	每侧手臂 4×2	3b	腘绳肌滑板	每侧 2×10
2	颈后深蹲（轻）	周期*	4	弹力带柔韧性练习：抬腿、外展、内收、股四头肌、屈髋肌	每侧 1×10 秒
3a	侧平板支撑加等距腹股沟保持	2×30 秒			

*关于周期，详见表 10.9。

周四

	练习	组数 × 重复次数（时间）		练习	组数 × 重复次数（时间）
	热身 4				
1	高翻串联（杠铃）	周期*	3	肩部练习组合（杠铃）	2 组
	高翻	2 次重复		前平举	6 次重复
	借力挺举	2 次重复		直立划船	8 次重复
	颈前深蹲	2 次重复		肩部推举	8 次重复
2a	哑铃卧推	3×5	4a	颈后哑铃肱三头肌伸展	3×8
2b	弓箭步转踏步登阶	每侧 3×2	4b	腹部（功能）	依据动作而定
			5	弹力带柔韧性练习：抬腿、外展、内收、股四头肌、屈髋肌	每侧 1×10 秒

*关于周期，详见表 10.9。

表10.3　进攻线锋和防守线锋的赛季前训练计划

基础力量（阶段1）

周一

	练习	组数 × 重复次数（时间）		练习	组数 × 重复次数（时间）
	热身1				
1	双臂壶铃甩摆	4×5	5a	哑铃锤式弯举	3×8
2a	卧推	周期*	5b	肩外旋：使用角形肩部训练器的哑铃练习（站立、上斜、下斜）	每种姿势1×10
2b	宽握背阔肌下拉	5×6～8			
3	药球胸前传球	3×10			
4a	直立划船	3×6			
4b	腹部（药球）	依据动作而定	6	4个方向的颈部练习	每个方向1×8

*关于周期，详见表10.9。

周二

	练习	组数 × 重复次数（时间）		练习	组数 × 重复次数（时间）
	热身2				
1	高抓	周期*	4a	罗马尼亚硬拉	3×6
2	颈后深蹲	周期*	4b	腹部（功能）	依据动作而定
3a	双腿臀推	2×8	5	弹力带柔韧性练习：抬腿、外展、内收、股四头肌、屈髋肌	每侧1×10秒
3b	侧向深蹲	每侧2×6			

*关于周期，详见表10.9。

周四

	练习	组数 × 重复次数（时间）		练习	组数 × 重复次数（时间）
	热身1				
1	借力挺举	周期*	4a	肱三头肌下拉	3×8
2a	上斜卧推	周期*	4b	腹部（药球）	依据动作而定
2b	站姿单臂哑铃划船	5×6～8	5a	哑铃抓握练习（握力练习）	每侧2×60秒
3a	药球落下接球	3×10	5b	4个方向的颈部练习	每个方向1×8
3b	TRX划船	3×8			

*关于周期，详见表10.9。

周五

	练习	组数 × 重复次数（时间）		练习	组数 × 重复次数（时间）
	热身3				
1	高翻	周期*	4a	平衡盘（脱鞋，以强化踝关节）	每个方向1×30
2	高翻拉	3×5	4b	腹部（功能）	依据动作而定
3a	弓箭步转踏步登阶	每侧3×3	5	弹力带柔韧性练习：抬腿、外展、内收、股四头肌、屈髋肌	每侧1×10秒
3b	反向背部伸展	第1周：2×15 第2周：2×20			

*关于周期，详见表10.9。

续表

力量/爆发力（阶段2）

周一

	练习	组数 × 重复次数（时间）		练习	组数 × 重复次数（时间）
	热身2				
1	高翻拉	5×3	4b	哑铃腘绳肌行走	每侧2×5
2	颈后深蹲	周期*	5a	腹部（功能）	依据动作而定
3a	卧推或上斜卧推	周期*	5b	4个方向的颈部练习	每个方向1×8
3b	TRX 划船	4×4～6	6	弹力带柔韧性练习：抬腿、外展、内收、股四头肌、屈髋肌	每侧1×10秒
4a	药球落下接球	3×3（重量递减）			

*关于周期，详见表10.9。

周三

	练习	组数 × 重复次数（时间）		练习	组数 × 重复次数（时间）
	热身3				
1	高抓	周期*	4a	肩外旋（哑铃或拉力器）	每个方向2×10
2a	六角杠铃硬拉	4×3	4b	腹部（药球）	依据动作而定
2b	杠铃肩部推举	4×5	5	平衡盘（脱鞋，以强化踝关节）	每个方向1×30
3a	臀推	2×5	6	弹力带柔韧性练习：抬腿、外展、内收、股四头肌、屈髋肌	每侧1×10秒
3b	侧向弓箭步	每侧2×5			

*关于周期，详见表10.9。

周五

	练习	组数 × 重复次数（时间）		练习	组数 × 重复次数（时间）
	热身2				
1	挺举	周期*	4	药球胸前传球（重量递减）：	
2	铁链颈后深蹲	周期*		进攻线锋：药球胸前传球	3×（3+3）
	组合跳箱（在每次铁链颈后深蹲之后）	4×2		防守线锋：药球胸前传球	3×10
3a	铁链卧推	周期*	5a	反向背部伸展［10磅（约5千克）］	第1周：2×15 第2周：2×20 第3周：2×25
3b	窄握背阔肌下拉	4×4～6	5b	腹部（功能）	依据动作而定
			6	4个方向的颈部练习	每个方向1×8
			7	弹力带柔韧性练习：抬腿、外展、内收、股四头肌、屈髋肌	每侧1×10秒

*关于周期，详见表10.9。

续表

减量/变更

周一

	练习	组数 × 重复次数（时间）		练习	组数 × 重复次数（时间）
	热身 1				
1	双臂壶铃甩摆	4×5	3b	俯卧 Y、T、I 练习	每个练习 2×5
2a	上斜卧推（轻）	周期*	4a	锤式弯举	3×6
2b	引体向上	4×8	4b	4 个方向的颈部练习	每个方向 1×8
3a	哑铃耸肩	3×10			

*关于周期，详见表 10.9。

周二

	练习	组数 × 重复次数（时间）		练习	组数 × 重复次数（时间）
	热身 2				
1	单臂哑铃抓举	每侧手臂 4×2	3b	腘绳肌滑板	每侧 2×10
2	颈后深蹲（轻）	周期*	4	弹力带柔韧性练习：抬腿、外展、内收、股四头肌、屈髋肌	每侧 1×10 秒
3a	侧平板支撑加等距腹股沟保持	2×30 秒			

*关于周期，详见表 10.9。

周四

	练习	组数 × 重复次数（时间）		练习	组数 × 重复次数（时间）
	热身 4				
1	高翻串联（杠铃）	周期*	3	肩部练习组合（杠铃）	2 组
	高翻	2 次重复		前平举	6 次重复
	借力挺举	2 次重复		直立划船	8 次重复
	颈前深蹲	2 次重复		肩部推举	8 次重复
2a	哑铃卧推	3×5	4a	颈后哑铃肱三头肌伸展	3×8
2b	弓箭步转踏步登阶	每侧 3×2	4b	腹部（功能）	依据动作而定
			5	弹力带柔韧性练习：抬腿、外展、内收、股四头肌、屈髋肌	每侧 1×10 秒

*关于周期，详见表 10.9。

表10.4 近端锋、全卫和线卫的赛季前训练计划

基础力量（阶段1）

周一

	练习	组数 × 重复次数 （时间）		练习	组数 × 重复次数 （时间）
	热身1				
1	双臂壶铃甩摆	4×5	5b	臂丛损伤组合	每个方向2×10
2a	卧推	周期*	6	肩外旋：使用角形肩部训练器的哑铃练习（站立、上斜、下斜）	每种姿势1×10
2b	宽握背阔肌下拉	5×6~8			
3	药球胸前传球	3×10			
4a	直立划船	3×6			
4b	腹部（药球）	依据动作而定	7	4个方向的颈部练习	每个方向1×8
5a	哑铃锤式弯举	3×8		等距颈部拉伸	每个方向2×5，保持30秒

*关于周期，详见表10.9。

周二

	练习	组数 × 重复次数 （时间）		练习	组数 × 重复次数 （时间）
	热身2				
1	高抓	周期*	4a	罗马尼亚硬拉	3×6
2	颈后深蹲	周期*	4b	哑铃颈部拉伸耸肩	每侧2×10
3a	臀推	2×8	5	腹部（功能）	依据动作而定
3b	侧向深蹲	每侧2×6	6	弹力带柔韧性练习：抬腿、外展、内收、股四头肌、屈髋肌	每侧1×10秒

*关于周期，详见表10.9。

周四

	练习	组数 × 重复次数 （时间）		练习	组数 × 重复次数 （时间）
	热身1				
1	借力挺举	周期*	4a	肱三头肌下拉	3×8
2a	上斜卧推	周期*	4b	腹部（药球）	依据动作而定
2b	站姿单臂哑铃划船	5×6~8	5a	哑铃抓握练习（握力练习）	每侧2×60秒
3a	药球落下接球	3×10	5b	4个方向的颈部练习	每个方向1×8
3b	TRX划船	3×8		等距颈部拉伸	每个方向2×5，保持30秒

*关于周期，详见表10.9。

周五

	练习	组数 × 重复次数 （时间）		练习	组数 × 重复次数 （时间）
	热身3				
1	高翻	周期*	3a	弓箭步转踏步登阶	每侧3×3
2	高翻拉	3×5	3b	反向背部伸展	第1周：2×15 第2周：2×20

续表

	练习	组数 × 重复次数（时间）		练习	组数 × 重复次数（时间）
4a	平衡盘（脱鞋，以强化踝关节）	每个方向 1×30	5	弹力带柔韧性练习：抬腿、外展、内收、股四头肌、屈髋肌	每侧 1×10 秒
4b	腹部（功能）	依据动作而定			

*关于周期，详见表 10.9。

力量/爆发力（阶段 2）

周一

	练习	组数 × 重复次数（时间）		练习	组数 × 重复次数（时间）
	热身 2				
1	高翻拉	5×3	4b	哑铃腘绳肌行走	每侧 2×5
2	颈后深蹲	周期*	5a	腹部（功能）	依据动作而定
3a	卧推或上斜卧推	周期*	5b	4 个方向的颈部练习	每个方向 1×8
3b	TRX 划船	4×4 ~ 6		等距颈部拉伸	每个方向 2×5，保持 30 秒
4a	臂丛损伤组合	每个方向 2×10	6	弹力带柔韧性练习：抬腿、外展、内收、股四头肌、屈髋肌	每侧 1×10 秒

*关于周期，详见表 10.9。

周三

	练习	组数 × 重复次数（时间）		练习	组数 × 重复次数（时间）
	热身 3				
1	高抓	周期*	4a	哑铃颈部拉伸耸肩	每侧 2×10
2a	踏步登阶	每侧 3×5	4b	肩外旋（哑铃或拉力器）	每个方向 2×10
2b	杠铃肩部推举	4×5	5a	腹部（药球）	依据动作而定
3a	臀推	2×5	5b	平衡盘（脱鞋，以强化踝关节）	每个方向 1×30
3b	侧向弓箭步	每侧 2×5	6	弹力带柔韧性练习：抬腿、外展、内收、股四头肌、屈髋肌	每侧 1×10 秒

*关于周期，详见表 10.9。

周五

	练习	组数 × 重复次数（时间）		练习	组数 × 重复次数（时间）
	热身 2				
1	挺举	周期*	3b	窄握背阔肌下拉	4×4 ~ 6
2	铁链颈后深蹲	周期*	4	药球胸前传球	3 组，重量递减：20/3，15/3，10/3
	组合跳箱（在每次铁链颈后深蹲之后）	4×2	5a	反向背部伸展 [10 磅（约 5 千克）]	第 1 周：2×15　第 2 周：2×20　第 3 周：2×25
3a	铁链卧推	周期*	5b	腹部（功能）	依据动作而定

续表

	练习	组数 × 重复次数（时间）		练习	组数 × 重复次数（时间）
6	4个方向的颈部练习	每个方向1×8	7	弹力带柔韧性练习：抬腿、外展、内收、股四头肌、屈髋肌	每侧1×10秒
	等距颈部拉伸	每个方向2×5，保持30秒			

*关于周期，详见表10.9。

减量/变更

周一

	练习	组数 × 重复次数（时间）		练习	组数 × 重复次数（时间）
	热身1				
1	双臂壶铃甩摆	4×5	3b	俯卧Y、T、I练习	每个练习2×5
2a	上斜卧推（轻）	周期*	4a	锤式弯举	3×6
2b	引体向上	4×8	4b	4个方向的颈部练习	每个方向1×8
3a	哑铃耸肩	3×10		等距颈部拉伸	每个方向2×5，保持30秒

*关于周期，详见表10.9。

周二

	练习	组数 × 重复次数（时间）		练习	组数 × 重复次数（时间）
	热身2				
1	单臂哑铃抓举	每侧手臂4×2	3b	腘绳肌滑板	每侧2×10
2	颈后深蹲（轻）	周期*	4	弹力带柔韧性练习：抬腿、外展、内收、股四头肌、屈髋肌	每侧1×10秒
3a	侧平板支撑加等距腹股沟保持	2×30秒			

*关于周期，详见表10.9。

周四

	练习	组数 × 重复次数（时间）		练习	组数 × 重复次数（时间）
	热身4				
1	高翻串联（杠铃）	周期*	3	肩部练习组合（杠铃）	2组
	高翻	2次重复		前平举	6次重复
	借力挺举	2次重复		直立划船	8次重复
	颈前深蹲	2次重复		肩部推举	8次重复
2a	哑铃卧推	3×5	4a	颈后哑铃肱三头肌伸展	3×8
2b	弓箭步转踏步登阶	每侧3×2	4b	腹部（功能）	依据动作而定
			5	弹力带柔韧性练习：抬腿、外展、内收、股四头肌、屈髋肌	每侧1×10秒

*关于周期，详见表10.9。

表10.5　外接手和跑卫的赛季前训练计划

基础力量（阶段1）

周一

	练习	组数 × 重复次数（时间）		练习	组数 × 重复次数（时间）
	热身1				
1	双臂壶铃甩摆	4×5	5a	哑铃锤式弯举	3×8
2a	卧推	周期*	5b	肩外旋：使用角形肩部训练器的哑铃练习（站立、上斜、下斜）	每种姿势1×10
2b	宽握背阔肌下拉	5×6~8			
3	药球胸前传球	3×10			
4a	直立划船	3×6			
4b	腹部（药球）	依据动作而定	6	4个方向的颈部练习	每个方向1×8

*关于周期，详见表10.9。

周二

	练习	组数 × 重复次数（时间）		练习	组数 × 重复次数（时间）
	热身2				
1	高抓	周期*	4a	罗马尼亚硬拉	3×6
2	颈后深蹲	周期*	4b	腹部（功能）	依据动作而定
3a	臀推	2×8	5	弹力带柔韧性练习：抬腿、外展、内收、股四头肌、屈髋肌	每侧1×10秒
3b	侧向深蹲	每侧2×6			

*关于周期，详见表10.9。

周四

	练习	组数 × 重复次数（时间）		练习	组数 × 重复次数（时间）
	热身1				
1	借力挺举	周期*	4a	肱三头肌下拉	3×8
2a	上斜卧推	周期*	4b	腹部（药球）	依据动作而定
2b	站姿单臂哑铃划船	5×6~8	5a	哑铃抓握练习（握力练习）	每侧2×60秒
3	药球落下接球	3×10	5b	4个方向的颈部练习	每个方向1×8
3b	TRX划船	3×8			

*关于周期，详见表10.9。

周五

	练习	组数 × 重复次数（时间）		练习	组数 × 重复次数（时间）
	热身2				
1	高翻	周期*	4a	平衡盘（脱鞋，以强化踝关节）	每个方向1×30
2	高翻拉	3×5	4b	腹部（功能）	依据动作而定
3a	弓箭步转踏步登阶	每侧3×3	5	弹力带柔韧性练习：抬腿、外展、内收、股四头肌、屈髋肌	每侧1×10秒
3b	反向背部伸展	第1周：2×15第2周：2×20			

*关于周期，详见表10.9。

力量/爆发力（阶段 2）

周一

	练习	组数 × 重复次数（时间）		练习	组数 × 重复次数（时间）
	热身 2				
1	高翻拉	5×3	4a	哑铃腘绳肌行走	每侧 2×5
2	颈后深蹲	周期*	4b	腹部（功能）	依据动作而定
3a	卧推或上斜卧推	周期*	5	4 个方向的颈部练习	每个方向 1×8
3b	负重反向划船	4×5	6	弹力带柔韧性练习：抬腿、外展、内收、股四头肌、屈髋肌	每侧 1×10 秒

*关于周期，详见表 10.9。

周三

	练习	组数 × 重复次数（时间）		练习	组数 × 重复次数（时间）
	热身 3				
1	高抓	周期*	4a	肩外旋（哑铃或拉力器）	每个方向 2×10
2a	踏步登阶	每侧 3×5	4b	腹部（药球）	依据动作而定
2b	杠铃肩部推举	4×5	5	平衡盘（脱鞋，以强化踝关节）	每个方向 1×30
3a	臀推	2×5	6	弹力带柔韧性练习：抬腿、外展、内收、股四头肌、屈髋肌	每侧 1×10 秒
3b	侧向弓箭步	每侧 2×5			

*关于周期，详见表 10.9。

周五

	练习	组数 × 重复次数（时间）		练习	组数 × 重复次数（时间）
	热身 2				
1	挺举	周期*	4	药球胸前传球	3×3（重量递减）
2	铁链颈后深蹲	周期*	5a	反向背部伸展［10 磅（约 5 千克）］	第 1 周：2×15 第 2 周：2×20 第 3 周：2×25
	组合跳箱（在每次铁链颈后深蹲之后）	4×2	5b	腹部（功能）	依据动作而定
3a	铁链卧推	周期*	6	4 个方向的颈部练习	每个方向 1×8
3b	负重引体向上	4×5	7	弹力带柔韧性练习：抬腿、外展、内收、股四头肌、屈髋肌	每侧 1×10 秒

*关于周期，详见表 10.9。

续表

减量/变更

周一

	练习	组数 × 重复次数（时间）		练习	组数 × 重复次数（时间）
	热身 1				
1	双臂壶铃甩摆	4×5	3b	俯卧 Y、T、I 练习	每个练习 2×5
2a	上斜卧推（轻）	周期*	4a	锤式弯举	3×6
2b	引体向上	4×8	4b	4 个方向的颈部练习	每个方向 1×8
3a	哑铃耸肩	3×10			

*关于周期，详见表 10.9。

周二

	练习	组数 × 重复次数（时间）		练习	组数 × 重复次数（时间）
	热身 2				
1	单臂哑铃抓举	每侧 4×2	3b	腘绳肌滑板	每侧 2×10
2	颈后深蹲（轻）	周期*	4	弹力带柔韧性练习：抬腿、外展、内收、股四头肌、屈髋肌	每侧 1×10 秒
3a	侧平板支撑加等距腹股沟保持	2×30 秒			

*关于周期，详见表 10.9。

周四

	练习	组数 × 重复次数（时间）		练习	组数 × 重复次数（时间）
	热身 4				
1	高翻串联（杠铃）	周期*	3	肩部练习组合（杠铃）	2 组
	高翻	2 次重复		前平举	6 次重复
	借力挺举	2 次重复		直立划船	8 次重复
	颈前深蹲	2 次重复		肩部推举	8 次重复
2a	哑铃卧推	3×5	4a	颈后哑铃肱三头肌伸展	3×8
2b	弓箭步转踏步登阶	每侧 3×2	4b	腹部（功能）	依据动作而定
			5	弹力带柔韧性练习：抬腿、外展、内收、股四头肌、屈髋肌	每侧 1×10 秒

*关于周期，详见表 10.9。

表10.6 防守后卫的赛季前训练计划

基础力量（阶段1）

周一

	练习	组数 × 重复次数（时间）		练习	组数 × 重复次数（时间）
	热身1				
1	双臂壶铃甩摆	4×5	5b	臂丛损伤组合	每个方向2×10
2a	卧推	周期*	6	肩外旋：使用角形肩部训练器的哑铃练习（站立、上斜、下斜）	每种姿势1×10
2b	宽握背阔肌下拉	5×6~8			
3	药球胸前传球	3×10			
4a	直立划船	3×6			
4b	腹部（药球）	依据动作而定	7	4个方向的颈部练习	每个方向1×8
5a	哑铃锤式弯举	3×8		等距颈部拉伸	每个方向2×5，保持30秒

*关于周期，详见表10.9。

周二

	练习	组数 × 重复次数（时间）		练习	组数 × 重复次数（时间）
	热身2				
1	高抓	周期*	4a	罗马尼亚硬拉	3×6
2	颈后深蹲	周期*	4b	哑铃颈部拉伸耸肩	每侧2×10
3a	臀推	2×8	5	腹部（功能）	依据动作而定
3b	侧向深蹲	每侧2×6	6	弹力带柔韧性练习：抬腿、外展、内收、股四头肌、屈髋肌	每侧1×10秒

*关于周期，详见表10.9。

周四

	练习	组数 × 重复次数（时间）		练习	组数 × 重复次数（时间）
	热身1				
1	借力挺举	周期*	4a	肱三头肌下拉	3×8
2a	上斜卧推	周期*	4b	腹部（药球）	依据动作而定
2b	站姿单臂哑铃划船	5×6~8	5a	哑铃抓握练习（握力练习）	每侧2×60秒
3a	药球落下接球	3×10	5b	4个方向的颈部练习	每个方向1×8
3b	TRX划船	3×8		等距颈部拉伸	每个方向2×5，保持30秒

*关于周期，详见表10.9。

周五

	练习	组数 × 重复次数（时间）		练习	组数 × 重复次数（时间）
	热身2				
1	高翻	周期*	3a	弓箭步转踏步登阶	每侧3×3
2	高翻拉	3×5	3b	反向背部伸展	第1周：2×15 第2周：2×20

续表

	练习	组数 × 重复次数（时间）		练习	组数 × 重复次数（时间）
4a	平衡盘（脱鞋，以强化踝关节）	每个方向 1×30	5	弹力带柔韧性练习：抬腿、外展、内收、股四头肌、屈髋肌	每侧 1×10 秒
4b	腹部（功能）	依据动作而定			

*关于周期，详见表 10.9。

力量/爆发力（阶段 2）

周一

	练习	组数 × 重复次数（时间）		练习	组数 × 重复次数（时间）
	热身 2				
1	高翻拉	5×3	5a	腹部（功能）	依据动作而定
2	颈后深蹲	周期*	5b	4 个方向的颈部练习	每个方向 1×8
3a	卧推或上斜卧推	周期*		等距颈部拉伸	每个方向 2×5，保持 30 秒
3b	负重反向划船	4×5	6	弹力带柔韧性练习：抬腿、外展、内收、股四头肌、屈髋肌	每侧 1×10 秒
4a	臂丛损伤组合	每个方向 2×10			
4b	哑铃腘绳肌行走	每侧 2×5			

*关于周期，详见表 10.9。

周三

	练习	组数 × 重复次数（时间）		练习	组数 × 重复次数（时间）
	热身 3				
1	高抓	周期*	4a	哑铃颈部拉伸耸肩	每侧 2×10
2a	踏步登阶	每侧 3×5	4b	肩外旋（哑铃或拉力器）	每个方向 2×10
2b	杠铃肩部推举	4×5	5a	腹部（药球）	依据动作而定
3a	臀推	2×5	5b	平衡盘（脱鞋，以强化踝关节）	每个方向 1×30
3b	侧向弓箭步	每侧 2×5	6	弹力带柔韧性练习：抬腿、外展、内收、股四头肌、屈髋肌	每侧 1×10 秒

*关于周期，详见表 10.9。

周五

	练习	组数 × 重复次数（时间）		练习	组数 × 重复次数（时间）
	热身 2				
1	挺举	周期*	3b	负重引体向上	4×5
2	铁链颈后深蹲	周期*			
	组合跳箱（在每次铁链颈后深蹲之后）	4×2	4	药球胸前传球	3×3（重量递减）
3a	铁链卧推	周期*	5a	反向背部伸展［10 磅（约 5 千克）］	第 1 周：2×15 第 2 周：2×20 第 3 周：2×25

续表

	练习	组数 × 重复次数（时间）		练习	组数 × 重复次数（时间）
5b	腹部（功能）	依据动作而定		等距颈部拉伸	每个方向2×5，保持30秒
6	4个方向的颈部练习	每个方向1×8	7	弹力带柔韧性练习：抬腿、外展、内收、股四头肌、屈髋肌	每侧1×10秒

*关于周期，详见表10.9。

减量/变更

周一

	练习	组数 × 重复次数（时间）		练习	组数 × 重复次数（时间）
	热身1				
1	双臂壶铃甩摆	4×5	3b	俯卧Y、T、I练习	每个练习2×5
2a	上斜卧推（轻）	周期*	4a	锤式弯举	3×6
2b	引体向上	4×8	4b	4个方向的颈部练习	每个方向1×8
3a	哑铃耸肩	3×10		等距颈部拉伸	每个方向2×5，保持30秒

*关于周期，详见表10.9。

周二

	练习	组数 × 重复次数（时间）		练习	组数 × 重复次数（时间）
	热身2				
1	单臂哑铃抓举	每侧手臂4×2	3b	腘绳肌滑板	每侧2×10
2	颈后深蹲（轻）	周期*	4	弹力带柔韧性练习：抬腿、外展、内收、股四头肌、屈髋肌	每侧1×10秒
3a	侧平板支撑加等距腹股沟保持	2×30秒			

*关于周期，详见表10.9。

周四

	练习	组数 × 重复次数（时间）		练习	组数 × 重复次数（时间）
	热身4				
1	高翻串联（杠铃）	周期*	3	肩部练习组合（杠铃）	2组
	高翻	2次重复		前平举	6次重复
	借力挺举	2次重复		直立划船	8次重复
	颈前深蹲	2次重复		肩部推举	8次重复
2a	哑铃卧推	3×5	4a	颈后哑铃肱三头肌伸展	3×8
2b	弓箭步转踏步登阶	每侧3×2	4b	腹部（功能）	依据动作而定
			5	弹力带柔韧性练习：抬腿、外展、内收、股四头肌、屈髋肌	每侧1×10秒

*关于周期，详见表10.9。

表10.7　四分卫的赛季前训练计划

基础力量（阶段1）

周一

练习	组数 × 重复次数（时间）		练习	组数 × 重复次数（时间）
	热身1			
1	双臂壶铃甩摆	4×5	4b	坐姿伙伴侧抛	每个方向2×10
2a	交替式哑铃卧推	4×5		侧卧抬腿	每侧2×8
2b	哑铃仰卧屈臂上拉	3×6~8	5a	哑铃锤式弯举	3×8
3a	稳定球俯卧撑（双脚放在箱子上）	3×8	5b	肩外旋：使用角形肩部训练器的哑铃练习（站立、上斜、下斜）	每种姿势1×10
3b	直立划船	3×6	6	4个方向的颈部练习	每个方向1×8
4a	头顶单臂快速投掷药球	每个方向2×10			
	头顶单臂减速投掷药球	每个方向2×10			

周二

练习	组数 × 重复次数（时间）		练习	组数 × 重复次数（时间）
	热身2			
1	单臂哑铃抓举	每侧4×3	4a	罗马尼亚硬拉	3×6
2	颈后深蹲	周期*	4b	腹部（功能）	依据动作而定
3a	臀推	2×8	5	弹力带柔韧性练习：抬腿、外展、内收、股四头肌、屈髋肌	每侧1×10秒
3b	侧向深蹲	每侧2×6			

*关于周期，详见表10.9。

周四

练习	组数 × 重复次数（时间）		练习	组数 × 重复次数（时间）
	热身1			
1	借力挺举	周期*	4a	肱三头肌下拉	3×8
2a	交替式哑铃上斜卧推	4×5	4b	半跪式上劈	每侧10次
2b	站姿单臂哑铃划船	5×6~8		半跪式下拉	每侧10次
3a	弹力带俯卧撑	3×6	5a	哑铃抓握练习（握力练习）	每侧2×60秒
3b	TRX划船	3×8		伸肌训练带练习（握力练习）	每个方向2×10
				等距抓握橄榄球练习	15秒
			6	4个方向的颈部练习	每个方向1×8

*关于周期，详见表10.9。

周五

练习	组数 × 重复次数（时间）		练习	组数 × 重复次数（时间）
	热身2			
1	高翻	周期*	4a	平衡盘（脱鞋，以强化踝关节）	每个方向1×30
2	高翻拉	3×5	4b	药球上劈	3×5
3a	弓箭步转踏步登阶	每侧3×3	5	弹力带柔韧性练习：抬腿、外展、内收、股四头肌、屈髋肌	每侧1×10秒
3b	反向背部伸展	第1周：2×15　第2周：2×20			

*关于周期，详见表10.9。

力量/爆发力（阶段 2）

周一

练习	组数 × 重复次数 （时间）		练习	组数 × 重复次数 （时间）
	热身 2			
1	高翻拉	5×3	5	肩外旋：使用角形肩部训练器的哑铃练习（站立、上斜、下斜）	每种姿势 1×10
2	颈后深蹲	周期*	6a	捏夹力训练器练习	每侧 2×30 秒
3a	哑铃卧推或哑铃上斜卧推	4×4		伸肌训练带练习	每个方向 2×10
3b	稳定球绳索仰卧屈臂上拉	3×6		等距抓握橄榄球练习	15 秒
4a	哑铃腘绳肌行走	每侧 2×5	6b	4 个方向的颈部练习	每个方向 1×8
4b	半跪式上劈	每侧 10 次	7	弹力带柔韧性练习：抬腿、外展、内收、股四头肌、屈髋肌	每侧 1×10 秒
	半跪式下拉	每侧 10 次			

*关于周期，详见表 10.9。

周三

练习	组数 × 重复次数 （时间）		练习	组数 × 重复次数 （时间）
	热身 3			
1	单臂哑铃抓举	每侧 4×2	4a	头顶单臂快速投掷药球	每个方向 2×10
2a	踏步登阶	每侧 3×5		头顶单臂减速投掷药球	每个方向 2×10
2b	哑铃肩部推举	4×5	4b	环绕式药球练习	每个方向 2×10（重量递减）
3a	臀推	2×5		哑铃转体	每个方向 2×10
3b	侧向弓箭步	每侧 2×5	5	平衡盘（脱鞋，以强化踝关节）	每个方向 1×30
			6	弹力带柔韧性练习：抬腿、外展、内收、股四头肌、屈髋肌	每侧 1×10 秒

*关于周期，详见表 10.9。

周五

练习	组数 × 重复次数 （时间）		练习	组数 × 重复次数 （时间）
	热身 2			
1	挺举	周期*	3b	窄握背阔肌下拉	4×4 ~ 6
2	铁链颈后深蹲	周期*			
	组合跳箱（在每次铁链颈后深蹲之后）	4×2	4	稳定球俯卧撑（一只脚在箱子上）	3×6
3a	铁链俯卧撑	4×3	5a	反向背部伸展	第 1 周：2×15 第 2 周：2×20 第 3 周：2×25

续表

	练习	组数 × 重复次数（时间）		练习	组数 × 重复次数（时间）
5b	跪姿药球BLOB投掷	3×5（重量递减）	6b	4个方向的颈部练习	每个方向1×8
6a	肩外旋（哑铃或拉力器）	每侧2×10	7	弹力带柔韧性练习：抬腿、外展、内收、股四头肌、屈髋肌	每侧1×10秒

*关于周期，详见表10.9。

减量/变更

周一

	练习	组数 × 重复次数（时间）		练习	组数 × 重复次数（时间）
	热身 1				
1	双臂壶铃甩摆	4×5	3b	俯卧Y、T、I练习	每个练习2×5
2a	哑铃上斜卧推	4×4	4a	锤式弯举	3×6
2b	引体向上	4×8	4b	4个方向的颈部练习	每个方向1×8
3a	哑铃耸肩	3×10			

周二

	练习	组数 × 重复次数（时间）		练习	组数 × 重复次数（时间）
	热身 2				
1	单臂哑铃抓举	每侧4×2	3b	腘绳肌滑板	每侧2×10
2	颈后深蹲（轻）	周期*	4	弹力带柔韧性练习：抬腿、外展、内收、股四头肌、屈髋肌	每侧1×10秒
3a	侧平板支撑加等距腹股沟保持	2×30秒			

*关于周期，详见表10.9。

周四

	练习	组数 × 重复次数		练习	组数 × 重复次数（时间）
	热身 4				
1	高翻串联（杠铃）	周期*	3	肩部练习组合（杠铃）	2组
	高翻	2次重复		前平举	6次重复
	借力挺举	2次重复		直立划船	8次重复
	颈前深蹲	2次重复		肩部推举	8次重复
2a	弹力带俯卧撑	3×5	4a	颈后哑铃肱三头肌伸展	3×8
2b	弓箭步转踏步登阶	每侧3×2	4b	腹部（功能）	依据动作而定
			5	弹力带柔韧性练习：抬腿、外展、内收、股四头肌、屈髋肌	每侧1×10秒

*关于周期，详见表10.9。

表10.8　踢球手和弃踢手的赛季前训练计划

基础力量（阶段1）

周一

	练习	组数 × 重复次数（时间）		练习	组数 × 重复次数（时间）
	热身 1				
1	双臂壶铃甩摆	4×5	4a	哑铃锤式弯举	3×8
2a	卧推	周期*	4b	肩外旋：使用角形肩部训练器的哑铃练习（站立、上斜、下斜）	每种姿势 1×10
2b	宽握背阔肌下拉	5×6 ~ 8	5	4 个方向的颈部练习	每个方向 1×8
3a	直立划船	3×6			
3b	腹部（药球）	依据动作而定			

*关于周期，详见表10.9。

周二

	练习	组数 × 重复次数（时间）		练习	组数 × 重复次数（时间）
	热身 2				
1	高抓	周期*	4a	罗马尼亚硬拉	3×6
2	颈后深蹲	周期*	4b	腹部（功能）	依据动作而定
3a	臀推	2×8	5	弹力带柔韧性练习：抬腿、外展、内收、股四头肌、屈髋肌	每侧 1×10 秒
3b	4 个方向的臀肌训练器练习	每个方向 10 次			

*关于周期，详见表10.9。

周四

	练习	组数 × 重复次数（时间）		练习	组数 × 重复次数（时间）
	热身 1				
1	借力挺举	周期*	3b	肱三头肌下拉	3×8
2a	上斜卧推	周期*	4a	腹部（药球）	依据动作而定
2b	站姿单臂哑铃划船	5×6 ~ 8	4b	哑铃抓握练习（握力练习）	每侧 2×60 秒
3a	TRX 划船	3×8	5	4 个方向的颈部练习	每个方向 1×8

*关于周期，详见表10.9。

周五

	练习	组数 × 重复次数（时间）		练习	组数 × 重复次数（时间）
	热身 2				
1	高翻	周期*	4a	平衡盘（脱鞋，以强化踝关节）	每个方向 1×30
2	高翻拉	3×5	4b	腹部（功能）	依据动作而定
3a	弓箭步转踏步登阶	每侧 3×3	5	弹力带柔韧性练习：抬腿、外展、内收、股四头肌、屈髋肌	每侧 1×10 秒
3b	反向背部伸展	第 1 周：2×15 第 2 周：2×20			

*关于周期，详见表10.9。

力量/爆发力（阶段2）

周一

	练习	组数 × 重复次数（时间）		练习	组数 × 重复次数（时间）
	热身2				
1	高翻拉	5×3	4a	哑铃腘绳肌行走	每侧2×5
2	颈后深蹲	周期*	4b	腹部（功能）	依据动作而定
3a	卧推或上斜卧推	周期*	5	4个方向的颈部练习	每个方向1×8
3b	TRX划船	4×4～6	6	弹力带柔韧性练习：抬腿、外展、内收、股四头肌、屈髋肌	每侧1×10秒

*关于周期，详见表10.9。

周三

	练习	组数 × 重复次数（时间）		练习	组数 × 重复次数（时间）
	热身3				
1	高抓	周期*	4a	肩外旋（哑铃或拉力器）	每个方向2×10
2a	踏步登阶	每侧3×5	4b	腹部（药球）	依据动作而定
2b	杠铃肩部推举	4×5	5	平衡盘（脱鞋，以强化踝关节）	每个方向1×30
3a	臀推	2×5	6	弹力带柔韧性练习：抬腿、外展、内收、股四头肌、屈髋肌	每侧1×10秒
3b	4个方向的臀肌训练器练习	每个方向10次			

*关于周期，详见表10.9。

周五

	练习	组数 × 重复次数（时间）		练习	组数 × 重复次数（时间）
	热身2				
1	挺举	周期*	4a	反向背部伸展［10磅（约5千克）］	第1周：2×15 第2周：2×20 第3周：2×25
2	铁链颈后深蹲	周期*	4b	腹部（功能）	依据动作而定
	组合跳箱（在每次铁链颈后深蹲之后）	4×2	5	4个方向的颈部练习	每个方向1×8
3a	铁链卧推	周期*	6	弹力带柔韧性练习：抬腿、外展、内收、股四头肌、屈髋肌	每侧1×10秒
3b	窄握背阔肌下拉	4×4～6			

*关于周期，详见表10.9。

减量/变更

周一

	练习	组数 × 重复次数（时间）		练习	组数 × 重复次数（时间）
	热身 1				
1	双臂壶铃甩摆	4×5	3b	俯卧 Y、T、I 练习	每个练习 2×5
2a	上斜卧推（轻）	周期*	4a	锤式弯举	3×6
2b	引体向上	4×8	4b	4 个方向的颈部练习	每个方向 1×8
3a	哑铃耸肩	3×10			

*关于周期，详见表 10.9。

周二

	练习	组数 × 重复次数（时间）		练习	组数 × 重复次数（时间）
	热身 2				
1	单臂哑铃抓举	每侧 4×2	3b	腘绳肌滑板	每侧 2×10
2	颈后深蹲（轻）	周期*	4	弹力带柔韧性练习：抬腿、外展、内收、股四头肌、屈髋肌	每侧 1×10 秒
3a	侧平板支撑加等距腹股沟保持	2×30 秒			

*关于周期，详见表 10.9。

周四

	练习	组数 × 重复次数（时间）		练习	组数 × 重复次数（时间）
	热身 4				
1	高翻串联（杠铃）	周期*	3	肩部练习组合（杠铃）	2 组
	高翻	2 次重复		前平举	6 次重复
	借力挺举	2 次重复		直立划船	8 次重复
	颈前深蹲	2 次重复		肩部推举	8 次重复
2a	哑铃卧推	3×5	4a	颈后哑铃肱三头肌伸展	3×8
2b	弓箭步转踏步登阶	每侧 3×2	4b	腹部（功能）	依据动作而定
			5	弹力带柔韧性练习：抬腿、外展、内收、股四头肌、屈髋肌	每侧 1×10 秒

*关于周期，详见表 10.9。

表10.9　赛季前训练周期

阶段序号	阶段名称	周序号	强度	练习	方案*
1	基础力量	1	中等	高抓	50/3，57/3，65/3，67/3，70/3
				颈后深蹲	60/3，67/3，75/5，77/5，80/5，82/5
				借力挺举/高翻	60/3，67/3，75/3，77/3，80/3
				卧推/上斜卧推	60/3，67/3，75/5，77/5，80/5，82/5
1	基础力量	2	中高等	高抓	52/3，60/3，67/3，70/3，72/3
				颈后深蹲	62/3，70/3，77/5，80/5，82/5，85/5
				借力挺举/高翻	62/3，70/3，77/3，80/3，82/3
				卧推/上斜卧推	62/3，70/3，77/5，80/5，82/5，85/5
2	力量/爆发力	3	中等	高抓	57/2，65/2，72/2，75/2，77/2
				颈后深蹲	62/3，70/3，77/3，80/3，82/3，85/3，87/3
				铁链颈后深蹲	135×8，135CH×3，50CH/3×4
				挺举	57/2，65/2，72/2，75/2，77/2
				卧推	62/3，70/3，77/3，80/3，82/3，85/3，87/3
				铁链卧推	135×8，135CH×3，50CH/3×4
2	力量/爆发力	4	中高等	高抓	60/2，67/2，75/2，77/2，80/2
				颈后深蹲	65/3，72/3，80/3，82/3，85/3，87/3，90/3
				铁链颈后深蹲	135×8，135CH×3，50CH/3×4
				挺举	60/2，67/2，75/2，77/2，80/2
				上斜卧推	65/3，72/3，80/3，82/3，85/3，87/3，90/3
				铁链卧推	135×8，135CH×3，50CH/3×4
2	力量/爆发力	5	高	高抓	62/2，70/2，77/2，80/2，82/2
				颈后深蹲	65/3，72/3，82/3，85/3，87/3，90/3，92/3
				铁链颈后深蹲	135×8，135CH×3，50CH/3×4
				挺举	62/2，70/2，77/2，80/2，82/2
				卧推	65/3，72/3，82/3，85/3，87/3，90/3，92/3
				铁链卧推	135×8，135CH×3，50CH/3×4
	减量/变更	6		上斜卧推	62/3，70/3，77/3，80/2，82/2
				颈后深蹲	62/3，70/3，77/3，80/2，82/2
				高翻串联	60/2，67/2，70/2，72/2

*该列为每个周期的练习规定了具体的1RM百分比，以及要完成的重复次数。百分比是分数中的分子，而重复次数是分母。如果未列出百分比，则球员应选择可以通过良好技术完成规定强度的重量（首先列出组数，然后列出重复次数；例如3×8表示3组，每组8次重复）。如果要以相同百分比和重复次数进行多组练习，则组数将以×开头。例如，80/5×3表示80%1RM，3组，每组5次重复。对于铁链颈后深蹲和铁链卧推，135×8代表以135磅（约61千克）进行8次重复，而135CH×3则是以135磅（约61千克）加上铁链进行3次重复（这些是热身组）。对于铁链颈后深蹲和铁链卧推训练组，%1RM位于"CH"之前，并且铁链已计入负荷。例如，50CH/3×4表示50%1RM，加上铁链，进行4组，每组3次重复

11 章

赛季中训练计划设计

杰里·帕尔米耶里（Jerry Palmieri）、达伦·克赖因（Darren Krein）和扎克·伍德芬（Zac Woodfin）

本章讨论橄榄球运动员的赛季中训练计划的设计，赛季中是指从训练营开始直到赛季结束的这一段时间，我们以与第9章和第10章相似的方式对赛季中训练计划进行介绍。赛季中训练计划所涉及的大部分练习已在第9章和第10章中进行了介绍，并且具体的位置调整与休赛期和赛季前训练计划相似。本章对赛季中的训练量和强度进行了讨论，体能教练必须具备这些知识，并能根据球员因赛季的压力而出现的健康问题和疲劳状态来调整这些强度。

目的和目标

赛季中是橄榄球运动员必须能够发挥其最高水平的运动表现的时候。在休赛期和赛季前训练中投入的努力使球员在赛季中达到其最佳状态。但是，赛季很长，球员必须在赛季结束时仍保持良好的运动表现。赛季中训练计划的主要目标是维持在先前训练周期中所培养的身体素质。橄榄球运动员在整个赛季中都必须保持强壮，因为比赛非常激烈。需要有足够的力量和爆发力向地面施加作用力，才能使球员能够快速奔跑、跳高、改变方向和推开对手。有一个很好的指标可以说明球员是否保持力量和爆发力，就是球员保持瘦体重能力的强弱。无法维持体重通常会导致力量和发力能力下降。由于橄榄球运动中经常会有身体碰撞，球员必须维持体重，这不仅是为了保持良好的运动表现，还可以防止受伤。

球员在赛季中的训练要求教练掌握高超的技巧。在力量房中必须有足够的训练量才可以维持球员的身体素质，但又不能使这种训练对球员在场上的表现有负面影响。这就要求教练明智地管理训练强度和训练量，其中包括球员的上场时间和场上练习的整体训练强度方面的差异。例如，与不参加任何特勤组的球员相比，兼任多个特勤组位置的外接手可能需要更大限度地减少训练量，以适应场上强度。教练及体能教练必须随时注意对球员进行调整。

体能训练是赛季中训练里至关重要的组成部分。许多比赛都要坚持到最后几分钟才能定输赢，因此球队必须能够在比赛开始和结束时都表现出色。在高速运转的比赛场上保持好的节奏将使球员体验到自身的最佳体能状态。

　　橄榄球队有很多球员，因此，某些球员可能无法获得上场比赛的机会。在大学橄榄球队中，通常会让低年级学生成为红衫球员，使其不具备参加比赛的资格，这样，他的参赛资格就可以顺延一年，届时他的年纪大一些且身体更加成熟。在NFL中，球队中会有一定数量的球员被指定为实习组球员。这些球员与球队的其他球员一起训练，并模仿即将对阵的对手的战术，但他们不会上场比赛。由于这些红衫球员和实习组球员不参加比赛，所以他们的赛季中训练目标将不同于其他球员。这些球员可以使用改版的休赛期训练计划，完成更艰苦的训练，他们的目标是提高身体素质，而不是维持。

训练计划的时长

　　赛季中力量训练计划的时间长短各异，在3个比赛级别之间以及各个级别内均有明显不同，具体取决于学校的所在地及其采用学期制还是学季制。美国东北地区的高中的开学时间晚于美国其他地区的高中，其体能教练可能会安排4周的训练营，然后是9周的赛季中训练。美国南方的学校在8月初开学，其体能教练可能会安排2周的训练营及11周的赛季中训练。采用学期制的大学可能只会安排2周的训练营，而采用学季制的大学可能至少会安排3周的训练营。大多数大学的常规赛季为13周。职业球队通常会安排6周的训练营，但是除了赛季前赛事的调整外，最后2周的安排更像赛季中训练表。NFL的常规赛季为17周。

　　在高中和职业赛季结束时，球员将遵循第12章所介绍的赛季后训练计划。但是，对于大学球队来说，在常规赛结束后，还有很长时间才开始季后赛或碗赛，他们可能需要再安排另一个训练阶段（表11.1）。根据最后一场常规赛的比赛时间以及季后赛或碗赛的时间安排，这个额外的训练阶段可能长达5 ~ 6周。场上练习时间通常会减少，使球员有更多时间投入力量训练中。若球员在赛季中遭受任何损伤，则可利用这段时间进行恢复，使身体重新达到赛季初的力量和速度水平。考虑到各级别之间以及各级别内存在的差异，应将表11.1视为一个示例（教练可以根据自己球队的日程安排进行调整）。

表11.1　额外训练阶段示例*

活动性休息	每周3天的全身常规训练	改版每周3天的全身常规训练（含场上练习）	改版每周2天的全身常规训练（含场上练习）
1周	2或3周	1周	1周

*当常规赛结束后，距离季后赛或碗赛开始的时间较长时适用

　　紧随常规赛季结束后的一周应用于恢复，以休息和少量活动为主。在接下来的2 ~ 3周内，几乎没有场上练习时间，因此球员可以回归强度更高的训练，类似于为赛季前阶段的后半部分所建议的每周3天的全身训练计划。在重新开始场上练习后，力量训练计划可以继续保持

每周3天的全身训练。但是，需要根据场上练习的训练量和强度来调整力量训练的训练量和强度。对于那些参加季后赛的球队，参加季后赛或碗赛的那一周通常有很多需要球员出席的各种活动。在准备的这最后一周内，每周进行2天的全身训练可能更为现实。

本章列出的赛季中训练计划示例首先安排4周的训练营，然后是15周的赛季中训练周期。

训练计划的结构

在训练营期间，共安排4个全身训练计划。每节训练课包括一个全身爆发力练习、一个下肢练习、一个上肢练习，以及一些辅助练习和针对解剖学核心区域的练习。训练计划的结构与之前相似，但是要使用不同的练习来创造变化。每节训练课轮换使用这些训练计划。每周应安排至少2节训练课，最多3节。随着训练营的结束，训练计划应过渡为赛季中训练计划。

赛季中训练计划每周训练3天，包括一天下肢练习、一天全身练习、一天上肢练习及全身爆发力练习。下肢练习日应该在两场比赛之间的那一周内尽早安排。根据球队的每周日程安排，将在一场比赛结束后的第2天进行腿部训练；如果当天是休息日，则推迟一天进行腿部训练。无论哪种情况，都应在第1个练习之前完成动态灵活性训练，包括泡沫轴滚动和弹力带激活、过栏架和钻栏架、动态柔韧性和节奏跑。这种动态灵活性训练将促进血液流动，提高核心体温，并使肌肉的紧绷、酸痛情况有所缓解，为一周的首次训练做好准备。一周的第2次训练将包括全身爆发力练习以及少量的下肢和上肢练习。该训练日将安排在休息日之后，或者，如果一场比赛结束之后就是休息日，则将其安排在下肢练习日之后的那天。在下一场比赛的前两天进行第3次训练。

有2个赛季中训练计划（在赛季中训练计划表中分别标示为"训练1"和"训练2"）。这2个训练计划都有相同的目标，但使用不同的练习，使得训练计划可以有所变化。每个训练计划的周期为3周，其间均以减量/变更周相隔，然后在第3个和第4个3周训练期时重复（表11.2）。

表11.2　3周周期

周数	阶段
4 周	训练营
3 周	训练1
1 周	减量/变更
3 周	训练2
1 周	减量/变更
3 周	训练1
1 周	减量/变更
3 周	训练2

训练计划的轮换将避免让球员在较长的赛季中感到厌倦。如果教练认为每周3天的赛季中训练需要在力量房中花太多时间，则可以选择时间较短的每周2天的训练，仅进行一周中的前

两次训练。表11.3列出了3个比赛级别的橄榄球运动员的每周训练时间。

表11.3 高中、大学和职业橄榄球运动员的赛季中每周训练时间表

高中		
训练日	每周3天训练计划	每周2天训练计划
周五	比赛日	比赛日
周六或周日	下肢	下肢
周一	全身	—
周二	—	全身
周三	上肢及全身爆发力	—
大学		
训练日	每周3天训练计划	每周2天训练计划
周六	比赛日	比赛日
周日或周一	下肢	下肢
周二	全身	—
周三	—	全身
周四	上肢及全身爆发力	—
职业		
训练日	每周3天训练计划	每周2天训练计划
周日	比赛日	比赛日
周一或周二	下肢	下肢
周三	全身	—
周四	—	全身
周五	上肢及全身爆发力	—

推荐的练习

赛季中力量训练计划的设计目的是保持通过休赛期和赛季前训练达到的力量、爆发力、体形和灵活性。来自这两个训练时期的练习将在整个赛季中训练计划内使用，使球员维持身体素质，在比赛中发挥出最佳水平。

全身练习

由于完成这些练习要求全身的参与，因此它们可强化训练效果，这对于赛季中训练非常有价值。某些类型的全身练习将被安排在3节训练课中的2节内。接下来将介绍专门针对赛季中训练计划的全身练习。

抓举拉、高翻拉、高翻高拉和单臂哑铃抓举都是爆发力训练，涉及从髋部和腿部快速生成爆发力。这些练习比完整的奥林匹克举重（例如抓举或高翻）更为可取，因为它们对身体的要

求较低。考虑到橄榄球球比较激烈，会使球员的肘部和腕部产生酸痛，这可能导致球员难以将杠铃架在肩上或举过头顶。所建议的替代练习可减轻对这些较容易受伤的关节生成的压力。

下肢练习

赛季中训练涉及的许多下肢练习在第9章中已讨论过。特定于赛季中训练的一些练习包括以下内容。

- 铁链颈后深蹲作为颈后深蹲的变式，在减量/变更周中用于提高爆发力。
- 弓箭步、踏步登阶和单腿深蹲有助于保持单腿力量。在训练周，弓箭步和踏步登阶作为辅助性腿部练习，应安排较小的训练量。除了进攻线锋和防守线锋以外的所有球员在训练2中均使用单腿深蹲代替颈后深蹲。像颈后深蹲一样，单腿深蹲的训练强度也要高于其他单腿动作。为了使这些球员能够确定自己有足够的单腿力量，必须轮换进行颈后深蹲和单腿深蹲练习。

上肢练习

赛季中训练涉及的许多上肢练习在第9章中已介绍过。特定于赛季中训练的一些练习包括以下内容。

- 卧推、上斜卧推、哑铃卧推和哑铃上斜卧推是很有用的练习，我们已在第9章中讨论过其作用。在赛季中训练计划中，每周将包括一个杠铃推举练习和使用哑铃的另一种推举练习。如果使用杠铃卧推，则使用哑铃完成上斜卧推。在下一阶段，互换使用杠铃和哑铃的练习。
- 哑铃耸肩和颈部练习可增强斜方肌和颈部肌肉的力量，为颈部提供保护，以降低出现臂丛损伤的风险。
- 直立划船、侧平举、面拉（器械）和俯身侧平举等肩部辅助练习旨在保持肩部区域的质量，并形成肩部的前后肌肉平衡。

核心练习

在赛季中训练计划中，排除了使用药球的解剖学核心区域练习，而进行每周一次的传统等距练习和功能练习。

位置调整

赛季中训练计划分为两个阶段：训练营和赛季中。在设计前，首先针对这两个阶段分别制定基本训练计划（第268～270页的表11.4和表11.5），然后根据位置需求对这些基本训练计划进行调整。在介绍了训练营和赛季中的基本训练计划之后，将详述对每个位置组别进行的调整。

进攻线锋和防守线锋

进攻线锋和防守线锋对基本训练计划没有任何修改，只是在赛季中训练计划的训练2中继续完成颈后深蹲，而不是单腿深蹲。由于该位置会有极强的身体对抗，我们认为这些球员必须继续进行颈后深蹲练习且应使用较高的强度（第271～273页的表11.6和表11.7）。

近端锋、全卫和线卫

近端锋、全卫和线卫很容易在颈部和肩部出现臂丛损伤，因此增加等距颈部拉伸、臂丛损伤组合和哑铃颈部拉伸耸肩等练习很重要，可以强化这些部位的力量（第274～276页的表11.8和表11.9）。

- 训练营训练计划，训练1.哑铃颈部拉伸耸肩和等距颈部拉伸。
- 训练营训练计划，训练2.臂丛损伤组合和等距颈部拉伸。
- 训练营训练计划，训练3.哑铃颈部拉伸耸肩和等距颈部拉伸。
- 训练营训练计划，训练4.臂丛损伤组合和等距颈部拉伸。
- 赛季中训练计划，训练1，第2天.臂丛损伤组合和等距颈部拉伸。
- 赛季中训练计划，训练1，第3天.哑铃颈部拉伸耸肩和等距颈部拉伸。
- 赛季中训练计划，减量/变更，第2天.等距颈部拉伸。
- 赛季中训练计划，训练2，第2天.臂丛损伤组合和等距颈部拉伸。
- 赛季中训练计划，训练2，第3天.哑铃颈部拉伸耸肩和等距颈部拉伸。

外接手和跑卫

外接手和跑卫需要强壮且快速，没有多余的体重，因此这些球员每周应完成负重引体向上或负重反向划船，以代替一项传统的背部练习（第277～279页的表11.10和表11.11）。

- 赛季中训练计划，训练1，第2天.负重引体向上（代替窄握背阔肌下拉）。
- 赛季中训练计划，训练2，第2天.负重反向划船（代替TRX划船）。
- 赛季中训练计划，训练2，第3天.宽握背阔肌下拉（代替TRX划船）。

防守后卫

在防守后卫的训练计划中结合了近端锋、全卫、线卫和外接手、跑卫的赛季中训练计划。例如，他们每周会进行一次负重引体向上或负重反向划船，以代替一项传统的背部练习。防守后卫也存在颈部和肩部出现臂丛损伤的风险，因此要增加等距颈部拉伸、臂丛损伤组合和哑铃颈部拉伸耸肩等练习来降低此风险（第280～283页的表11.12和表11.13）。

- 训练营训练计划，训练1.哑铃颈部拉伸耸肩和等距颈部拉伸。
- 训练营训练计划，训练2.臂丛损伤组合和等距颈部拉伸。
- 训练营训练计划，训练3.哑铃颈部拉伸耸肩和等距颈部拉伸。

- 训练营训练计划，训练4.臂丛损伤组合和等距颈部拉伸。
- 赛季中训练计划，训练1，第2天.负重引体向上（代替窄握背阔肌下拉）、臂丛损伤组合和等距颈部拉伸。
- 赛季中训练计划，训练1，第3天.哑铃颈部拉伸耸肩和等距颈部拉伸。
- 赛季中训练计划，减量/变更，第2天.等距颈部拉伸。
- 赛季中训练计划，训练2，第2天.负重反向划船（代替TRX划船）、臂丛损伤组合和等距颈部拉伸。
- 赛季中训练计划，训练2，第3天.宽握背阔肌下拉（代替TRX划船）、哑铃颈部拉伸耸肩和等距颈部拉伸。

四分卫

四分卫需要保持肩部的柔韧性，因此需要使用哑铃卧推和哑铃上斜卧推代替杠铃版本。在减量/变更周完成铁链俯卧撑。俯卧撑不仅可以增强胸部和肩部的力量，还可以提高该部位的稳定性。四分卫还需增加使用哑铃或拉力器进行的肩外旋练习，以保持肩部外旋肌群的力量。环绕式药球练习能够保持躯干旋转的爆发力，而药球上劈则能保持投掷爆发力（第284～286页的表11.14和表11.15）。

- 训练营训练计划，训练1.交替式哑铃卧推（代替卧推）和肩外旋（哑铃或拉力器）。
- 训练营训练计划，训练3.肩外旋（哑铃或拉力器）。
- 训练营训练计划，训练4.交替式哑铃上斜卧推（代替上斜卧推）。
- 赛季中训练计划，训练1，第2天.哑铃卧推（代替卧推）、环绕式药球练习（代替哑铃耸肩），以及肩外旋（哑铃或拉力器）。
- 赛季中训练计划，训练1，第3天.交替式哑铃上斜卧推（代替哑铃上斜卧推），以及药球上劈代替腹部（功能）练习。
- 赛季中训练计划，减量/变更，第2天.铁链俯卧撑（代替铁链卧推）、环绕式药球练习（代替哑铃耸肩），以及肩外旋（哑铃或拉力器）。
- 赛季中训练计划，训练2，第2天.哑铃上斜卧推（代替上斜卧推）、环绕式药球练习（代替哑铃耸肩）、肩外旋（哑铃或拉力器）。
- 赛季中训练计划，训练2，第3天.交替式哑铃卧推（代替哑铃卧推），以及药球上劈代替腹部（功能）练习。

踢球手和弃踢手

发达的臀肌对于踢球手和弃踢手在比赛中展现出色的运动表现非常重要。因此，在训练营的训练2和训练4中完成的腹股沟练习由4个方向的臀肌训练器练习代替。在赛季中，训练1和训练2中的腹股沟练习也由4个方向的臀肌训练器练习代替。减量/变更训练中的腹股沟练习没有调整,以与其他训练有所区别,带来变化(第287 ~ 289页的表11.16和表11.17)。

- 训练营训练计划,训练2.4个方向的臀肌训练器练习(代替侧平板支撑加等距腹股沟保持)。
- 训练营训练计划,训练4.4个方向的臀肌训练器练习(代替侧平板支撑加等距腹股沟保持)。
- 赛季中训练计划,训练1,第1天.4个方向的臀肌训练器练习(代替侧平板支撑加等距腹股沟保持)。
- 赛季中训练计划,训练2,第1天.4个方向的臀肌训练器练习(代替哑铃高脚杯侧向深蹲)。

训练量和强度

训练营训练周期和赛季中训练周期(第290 ~ 292页的表11.18)必须分别处理。前者的周期时间较短,每周场上练习时间更长。后者持续数周,其中包括较少的每周场上练习时间,但大多数都安排了竞技比赛。

由于训练营中的大量训练时间都用于场上练习,下肢力量训练的训练量和强度都必然较低。有些人可能会建议,既然有如此大量的场上练习,就不必对腿部进行力量训练了。毫无疑问,过度疲劳会导致回报递减。但是,如果不进行任何下肢训练,在训练营结束后重新恢复下肢训练时球员将会出现大范围的肌肉酸痛。为了避免这种酸痛并保持下肢力量,需完成每组3次重复共4组的全身练习,并规定每组3次重复共2 ~ 3组的深蹲和踏步登阶练习。深蹲的强度为40%~ 57%强度。在开始时使用较低的强度,并随着球员适应场上练习中的训练强度而逐渐提升强度。

对上肢的训练可以更加积极一点,因为胸部和肩部不像腿部那么容易疲劳。卧推和上斜卧推可以达到中等强度,使用62% ~ 80%1RM,3组,每组2 ~ 5次重复。哑铃卧推和上斜卧推的训练量略高于杠铃版本,每组练习的范围为4 ~ 6次重复。

赛季中训练计划以3周为一个单位时间。虽然球员的主观疲劳感知保持不变,但在该阶段中,重量会随重复次数的减少而增加。在每个版块周期结束时,都有一个减量/变更周,其整

解读训练计划示例表

各训练计划示例表中所显示的"周期"针对每个周期的练习列出了具体的1RM百分比,以及要完成的重复次数(第290 ~ 292页的表11.18)。如果某个练习未列出百分比,则球员应选择可以通过良好技术完成规定强度的重量。百分比是分数中的分子,而重复次数是分母。如果要以相同百分比和重复次数完成多组,则组数将以 × 开头。例如,80/5×3表示80%1RM,3组,每组重复5次。如果未指定百分比或强度,则首先列出组数,然后列出重复次数(例如,3×8表示3组,每组8次重复)。

训练计划示例表中灰色的行表示根据场上位置对基本训练计划(第268 ~ 270页的表11.4和表11.5)进行的更改。

体训练量减少，强度略降，并使用不同的练习，以便在计划中产生一些变化。接下来的3周训练将与之前的3周训练不同，以保持对球员的刺激作用。

训练营结束后的阶段1中，深蹲的强度要保守地递增，但从阶段2开始，训练使用的强度将会降低15%，而卧推和上斜卧推的重复次数则比表4.1中规定的重复次数低约10%。无论强度如何，球员都应较快地移动重物。这些百分比按真实的1RM进行设计。如果球员采用估计的1RM，则该百分比可能需要稍微降低。

在整个周期中，辅助练习的重复次数通常规定为8～10次。

练习的顺序

如第9章和第10章中所述，按建议的顺序安排训练计划中的练习可以产生最佳效果。

1. 奥林匹克举重（在训练中首先完成）。

2. 非爆发力核心练习。

3. 辅助练习。

4. 解剖学核心区域练习（作为训练课的结束练习）。

与休赛期和赛季前的训练计划示例类似，在赛季中可以通过交替完成推和拉的练习来节省时间（仍然包括休息时间，练习不能是连续循环的）。

小结

赛季中是每年训练周期的关键时期。为了球队的成功，球员必须准备好在整个赛季都能上场比赛。球队在赛季开始时取得一系列胜利，却在临近季后赛时成绩一落千丈，这种情况并不罕见。取得最终的成功的关键是，在赛季即将结束，冠军触手可及时，球队球员仍能发挥自己的最佳运动表现。目标是坚持到底。

热身	
热身1 3站式赛后恢复和再生练习 ● 泡沫轴滚动或弹力带激活 ● 栏上/栏下活动范围 ● 动态柔韧性 节奏跑 **热身2** 动态热身 弹力带侧卧抬腿（每侧2组×15次）	**热身3** 动态热身 弹力带髋关节伸展（每侧2组×15次） **热身4** 动态热身 弹力带侧卧贝壳式臀部练习（每侧2组×15次）

表11.4 训练营基本训练计划

训练1

	练习	组数 × 重复次数 （时间）		练习	组数 × 重复次数 （时间）
	热身2				
1	抓举拉	4×3	5	哑铃罗马尼亚硬拉	1×6
2	颈后深蹲	周期*	6	4个方向的颈部练习	每个方向1×6
3a	卧推	周期*	7	平衡板（脱鞋，以强化踝关节）	每个方向1×20
3b	反向划船	3×8	8	弹力带柔韧性练习：抬腿、外 展、内收、股四头肌、屈髋肌	每侧1×10秒
4	侧向深蹲	每侧1×6			

*关于周期，详见表11.18。

训练2

	练习	组数 × 重复次数 （时间）		练习	组数 × 重复次数 （时间）
	热身3				
1	高翻拉	4×3	4	侧平板支撑加等距腹股沟保持	1×20秒
2	臀推	2×5	5	反向背部伸展	1×15
3a	哑铃上斜卧推	周期*	6	4个方向的颈部练习	每个方向1×6
3b	宽握背阔肌下拉	3×8	7	弹力带柔韧性练习：抬腿、外 展、内收、股四头肌、屈髋肌	每侧1×10秒

*关于周期，详见表11.18。

训练3

	练习	组数 × 重复次数 （时间）		练习	组数 × 重复次数 （时间）
	热身2				
1	单臂哑铃抓举	每侧4×3	5	理疗球腿弯举	1×6
2	颈后深蹲	周期*	6	4个方向的颈部练习	每个方向1×6
3a	哑铃卧推	周期*	7	平衡板（脱鞋，以强化踝关节）	每个方向1×20
3b	窄握背阔肌下拉	3×8	8	弹力带柔韧性练习：抬腿、外 展、内收、股四头肌、屈髋肌	每侧1×10秒
4	侧向弓箭步	每侧1×6			

*关于周期，详见表11.18。

训练4

	练习	组数 × 重复次数 （时间）		练习	组数 × 重复次数 （时间）
	热身4				
1	高翻高拉	4×3	4b	侧平板支撑加等距腹股沟保持	1×10
2	哑铃踏步登阶	每侧2×3	4c	背部伸展	1×15
3a	上斜卧推	周期*	5	4个方向的颈部练习	每个方向1×6
3b	引体向上	3×8	6	弹力带柔韧性练习：抬腿、外 展、内收、股四头肌、屈髋肌	每侧1×10秒
4a	腹部（功能）	依据动作而定			

*关于周期，详见表11.18。

表11.5 赛季中基本训练计划

训练1

第1天：下肢

	练习	组数 × 重复次数（时间）		练习	组数 × 重复次数（时间）
	热身1				
1	颈后深蹲	周期*	3b	理疗球腿弯举	2×8
2a	弹力带伸膝	每侧2×10	4	平衡板（脱鞋，以强化踝关节）	每个方向1×20
2b	侧平板支撑加等距腹股沟保持	2×10	5	弹力带柔韧性练习：抬腿、外展、内收、股四头肌、屈髋肌	每侧1×10秒
3a	背部伸展	2×10			

*关于周期，详见表11.18。

第2天：全身

	练习	组数 × 重复次数（时间）		练习	组数 × 重复次数（时间）
	热身2				
1	抓举拉	周期*	4a	哑铃侧平举	2×8
2a	臀推	2×5	4b	哑铃耸肩	2×10
2b	踏步登阶	每条腿2×3	5	4个方向的颈部练习	每个方向1×6
3a	卧推	周期*	6	弹力带柔韧性练习：抬腿、外展、内收、股四头肌、屈髋肌	每侧1×10秒
3b	窄握背阔肌下拉	3×8			

*关于周期，详见表11.18。

第3天：上肢及全身爆发力

	练习	组数 × 重复次数（时间）		练习	组数 × 重复次数（时间）
	热身3				
1	高翻高拉	周期*	3a	面拉（器械）	3×10
2a	哑铃上斜卧推	周期*	3b	腹部（功能）	依据动作而定
2b	站姿单臂哑铃划船	3×8	4	4个方向的颈部练习	每个方向1×6

*关于周期，详见表11.18。

减量/变更

第1天

	练习	组数 × 重复次数（时间）		练习	组数 × 重复次数（时间）
	热身1				
1	铁链颈后深蹲	周期*	3	平衡板（脱鞋，以强化踝关节）	每个方向1×20
2a	侧平板支撑加等距腹股沟保持	2×30秒	4	弹力带柔韧性练习：抬腿、外展、内收、股四头肌、屈髋肌	每侧1×10秒
2b	反向腿弯举	2×8			

*关于周期，详见表11.18。

续表

第2天

	练习	组数 × 重复次数（时间）		练习	组数 × 重复次数（时间）
	热身2				
1	双臂哑铃高翻加借力推举	4×3	3b	哑铃耸肩	2×10
2a	铁链卧推	周期*	4	4个方向的颈部练习	每个方向1×6
2b	引体向上	3×8	5	弹力带柔韧性练习：抬腿、外展、内收、股四头肌、屈髋肌	每侧1×10秒
3a	直立划船	2×8			

*关于周期，详见表11.18。

训练2

第1天：下肢

	练习	组数 × 重复次数（时间）		练习	组数 × 重复次数（时间）
	热身1				
1	单腿深蹲	周期*	3b	哑铃罗马尼亚硬拉	2×6
2a	弹力带伸膝	每侧2×10	4	平衡板（脱鞋，以强化踝关节）	每个方向1×20
2b	哑铃高脚杯侧向深蹲	每侧2×6	5	弹力带柔韧性练习：抬腿、外展、内收、股四头肌、屈髋肌	每侧1×10秒
3a	反向背部伸展	2×10			

*关于周期，详见表11.18。

第2天：全身

	练习	组数 × 重复次数（时间）		练习	组数 × 重复次数（时间）
	热身2				
1	单臂哑铃抓举	周期*	4a	拉力器侧平举	2×8
2a	臀推	2×5	4b	哑铃耸肩	2×10
2b	弓箭步	每侧2×3	5	4个方向的颈部练习	每个方向1×6
3a	上斜卧推	4×周期*	6	弹力带柔韧性练习：抬腿、外展、内收、股四头肌、屈髋肌	每侧1×10秒
3b	宽握背阔肌下拉	3×8			

*关于周期，详见表11.18。

第3天：上肢及全身爆发力

	练习	组数 × 重复次数（时间）		练习	组数 × 重复次数（时间）
	热身4				
1	高翻拉	周期*	3a	俯身侧平举	3×10
2a	哑铃卧推	周期*	3b	腹部（功能）	依据动作而定
2b	TRX划船	3×8	4	4个方向的颈部练习	每个方向1×6

*关于周期，详见表11.18。

表11.6 进攻线锋和防守线锋的训练营训练计划

训练1

	练习	组数 × 重复次数（时间）		练习	组数 × 重复次数（时间）
	热身2				
1	抓举拉	4×3	5	哑铃罗马尼亚硬拉	1×6
2	颈后深蹲	周期*	6	4个方向的颈部练习	每个方向1×6
3a	卧推	周期*	7	平衡板（脱鞋，以强化踝关节）	每个方向1×20
3b	反向划船	3×8	8	弹力带柔韧性练习：抬腿、外展、内收、股四头肌、屈髋肌	每侧1×10秒
4	侧向深蹲	每个方向1×6			

*关于周期，详见表11.18。

训练2

	练习	组数 × 重复次数（时间）		练习	组数 × 重复次数（时间）
	热身3				
1	高翻拉	4×3	4	侧平板支撑加等距腹股沟保持	1×20秒
2	臀推	2×5	5	反向背部伸展	1×15
3a	哑铃上斜卧推	周期*	6	4个方向的颈部练习	每个方向1×6
3b	宽握背阔肌下拉	3×8	7	弹力带柔韧性练习：抬腿、外展、内收、股四头肌、屈髋肌	每侧1×10秒

*关于周期，详见表11.18。

训练3

	练习	组数 × 重复次数（时间）		练习	组数 × 重复次数（时间）
	热身2				
1	单臂哑铃抓举	每侧4×3	5	腹肌轮腿弯举	1×6
2	颈后深蹲	周期*	6	4个方向的颈部练习	每个方向1×6
3a	哑铃卧推	周期*	7	平衡板（脱鞋，以强化踝关节）	每个方向1×20
3b	窄握背阔肌下拉	3×8	8	弹力带柔韧性练习：抬腿、外展、内收、股四头肌、屈髋肌	每侧1×10秒
4	侧向弓箭步	每侧1×6			

*关于周期，详见表11.18。

训练4

	练习	组数 × 重复次数（时间）		练习	组数 × 重复次数（时间）
	热身4				
1	高翻高拉	4×3	4b	侧平板支撑加等距腹股沟保持	1×10
2	哑铃踏步登阶	每侧2×3	4c	背部伸展	1×15
3a	上斜卧推	周期*	5	4个方向的颈部练习	每个方向1×6
3b	引体向上	3×8	6	弹力带柔韧性练习：抬腿、外展、内收、股四头肌、屈髋肌	每侧1×10秒
4a	腹部（功能）	依据动作而定			

*关于周期，详见表11.18。

表11.7 进攻线锋和防守线锋的赛季中训练计划

训练1

第1天：下肢

练习	组数 × 重复次数（时间）		练习	组数 × 重复次数（时间）
热身1				
1 颈后深蹲	周期*	3b	腹肌轮腿弯举	2×8
2a 弹力带伸膝	每侧2×10	4	平衡板（脱鞋，以强化踝关节）	每个方向1×20
2b 侧平板支撑加等距腹股沟保持	2×10	5	弹力带柔韧性练习：抬腿、外展、内收、股四头肌、屈髋肌	每侧1×10秒
3a 背部伸展	2×10			

*关于周期，详见表11.18。

第2天：全身

练习	组数 × 重复次数（时间）		练习	组数 × 重复次数（时间）
热身2				
1 抓举拉	周期*	4a	侧平举	2×8
2a 臀推	2×5	4b	哑铃耸肩	2×10
2b 踏步登阶	每侧2×3	5	4个方向的颈部练习	每个方向1×6
3a 卧推	周期*	6	弹力带柔韧性练习：抬腿、外展、内收、股四头肌、屈髋肌	每侧1×10秒
3b 窄握背阔肌下拉	3×8			

*关于周期，详见表11.18。

第3天：上肢及全身爆发力训练

练习	组数 × 重复次数（时间）		练习	组数 × 重复次数（时间）
热身3				
1 高翻高拉	周期*	3a	面拉（器械）	3×10
2a 哑铃上斜卧推	周期*	3b	腹部（功能）	依据动作而定
2b 站姿单臂哑铃划船	3×8	4	4个方向的颈部练习	每个方向1×6

*关于周期，详见表11.18。

减量/变更

第1天

练习	组数 × 重复次数（时间）		练习	组数 × 重复次数（时间）
热身1				
1 铁链颈后深蹲	周期*	3	平衡板（脱鞋，以强化踝关节）	每个方向1×20
2a 侧平板支撑加等距腹股沟保持	2×30秒	4	弹力带柔韧性练习：抬腿、外展、内收、股四头肌、屈髋肌	每侧1×10秒
2b 反向腿弯举	2×8			

*关于周期，详见表11.18。

续表

第2天

	练习	组数 × 重复次数（时间）		练习	组数 × 重复次数（时间）
	热身2				
1	双臂哑铃高翻加借力推举	4×3	3b	哑铃耸肩	2×10
2a	铁链卧推	周期*	4	4个方向的颈部练习	每个方向1×6
2b	引体向上	3×8	5	弹力带柔韧性练习：抬腿、外展、内收、股四头肌、屈髋肌	每侧1×10秒
3a	直立划船	2×8			

*关于周期，详见表11.18。

训练2

第1天：下肢

	练习	组数 × 重复次数（时间）		练习	组数 × 重复次数（时间）
	热身1				
1	颈后深蹲	周期*	3b	哑铃罗马尼亚硬拉	2×6
2a	弹力带伸膝	每侧2×10	4	平衡板（脱鞋，以强化踝关节）	每个方向1×20
2b	哑铃高脚杯侧向深蹲	每侧2×6	5	弹力带柔韧性练习：抬腿、外展、内收、股四头肌、屈髋肌	每侧1×10秒
3a	反向背部伸展	2×10			

*关于周期，详见表11.18。

第2天：全身

	练习	组数 × 重复次数（时间）		练习	组数 × 重复次数（时间）
	热身2				
1	单臂哑铃抓举	周期*	4a	拉力器侧平举	2×8
2a	臀推	2×5	4b	哑铃耸肩	2×10
2b	弓箭步	每侧2×3	5	4个方向的颈部练习	每个方向1×6
3a	上斜卧推	4×周期*	6	弹力带柔韧性练习：抬腿、外展、内收、股四头肌、屈髋肌	每侧1×10秒
3b	宽握背阔肌下拉	3×8			

*关于周期，详见表11.18。

第3天：上肢及全身爆发力训练

	练习	组数 × 重复次数（时间）		练习	组数 × 重复次数（时间）
	热身4				
1	高翻拉	周期*	3a	俯身侧平举	3×10
2a	哑铃卧推	周期*	3b	腹部（功能）	依据动作而定
2b	TRX划船	3×8	4	4个方向的颈部练习	每个方向1×6

*关于周期，详见表11.18。

表11.8 近端锋、全卫和线卫的训练营训练计划

训练1

	练习	组数 × 重复次数（时间）		练习	组数 × 重复次数（时间）
	热身2				
1	抓举拉	4×3	4c	哑铃罗马尼亚硬拉	1×6
2	颈后深蹲	周期*	5	4个方向的颈部练习	每个方向1×6
3a	卧推	周期*		等距颈部拉伸	每个方向2×5，保持30秒
3b	反向划船	3×8	6	平衡板（脱鞋，以强化踝关节）	每个方向1×20
4a	哑铃颈部拉伸耸肩	每侧2×10	7	弹力带柔韧性练习：抬腿、外展、内收、股四头肌、屈髋肌	每侧1×10秒
4b	侧向深蹲	每侧1×6			

*关于周期，详见表11.18。

训练2

	练习	组数 × 重复次数（时间）		练习	组数 × 重复次数（时间）
	热身3				
1	高翻拉	4×3	4b	侧平板支撑加等距腹股沟保持	1×20秒
2	臀推	2×5	4c	反向背部伸展	1×15
3a	哑铃上斜卧推	周期*	5	4个方向的颈部练习	每个方向1×6
3b	宽握背阔肌下拉	3×8		等距颈部拉伸	每个方向2×5，保持30秒
4a	臂丛损伤组合	每个方向2×10	6	弹力带柔韧性练习：抬腿、外展、内收、股四头肌、屈髋肌	每侧1×10秒

*关于周期，详见表11.18。

训练3

	练习	组数 × 重复次数（时间）		练习	组数 × 重复次数（时间）
	热身2				
1	单臂哑铃抓举	每侧4×3	4c	腹肌轮腿弯举	1×6
2	颈后深蹲	周期*	5	4个方向的颈部练习	每个方向1×6
3a	哑铃卧推	周期*		等距颈部拉伸	每个方向2×5，保持30秒
3b	窄握背阔肌下拉	3×8	6	平衡板（脱鞋，以强化踝关节）	每个方向1×20
4a	哑铃颈部拉伸耸肩	每侧2×10	7	弹力带柔韧性练习：抬腿、外展、内收、股四头肌、屈髋肌	每侧1×10秒
4b	侧向弓箭步	每侧1×6			

*关于周期，详见表11.18。

训练4

	练习	组数 × 重复次数（时间）		练习	组数 × 重复次数（时间）
	热身4				
1	高翻高拉	4×3	5	侧平板支撑加等距腹股沟保持	1×10
2	哑铃踏步登阶	每侧2×3	6	背部伸展	1×15
3a	上斜卧推	周期*	7	4个方向的颈部练习	每个方向1×6
3b	引体向上	3×8		等距颈部拉伸	每个方向2×5，保持30秒
4a	臂丛损伤组合	每个方向2×10	8	弹力带柔韧性练习：抬腿、外展、内收、股四头肌、屈髋肌	每侧1×10秒
4b	腹部（功能）	依据动作而定			

*关于周期，详见表11.18。

表11.9　近端锋、全卫和线卫的赛季中训练计划

训练1

第1天：下肢

	练习	组数 × 重复次数 （时间）		练习	组数 × 重复次数 （时间）
	热身1				
1	颈后深蹲	周期*	3b	腹肌轮腿弯举	2×8
2a	弹力带伸膝	每侧2×10	4	平衡板（脱鞋，以强化踝关节）	每个方向1×20
2b	侧平板支撑加等距腹股沟保持	2×10	5	弹力带柔韧性练习：抬腿、外展、内收、股四头肌、屈髋肌	每侧1×10秒
3a	背部伸展	2×10			

*关于周期，详见表11.18。

第2天：全身

	练习	组数 × 重复次数 （时间）		练习	组数 × 重复次数 （时间）
	热身2				
1	抓举拉	周期*	4b	哑铃耸肩	2×10
2a	臀推	2×5	5a	臂丛损伤组合	每个方向2×10
2b	踏步登阶	每侧2×3	5b	4个方向的颈部练习	每个方向1×6
3a	卧推	周期*		等距颈部拉伸	每个方向2×5，保持30秒
3b	窄握背阔肌下拉	3×8	6	弹力带柔韧性练习：抬腿、外展、内收、股四头肌、屈髋肌	每侧1×10秒
4a	侧平举	2×8			

*关于周期，详见表11.18。

第3天：上肢及全身爆发力

	练习	组数 × 重复次数 （时间）		练习	组数 × 重复次数 （时间）
	热身3				
1	高翻高拉	周期*	3b	哑铃颈部拉伸耸肩	每侧2×10
2a	哑铃上斜卧推	周期*	4a	腹部（功能）	依据动作而定
2b	站姿单臂哑铃划船	3×8	4b	4个方向的颈部练习	每个方向1×6
3a	面拉（器械）	3×10		等距颈部拉伸	每个方向2×5，保持30秒

*关于周期，详见表11.18。

减量/变更

第1天

	练习	组数 × 重复次数 （时间）		练习	组数 × 重复次数 （时间）
	热身1				
1	铁链颈后深蹲	周期*	3	平衡板（脱鞋，以强化踝关节）	每个方向1×20
2a	侧平板支撑加等距腹股沟保持	2×30秒	4	弹力带柔韧性练习：抬腿、外展、内收、股四头肌、屈髋肌	每侧1×10秒
2b	反向腿弯举	2×8			

*关于周期，详见表11.18。

续表

第2天

	练习	组数 × 重复次数 （时间）		练习	组数 × 重复次数 （时间）
	热身2				
1	双臂哑铃高翻加借力推举	4×3	3b	哑铃耸肩	2×10
2a	铁链卧推	周期*	4	4个方向的颈部练习	每个方向1×6
2b	引体向上	3×8		等距颈部拉伸	每个方向2×5，保持30秒
3a	直立划船	2×8	5	弹力带柔韧性练习：抬腿、外展、内收、股四头肌、屈髋肌	每侧1×10秒

*关于周期，详见表11.18。

训练2

第1天：下肢

	练习	组数 × 重复次数 （时间）		练习	组数 × 重复次数 （时间）
	热身1				
1	单腿深蹲	周期*	3b	哑铃罗马尼亚硬拉	2×6
2a	弹力带伸膝	每侧2×10	4	平衡板（脱鞋，以强化踝关节）	每个方向1×20
2b	哑铃高脚杯侧向深蹲	每侧2×6	5	弹力带柔韧性练习：抬腿、外展、内收、股四头肌、屈髋肌	每侧1×10秒
3a	反向背部伸展	2×10			

*关于周期，详见表11.18。

第2天：全身

	练习	组数 × 重复次数 （时间）		练习	组数 × 重复次数 （时间）
	热身2				
1	单臂哑铃抓举	周期*	4b	哑铃耸肩	2×10
2a	臀推	2×5	5a	臂丛损伤组合	每个方向2×10
2b	弓箭步	每侧2×3	5b	4个方向的颈部练习	每个方向1×6
3a	上斜卧推	4×周期*		等距颈部拉伸	每个方向2×5，保持30秒
3b	宽握背阔肌下拉	3×8	6	弹力带柔韧性练习：抬腿、外展、内收、股四头肌、屈髋肌	每侧1×10秒
4a	拉力器侧平举	2×8			

*关于周期，详见表11.18。

第3天：上肢及全身爆发力

	练习	组数 × 重复次数 （时间）		练习	组数 × 重复次数 （时间）
	热身4				
1	高翻拉	周期*	3b	哑铃颈部拉伸耸肩	每侧2×10
2a	哑铃卧推	周期*	4a	腹部（功能）	依据动作而定
2b	TRX划船	3×8	4b	4个方向的颈部练习	每个方向1×6
3a	俯身侧平举	3×10		等距颈部拉伸	每个方向2×5，保持30秒

*关于周期，详见表11.18。

表11.10 外接手和跑卫的训练营训练计划

训练1

	练习	组数 × 重复次数（时间）		练习	组数 × 重复次数（时间）
	热身2				
1	抓举拉	4×3	5	哑铃罗马尼亚硬拉	1×6
2	颈后深蹲	周期*	6	4个方向的颈部练习	每个方向1×6
3a	卧推	周期*	7	平衡板（脱鞋，以强化踝关节）	每个方向1×20
3b	反向划船	3×8	8	弹力带柔韧性练习：抬腿、外展、内收、股四头肌、屈髋肌	每侧1×10秒
4	侧向深蹲	每个方向1×6			

*关于周期，详见表11.18。

训练2

	练习	组数 × 重复次数（时间）		练习	组数 × 重复次数（时间）
	热身3				
1	高翻拉	4×3	4	侧平板支撑加等距腹股沟保持	1×20秒
2	臀推	2×5	5	反向背部伸展	1×15
3a	哑铃上斜卧推	周期*	6	4个方向的颈部练习	每个方向1×6
3b	宽握背阔肌下拉	3×8	7	弹力带柔韧性练习：抬腿、外展、内收、股四头肌、屈髋肌	每侧1×10秒

*关于周期，详见表11.18。

训练3

	练习	组数 × 重复次数（时间）		练习	组数 × 重复次数（时间）
	热身2				
1	单臂哑铃抓举	每侧4×3	5	腹肌轮腿弯举	1×6
2	颈后深蹲	周期*	6	4个方向的颈部练习	每个方向1×6
3a	哑铃卧推	周期*	7	平衡板（脱鞋，以强化踝关节）	每个方向1×20
3b	窄握背阔肌下拉	3×8	8	弹力带柔韧性练习：抬腿、外展、内收、股四头肌、屈髋肌	每侧1×10秒
4	侧向弓箭步	每侧1×6			

*关于周期，详见表11.18。

训练4

	练习	组数 × 重复次数（时间）		练习	组数 × 重复次数（时间）
	热身4				
1	高翻高拉	4×3	4b	侧平板支撑加等距腹股沟保持	1×10
2	哑铃踏步登阶	每侧2×3	4c	背部伸展	1×15
3a	上斜卧推	周期*	5	4个方向的颈部练习	每个方向1×6
3b	引体向上	3×8	6	弹力带柔韧性练习：抬腿、外展、内收、股四头肌、屈髋肌	每侧1×10秒
4a	腹部（功能）	依据动作而定			

*关于周期，详见表11.18。

表11.11 外接手和跑卫的赛季中训练计划

训练1

第1天：下肢

	练习	组数×重复次数 （时间）		练习	组数×重复次数 （时间）
	热身1				
1	颈后深蹲	周期*	3b	腹肌轮腿弯举	2×8
2a	弹力带伸膝	每侧2×10	4	平衡板（脱鞋，以强化踝关节）	每个方向1×20
2b	侧平板支撑加等距 腹股沟保持	2×10	5	弹力带柔韧性练习：抬腿、外 展、内收、股四头肌、屈髋肌	每侧1×10秒
3a	背部伸展	2×10			

*关于周期，详见表11.18。

第2天：全身

	练习	组数×重复次数 （时间）		练习	组数×重复次数 （时间）
	热身2				
1	抓举拉	周期*	4a	侧平举	2×8
2a	臀推	2×5	4b	哑铃耸肩	2×10
2b	踏步登阶	每侧2×3	5	4个方向的颈部练习	每个方向1×6
3a	卧推	周期*	6	弹力带柔韧性练习：抬腿、外 展、内收、股四头肌、屈髋肌	每侧1×10秒
3b	负重引体向上	3×8			

*关于周期，详见表11.18。

第3天：上肢及全身爆发力

	练习	组数×重复次数 （时间）		练习	组数×重复次数 （时间）
	热身3				
1	高翻高拉	周期*	3a	面拉（器械）	3×10
2a	哑铃上斜卧推	周期*	3b	腹部（功能）	依据动作而定
2b	站姿单臂哑铃划船	3×8	4	4个方向的颈部练习	每个方向1×6

*关于周期，详见表11.18。

减量/变更

第1天

	练习	组数×重复次数 （时间）		练习	组数×重复次数 （时间）
	热身1				
1	铁链颈后深蹲	周期*	3	平衡板（脱鞋，以强化踝关节）	每个方向1×20
2a	侧平板支撑加等距 腹股沟保持	2×30秒	4	弹力带柔韧性练习：抬腿、外 展、内收、股四头肌、屈髋肌	每侧1×10秒
2b	反向腿弯举	2×8			

*关于周期，详见表11.18。

续表

第2天

	练习	组数 × 重复次数（时间）		练习	组数 × 重复次数（时间）
	热身2				
1	双臂哑铃高翻加借力推举	4×3	3b	哑铃耸肩	2×10
2a	铁链卧推	周期*	4	4个方向的颈部练习	每个方向1×6
2b	引体向上	3×8	5	弹力带柔韧性练习：抬腿、外展、内收、股四头肌、屈髋肌	每侧1×10秒
3a	直立划船	2×8			

*关于周期，详见表11.18。

训练2

第1天：下肢

	练习	组数 × 重复次数（时间）		练习	组数 × 重复次数（时间）
	热身1				
1	单腿深蹲	周期*	3b	哑铃罗马尼亚硬拉	2×6
2a	弹力带伸膝	每侧2×10	4	平衡板（脱鞋，以强化踝关节）	每个方向1×20
2b	哑铃高脚杯侧向深蹲	每侧2×6	5	弹力带柔韧性练习：抬腿、外展、内收、股四头肌、屈髋肌	每侧1×10秒
3a	反向背部伸展	2×10			

*关于周期，详见表11.18。

第2天：全身

	练习	组数 × 重复次数（时间）		练习	组数 × 重复次数（时间）
	热身2				
1	单臂哑铃抓举	周期*	4a	拉力器侧平举	2×8
2a	臀推	2×5	4b	哑铃耸肩	2×10
2b	弓箭步	每侧2×3	5	4个方向的颈部练习	每个方向1×6
3a	上斜卧推	4×周期*	6	弹力带柔韧性练习：抬腿、外展、内收、股四头肌、屈髋肌	每侧1×10秒
3b	负重反向划船	3×8			

*关于周期，详见表11.18。

第3天：上肢及全身爆发力

	练习	组数 × 重复次数（时间）		练习	组数 × 重复次数（时间）
	热身4				
1	高翻拉	周期*	3a	侧平举	3×10
2a	哑铃卧推	周期*	3b	腹部（功能）	依据动作而定
2b	宽握背阔肌下拉	3×8	4	4个方向的颈部练习	每个方向1×6

*关于周期，详见表11.18。

表11.12 防守后卫的训练营训练计划

训练1

	练习	组数 × 重复次数（时间）		练习	组数 × 重复次数（时间）
	热身2				
1	抓举拉	4×3	5	哑铃罗马尼亚硬拉	1×6
2	颈后深蹲	周期*	6	4个方向的颈部练习	每个方向1×6
3a	卧推	周期*		等距颈部拉伸	每个方向2×5，保持30秒
3b	反向划船	3×8	7	平衡板（脱鞋，以强化踝关节）	每个方向1×20
4a	哑铃颈部拉伸耸肩	每侧2×10	8	弹力带柔韧性练习：抬腿、外展、内收、股四头肌、屈髋肌	每侧1×10秒
4b	侧向深蹲	每个方向1×6			

*关于周期，详见表11.18。

训练2

	练习	组数 × 重复次数（时间）		练习	组数 × 重复次数（时间）
	热身3				
1	高翻拉	4×3	4b	侧平板支撑加等距腹股沟保持	1×20秒
2	臀推	2×5	4c	反向背部伸展	1×15
3a	哑铃上斜卧推	周期*	5	4个方向的颈部练习	每个方向1×6
3b	宽握背阔肌下拉	3×8		等距颈部拉伸	每个方向2×5，保持30秒
4a	臂丛损伤组合	每个方向2×10	6	弹力带柔韧性练习：抬腿、外展、内收、股四头肌、屈髋肌	每侧1×10秒

*关于周期，详见表11.18。

续表

训练3

	练习	组数 × 重复次数（时间）		练习	组数 × 重复次数（时间）
	热身2				
1	单臂哑铃抓举	每侧4×3	4c	腹肌轮腿弯举	1×6
2	颈后深蹲	周期*	5	4个方向的颈部练习	每个方向1×6
3a	哑铃卧推	周期*		等距颈部拉伸	每个方向2×5，保持30秒
3b	窄握背阔肌下拉	3×8	6	平衡板（脱鞋，以强化踝关节）	每个方向1×20
4a	哑铃颈部拉伸耸肩	每侧2×10	7	弹力带柔韧性练习：抬腿、外展、内收、股四头肌、屈髋肌	每侧1×10秒
4b	侧向弓箭步	每侧1×6			

*关于周期，详见表11.18。

训练4

	练习	组数 × 重复次数（时间）		练习	组数 × 重复次数（时间）
	热身4				
1	高翻高拉	4×3	5	侧平板支撑加等距腹股沟保持	1×10
2	哑铃踏步登阶	每侧2×3	6	背部伸展	1×15
3a	上斜卧推	周期*	7	4个方向的颈部练习	每个方向1×6
3b	引体向上	3×8		等距颈部拉伸	每个方向2×5，保持30秒
4a	臂丛损伤组合	每个方向2×10	8	弹力带柔韧性练习：抬腿、外展、内收、股四头肌、屈髋肌	每侧1×10秒
4b	腹部（功能）	依据动作而定			

*关于周期，详见表11.18。

表11.13 防守后卫的赛季中训练计划

训练1

第1天：下肢

	练习	组数 × 重复次数（时间）		练习	组数 × 重复次数（时间）
	热身1				
1	颈后深蹲	周期*	3b	理疗球腿弯举	2×8
2a	弹力带伸膝	每侧2×10	4	平衡板（脱鞋，以强化踝关节）	每个方向1×20
2b	侧平板支撑加等距腹股沟保持	2×10	5	弹力带柔韧性练习：抬腿、外展、内收、股四头肌、屈髋肌	每侧1×10秒
3a	背部伸展	2×10			

*关于周期，详见表11.18。

第2天：全身

	练习	组数 × 重复次数（时间）		练习	组数 × 重复次数（时间）
	热身2				
1	抓举拉	周期*	4b	哑铃耸肩	2×10
2a	臀推	2×5	5a	臂丛损伤组合	每个方向2×10
2b	踏步登阶	每侧2×3	5b	4个方向的颈部练习	每个方向1×6
3a	卧推	周期*		等距颈部拉伸	每个方向2×5，保持30秒
3b	负重引体向上	3×8	6	弹力带柔韧性练习：抬腿、外展、内收、股四头肌、屈髋肌	每侧1×10秒
4a	哑铃侧平举	2×8			

*关于周期，详见表11.18。

第3天：上肢及全身爆发力运动

	练习	组数 × 重复次数（时间）		练习	组数 × 重复次数（时间）
	热身3				
1	高翻高拉	周期*	3b	哑铃颈部拉伸耸肩	每侧2×10
2a	哑铃上斜卧推	周期*	4a	腹部（功能）	依据动作而定
2b	站姿单臂哑铃划船	3×8	4b	4个方向的颈部练习	每个方向1×6
3a	面拉（器械）	3×10		等距颈部拉伸	每个方向2×5，保持30秒

*关于周期，详见表11.18。

减量/变更

第1天

	练习	组数 × 重复次数（时间）		练习	组数 × 重复次数（时间）
	热身1				
1	铁链颈后深蹲	周期*	3	平衡板（脱鞋，以强化踝关节）	每个方向1×20
2a	侧平板支撑加等距腹股沟保持	2×30秒	4	弹力带柔韧性练习：抬腿、外展、内收、股四头肌、屈髋肌	每侧1×10秒
2b	反向腿弯举	2×8			

*关于周期，详见表11.18。

续表

第2天

	练习	组数 × 重复次数（时间）		练习	组数 × 重复次数（时间）
	热身2				
1	双臂哑铃高翻加借力推举	4×3	3b	哑铃耸肩	2×10
2a	铁链卧推	周期*	4	4个方向的颈部练习	每个方向1×6
2b	引体向上	3×8		等距颈部拉伸	每个方向2×5，保持30秒
3a	直立划船	2×8	5	弹力带柔韧性练习：抬腿、外展、内收、股四头肌、屈髋肌	每侧1×10秒

*关于周期，详见表11.18。

训练2

第1天：下肢

	练习	组数 × 重复次数（时间）		练习	组数 × 重复次数（时间）
	热身1				
1	单腿深蹲	周期*	3b	哑铃罗马尼亚硬拉	2×6
2a	弹力带伸膝	每侧2×10	4	平衡板（脱鞋，以强化踝关节）	每个方向1×20
2b	哑铃高脚杯侧向深蹲	每侧2×6	5	弹力带柔韧性练习：抬腿、外展、内收、股四头肌、屈髋肌	每侧1×10秒
3a	反向背部伸展	2×10			

*关于周期，详见表11.18。

第2天：全身

	练习	组数 × 重复次数（时间）		练习	组数 × 重复次数（时间）
	热身2				
1	单臂哑铃抓举	周期*	4b	哑铃耸肩	2×10
2a	臀推	2×5	5a	臂丛损伤组合	每个方向2×10
2b	弓箭步	每侧2×3	5b	4个方向的颈部练习	每个方向1×6
3a	上斜卧推	4×周期*		等距颈部拉伸	每个方向2×5，保持30秒
3b	负重反向划船	3×8	6	弹力带柔韧性练习：抬腿、外展、内收、股四头肌、屈髋肌	每侧1×10秒
4a	拉力器侧平举	2×8			

*关于周期，详见表11.18。

第3天：上肢及全身爆发力

	练习	组数 × 重复次数（时间）		练习	组数 × 重复次数（时间）
	热身4				
1	高翻拉	周期*	3b	哑铃颈部拉伸耸肩	每侧2×10
2a	哑铃卧推	周期*	4a	腹部（功能）	依据动作而定
2b	宽握背阔肌下拉	3×8	4b	4个方向的颈部练习	每个方向1×6
3a	俯身侧平举	3×10		等距颈部拉伸	每个方向2×5，保持30秒

*关于周期，详见表11.18。

表11.14 四分卫的训练营训练计划

训练1

	练习	组数 × 重复次数（时间）		练习	组数 × 重复次数（时间）
	热身2				
1	抓举拉	4×3	4b	侧向深蹲	每个方向1×6
2	颈后深蹲	周期*	4c	哑铃罗马尼亚硬拉	1×6
3a	交替式哑铃卧推	周期*	5	4个方向的颈部练习	每个方向1×6
3b	反向划船	3×8	6	平衡板（脱鞋，以强化踝关节）	每个方向1×20
4a	肩外旋（哑铃或拉力器）	每侧2×10	7	弹力带柔韧性练习：抬腿、外展、内收、股四头肌、屈髋肌	每侧1×10秒

*关于周期，详见表11.18。

训练2

	练习	组数 × 重复次数（时间）		练习	组数 × 重复次数（时间）
	热身3				
1	高翻拉	4×3	4	侧平板支撑加等距腹股沟保持	1×20秒
2	臀推	2×5	5	反向背部伸展	1×15
3a	哑铃上斜卧推	周期*	6	4个方向的颈部练习	每个方向1×6
3b	宽握背阔肌下拉	3×8	7	弹力带柔韧性练习：抬腿、外展、内收、股四头肌、屈髋肌	每侧1×10秒

*关于周期，详见表11.18。

训练3

	练习	组数 × 重复次数（时间）		练习	组数 × 重复次数（时间）
	热身2				
1	单臂哑铃抓举	每侧4×3	4b	侧向弓箭步	每条腿1×6
2	颈后深蹲	周期*	4c	腹肌轮腿弯举	1×6
3a	哑铃卧推	周期*	5	4个方向的颈部练习	每个方向1×6
3b	窄握背阔肌下拉	3×8	6	平衡板（脱鞋，以强化踝关节）	每个方向1×20
4a	肩外旋（哑铃或拉力器）	每侧2×10	7	弹力带柔韧性练习：抬腿、外展、内收、股四头肌、屈髋肌	每侧1×10秒

*关于周期，详见表11.18。

训练4

	练习	组数 × 重复次数（时间）		练习	组数 × 重复次数（时间）
	热身4				
1	高翻高拉	4×3	4b	侧平板支撑加等距腹股沟保持	1×10
2	哑铃踏步登阶	每侧2×3	4c	背部伸展	1×15
3a	交替式哑铃上斜卧推	周期*	5	4个方向的颈部练习	每个方向1×6
3b	引体向上	3×8	6	弹力带柔韧性练习：抬腿、外展、内收、股四头肌、屈髋肌	每侧1×10秒
4a	腹部（功能）	依据动作而定			

*关于周期，详见表11.18。

表11.15　四分卫的赛季中训练计划

训练1

第1天：下肢

	练习	组数 × 重复次数（时间）		练习	组数 × 重复次数（时间）
	热身1				
1	颈后深蹲	周期*	3b	腹肌轮腿弯举	2×8
2a	弹力带伸膝	每侧2×10	4	平衡板（脱鞋，以强化踝关节）	每个方向1×20
2b	侧平板支撑加等距腹股沟保持	2×10	5	弹力带柔韧性练习：抬腿、外展、内收、股四头肌、屈髋肌	每侧1×10秒
3a	背部伸展	2×10			

*关于周期，详见表11.18。

第2天：全身

	练习	组数 × 重复次数（时间）		练习	组数 × 重复次数（时间）
	热身2				
1	抓举拉	周期*	4a	侧平举	2×8
2a	臀推	2×5	4b	肩外旋（哑铃或拉力器）	每侧2×10
2b	踏步登阶	每侧2×3	5a	环绕式药球练习	每个方向1×2
3a	哑铃卧推	周期*	5b	4个方向的颈部练习	每个方向1×6
3b	窄握背阔肌下拉	3×8	6	弹力带柔韧性练习：抬腿、外展、内收、股四头肌、屈髋肌	每侧1×10秒

*关于周期，详见表11.18。

第3天：上肢及全身爆发力

	练习	组数 × 重复次数（时间）		练习	组数 × 重复次数（时间）
	热身3				
1	高翻高拉	周期*	3a	面拉（器械）	3×10
2a	交替式哑铃上斜卧推	周期*	3b	药球上劈	2×5
2b	站姿单臂哑铃划船	3×8	4	4个方向的颈部练习	每个方向1×6

*关于周期，详见表11.18。

减量/变更

第1天

	练习	组数 × 重复次数（时间）		练习	组数 × 重复次数（时间）
	热身1				
1	铁链颈后深蹲	周期*	3	平衡板（脱鞋，以强化踝关节）	每个方向1×20
2a	侧平板支撑加等距腹股沟保持	2×30秒	4	弹力带柔韧性练习：抬腿、外展、内收、股四头肌、屈髋肌	每侧1×10秒
2b	反向腿弯举	2×8			

*关于周期，详见表11.18。

续表

第2天

	练习	组数 × 重复次数（时间）		练习	组数 × 重复次数（时间）
	热身2				
1	双臂哑铃高翻加借力推举	4×3	3b	肩外旋（哑铃或拉力器）	每侧2×10
2a	铁链俯卧撑	4×3	4a	环绕式药球练习	每个方向1×2
2b	引体向上	3×8	4b	4个方向的颈部练习	每个方向1×6
3a	直立划船	2×8	5	弹力带柔韧性练习：抬腿、外展、内收、股四头肌、屈髋肌	每侧1×10秒

训练2

第1天：下肢

	练习	组数 × 重复次数（时间）		练习	组数 × 重复次数（时间）
	热身1				
1	单腿深蹲	周期*	3b	哑铃罗马尼亚硬拉	2×6
2a	弹力带伸膝	每侧2×10	4	平衡板（脱鞋，以强化踝关节）	每个方向1×20
2b	哑铃高脚杯侧向深蹲	每侧2×6	5	弹力带柔韧性练习：抬腿、外展、内收、股四头肌、屈髋肌	每侧1×10秒
3a	反向背部伸展	2×10			

*关于周期，详见表11.18。

第2天：全身

	练习	组数 × 重复次数（时间）		练习	组数 × 重复次数（时间）
	热身2				
1	单臂哑铃抓举	周期*	4a	拉力器侧平举	2×8
2a	臀推	2×5	4b	肩外旋（哑铃或拉力器）	每侧2×10
2b	弓箭步	每侧2×3	5a	环绕式药球练习	每个方向1×2
3a	哑铃上斜卧推	4×周期*	5b	4个方向的颈部练习	每个方向1×6
3b	宽握背阔肌下拉	3×8	6	弹力带柔韧性练习：抬腿、外展、内收、股四头肌、屈髋肌	每侧1×10秒

*关于周期，详见表11.18。

第3天：上肢及全身爆发力

	练习	组数 × 重复次数（时间）		练习	组数 × 重复次数（时间）
	热身4				
1	高翻拉	周期*	3a	侧平举	3×10
2a	交替式哑铃卧推	周期*	3b	药球上劈	2×5
2b	TRX划船	3×8	4	4个方向的颈部练习	每个方向1×6

*关于周期，详见表11.18。

表11.16　踢球手和弃踢手的训练营训练计划

训练1

	练习	组数 × 重复次数（时间）		练习	组数 × 重复次数（时间）
	热身2				
1	抓举拉	4×3	5	哑铃罗马尼亚硬拉	1×6
2	颈后深蹲	周期*	6	4个方向的颈部练习	每个方向1×6
3a	卧推	周期*	7	平衡板（脱鞋，以强化踝关节）	每个方向1×20
3b	反向划船	3×8	8	弹力带柔韧性练习：抬腿、外展、内收、股四头肌、屈髋肌	每侧1×10秒
4	侧向深蹲	每个方向1×6			

*关于周期，详见表11.18。

训练2

	练习	组数 × 重复次数（时间）		练习	组数 × 重复次数（时间）
	热身3				
1	高翻拉	4×3	4	4个方向的臀肌训练器练习	每个方向10次
2	臀推	2×5	5	反向背部伸展	1×15
3a	哑铃上斜卧推	周期*	6	4个方向的颈部练习	每个方向1×6
3b	宽握背阔肌下拉	3×8	7	弹力带柔韧性练习：抬腿、外展、内收、股四头肌、屈髋肌	每侧1×10秒

*关于周期，详见表11.18。

训练3

	练习	组数 × 重复次数（时间）		练习	组数 × 重复次数（时间）
	热身2				
1	单臂哑铃抓举	每侧4×3	5	腹肌轮腿弯举	1×6
2	颈后深蹲	周期*	6	4个方向的颈部练习	每个方向1×6
3a	哑铃卧推	周期*	7	平衡板（脱鞋，以强化踝关节）	每个方向1×20
3b	窄握背阔肌下拉	3×8	8	弹力带柔韧性练习：抬腿、外展、内收、股四头肌、屈髋肌	每侧1×10秒
4	侧向弓箭步	每侧1×6			

*关于周期，详见表11.18。

训练4

	练习	组数 × 重复次数（时间）		练习	组数 × 重复次数（时间）
	热身4				
1	高翻高拉	4×3	4b	4个方向的臀肌训练器练习	每个方向10次
2	哑铃踏步登阶	每侧2×3	4c	背部伸展	1×15
3a	上斜卧推	周期*	5	4个方向的颈部练习	每个方向1×6
3b	引体向上	3×8	6	弹力带柔韧性练习：抬腿、外展、内收、股四头肌、屈髋肌	每侧1×10秒
4a	腹部（功能）	依据动作而定			

*关于周期，详见表11.18。

表11.17 踢球手和弃踢手的赛季中训练计划

训练1

第1天：下肢

	练习	组数 × 重复次数（时间）		练习	组数 × 重复次数（时间）
	热身1				
1	颈后深蹲	周期*	3b	腹肌轮腿弯举	2×8
2a	弹力带伸膝	每侧2×10	4	平衡板（脱鞋，以强化踝关节）	每个方向1×20
2b	4个方向的臀肌训练器练习	每个方向10次	5	弹力带柔韧性练习：抬腿、外展、内收、股四头肌、屈髋肌	每侧1×10秒
3a	背部伸展	2×10			

*关于周期，详见表11.18。

第2天：全身

	练习	组数 × 重复次数（时间）		练习	组数 × 重复次数（时间）
	热身2				
1	抓举拉	周期*	4a	侧平举	2×8
2a	臀推	2×5	4b	哑铃耸肩	2×10
2b	踏步登阶	每侧2×3	5	4个方向的颈部练习	每个方向1×6
3a	卧推	周期*	6	弹力带柔韧性练习：抬腿、外展、内收、股四头肌、屈髋肌	每侧1×10秒
3b	窄握背阔肌下拉	3×8			

*关于周期，详见表11.18。

第3天：上肢及全身爆发力

	练习	组数 × 重复次数（时间）		练习	组数 × 重复次数（时间）
	热身3				
1	高翻高拉	周期*	3a	面拉（器械）	3×10
2a	哑铃上斜卧推	周期*	3b	腹部（功能）	依据动作而定
2b	站姿单臂哑铃划船	3×8	4	4个方向的颈部练习	每个方向1×6

*关于周期，详见表11.18。

减量/变更

第1天

	练习	组数 × 重复次数（时间）		练习	组数 × 重复次数（时间）
	热身1				
1	铁链颈后深蹲	周期*	3	平衡板（脱鞋，以强化踝关节）	每个方向1×20
2a	侧平板支撑加等距腹股沟保持	2×30秒	4	弹力带柔韧性练习：抬腿、外展、内收、股四头肌、屈髋肌	每侧1×10秒
2b	反向腿弯举	2×8			

*关于周期，详见表11.18。

续表

第2天

	练习	组数 × 重复次数（时间）		练习	组数 × 重复次数（时间）
	热身2				
1	双臂哑铃高翻加借力推举	4×3	3b	哑铃耸肩	2×10
2a	铁链卧推	周期*	4	4个方向的颈部练习	每个方向1×6
2b	引体向上	3×8	5	弹力带柔韧性练习：抬腿、外展、内收、股四头肌、屈髋肌	每侧1×10秒
3a	直立划船	2×8			

*关于周期，详见表11.18。

训练2

第1天：下肢

	练习	组数 × 重复次数（时间）		练习	组数 × 重复次数（时间）
	热身1				
1	单腿深蹲	周期*	3b	哑铃罗马尼亚硬拉	2×6
2a	弹力带伸膝	每侧2×10	4	平衡板（脱鞋，以强化踝关节）	每个方向1×20
2b	4个方向的臀肌训练器练习	每个方向10次	5	弹力带柔韧性练习：抬腿、外展、内收、股四头肌、屈髋肌	每侧1×10秒
3a	反向背部伸展	2×10			

*关于周期，详见表11.18。

第2天：全身

	练习	组数 × 重复次数（时间）		练习	组数 × 重复次数（时间）
	热身2				
1	单臂哑铃抓举	周期*	4a	拉力器侧平举	2×8
2a	臀推	2×5	4b	哑铃耸肩	2×10
2b	弓箭步	每侧2×3	5	4个方向的颈部练习	每个方向1×6
3a	上斜卧推	4× 周期*	6	弹力带柔韧性练习：抬腿、外展、内收、股四头肌、屈髋肌	每侧1×10秒
3b	宽握背阔肌下拉	3×8			

*关于周期，详见表11.18。

第3天：上肢及全身爆发力

	练习	组数 × 重复次数（时间）		练习	组数 × 重复次数（时间）
	热身4				
1	高翻拉	周期*	3a	俯身侧平举	3×10
2a	哑铃卧推	周期*	3b	腹部（功能）	依据动作而定
2b	TRX划船	3×8	4	4个方向的颈部练习	每个方向1×6

*关于周期，详见表11.18。

表11.18 训练营训练周期和赛季中训练周期

训练营			
训练周序号	训练	练习	方案*
1	1, 2, 3, 4	颈后深蹲	40/3, 42/3
		卧推/上斜卧推	55/3, 62 ~ 72/5×3
		哑铃卧推/哑铃上斜卧推	8, 6, 5, 5
2	1, 2, 3, 4	颈后深蹲	42/3, 47/3
		卧推/上斜卧推	57/3, 65 ~ 75/4×3
		哑铃卧推/哑铃上斜卧推	8, 5, 5, 5
3	1, 2, 3, 4	颈后深蹲	42/3, 47/3, 52/3
		卧推/上斜卧推	60/3, 67 ~ 77/3×3
		哑铃卧推/哑铃上斜卧推	8, 6, 5, 4
4	1, 2, 3, 4	颈后深蹲	45/3, 52/3, 57/3
		卧推/上斜卧推	62/3, 70/4, 75/3, 80/2
		哑铃卧推/哑铃上斜卧推	6, 5, 4, 4
赛季中			
训练周序号	训练	练习	方案*
5	1	颈后深蹲	50/3, 55/3, 60/3, 65/3
		抓举拉	4×3
		卧推	57/3, 65/5, 70/5, 75/5
		高翻高拉	4×3
		哑铃卧推/哑铃上斜卧推	8, 5, 5, 5
6	1	颈后深蹲	52/3, 60/3, 65/2, 70/2
		抓举拉	3, 3, 2, 2
		卧推	60/3, 67/4, 72/4, 77/4
		高翻高拉	3, 3, 2, 2
		哑铃卧推/哑铃上斜卧推	8, 5, 4, 4
7	1	颈后深蹲	57/3, 65/2, 70/2, 75/1
		抓举拉	4×2
		卧推	62/3, 70/3, 75/3, 80/3
		高翻高拉	4×2
		哑铃卧推/哑铃上斜卧推	8, 5, 4, 3
8	减量/变更	铁链颈后深蹲	135×8, 135CH×3, 45CH/3×3
		铁链卧推	135×8, 135CH×3, 50CH/3×4
9	2	颈后深蹲	57/3, 65/3, 70/3, 75/3
		单腿深蹲	57/3, 65/3, 70/3, 75/3（每侧）
		单臂哑铃抓举	4×3（每侧）
		上斜卧推	57/3, 65/5, 70/5, 75/5
		高翻拉	4×3
		哑铃卧推/哑铃上斜卧推	8, 5, 5, 5

续表

训练周序号	训练	练习	方案*
10	2	颈后深蹲	62/3, 70/3, 75/2, 80/2
		单腿深蹲	62/3, 70/3, 75/2, 80/2（每侧）
		单臂哑铃抓举	3, 3, 2, 2（每侧）
		上斜卧推	60/3, 67/4, 72/4, 77/4
		高翻拉	3, 3, 2, 2
		哑铃卧推/哑铃上斜卧推	8, 5, 4, 4
11	2	颈后深蹲	67/3, 75/3, 80/2, 85/1
		单腿深蹲	67/3, 75/3, 80/2, 85/1（每侧）
		单臂哑铃抓举	4×2（每侧）
		上斜卧推	62/3, 70/3, 75/3, 80/3
		高翻拉	4×2
		哑铃卧推/哑铃上斜卧推	8, 5, 4, 3
12	减量/变更	铁链颈后深蹲	135×8, 135CH×3, 45CH/3×3
		铁链卧推	135×8, 135CH×3, 50CH/3×4
13	1	颈后深蹲	57/3, 65/3, 70/3, 75/3
		抓举拉	4×3
		卧推	60/3, 67/4, 72/4, 77/4
		高翻高拉	4×3
		哑铃卧推/哑铃上斜卧推	8, 5, 5, 5
14	1	颈后深蹲	62/3, 70/3, 75/2, 80/2
		抓举拉	3, 3, 2, 2
		卧推	62/3, 70/3, 75/3, 80/3
		高翻高拉	3, 3, 2, 2
		哑铃卧推/哑铃上斜卧推	8, 5, 4, 4
15	1	颈后深蹲	67/3, 75/3, 80/2, 85/1
		抓举拉	4×2
		卧推	65/3, 72/4, 77/3, 82/2
		高翻高拉	4×2
		高翻高拉	8, 5, 4, 3
16	减量/变更	铁链颈后深蹲	135×8, 135CH×3, 45CH/3×3
		铁链卧推	135×8, 135CH×3, 50CH/3×4
17	2	颈后深蹲	57/3, 65/3, 70/3, 75/3
		单腿深蹲	57/3, 65/3, 70/3, 75/3（每侧）
		单臂哑铃抓举	4×3（每侧）
		上斜卧推	60/3, 67/4, 72/4, 77/4
		高翻拉	4×3
		哑铃卧推/哑铃上斜卧推	8, 5, 5, 5

续表

		赛季中	
训练周序号	训练	练习	方案*
18	2	颈后深蹲	62/3, 70/3, 75/2, 80/2
		单腿深蹲	62/3, 70/3, 75/2, 80/2（每侧）
		单臂哑铃抓举	3，3，2，2（每侧）
		上斜卧推	62/3, 70/3, 75/3, 80/3
		高翻拉	3，3，2，2
		哑铃卧推/哑铃上斜卧推	8，5，4，4
19	2	颈后深蹲	67/3, 75/3, 80/2, 85/1
		单腿深蹲	67/3, 75/3, 80/2, 85/1（每侧）
		单臂哑铃抓举	4×2（每侧）
		上斜卧推	65/3, 72/4, 77/3, 82/2
		高翻拉	4×2
		哑铃卧推/哑铃上斜卧推	8，5，4，3

*该列为每个周期的练习规定了具体的1RM百分比，以及要完成的重复次数。百分比是分数中的分子，而重复次数是分母。如果未列出百分比，则球员应选择可以通过良好技术完成规定强度的重量（首先列出组数，然后列出重复次数；例如3×8表示3组，每组8次重复）。如果要以相同百分比和重复次数进行多组练习，则组数将以×开头。例如，80/5×3表示80%1RM，3组，每组5次重复。对于铁链颈后深蹲和铁链卧推，135×8代表以135磅（约61千克）进行8次重复，而135CH×3则是以135磅（约61千克）加上铁链进行3次重复（这些是热身组）。对于铁链颈后深蹲和铁链卧推训练组，%1RM位于"CH"之前，并且铁链已计入负荷。例如，50CH/3×4表示50%1RM，加上铁链，4组，每组3次重复

第12章

赛季后训练计划设计

达伦·克赖因（Darren Krein）、杰里·帕尔米耶里（Jerry Palmieri）
和扎克·伍德芬（Zac Woodfin）

橄榄球运动员的赛季后训练计划的设计将包括对3个主要级别（高中、大学和职业）的球员的训练目的、目标和训练时长进行讨论。虽然不同的橄榄球位置确实各有独特的力量训练需求，但随着球员的赛季结束并进入休赛期，这些需求就变得更加个性化。在此阶段，在艰苦的赛季结束之后，无须针对各位置设计特定的训练方案。所有位置都可以在常规准备阶段和赛季后训练的基础力量阶段中采用相同的计划。这一阶段的训练几乎没有什么专项性，只有四分卫的训练需要有一些调整（在常规准备阶段中不需要调整，仅在基础力量阶段进行调整）。

目的和目标

赛季后训练计划的目标如下。

- 让身体休息、恢复并回归到良好的健康水平。
- 保持对体重和体脂百分比的控制。
- 保持正常水平的力量、心肺功能和柔韧性。
- 保持腹部和下背部的力量。
- 帮助身体为休赛期训练做好准备。

当球员的赛季中训练计划、场上练习和每周比赛结束时，将训练重点转向常规身体准备和动作质量就成了第一要务。进入这一训练阶段的球员的力量水平普遍会有所下降（似乎与上场比赛的次数和赛季的长短相关），并且会由于在球场上过劳而导致整体体能下降和疲劳，与伤病相关的力量减弱也很常见。因此，赛季后训练计划的挑战是在满足球员个人需求的同时仍然要求将球队作为一个整体进行训练。理想情况下，这些个人需求应具体且简单，应鼓励球员参与赛季后训练计划的制定和调整。可以建议他们留出时间进行个人反思或自我评估，以便确定他们来年可以改进的地方。教练及其他支持人员可以为球员提供帮助，基于球员最近和过去的伤病、体重或身体成分、柔韧性，以及力量和爆发力表现方面的数据为其提供建议。

最后，重要的是让球员了解身体成分在赛季后阶段中的重要性。在漫长的赛季结束后，许多球员会松懈下来，但保持健康的饮食习惯至关重要。在此过渡时期，人体最大的压力来自瘦体重的减少和体脂百分比的增加。球员应尽量使其体重、瘦体重和脂肪质量与赛季中阶段中的基本一致，只在小范围内增减。这样可以提高赛季后训练的效率，并减轻对身体的整体压力。

橄榄球是一项以力量和爆发力为基础的运动。赛季后训练的开始让球员有机会专注于恢复良好的身体健康状态并使用良好的身体力学。这包括要求球员通过基本练习来有效控制体重。重点为在练习的向心和离心阶段达到全活动范围的自重练习（例如俯卧撑、引体向上、平板支撑、开合跳、跳绳、深蹲、弓箭步和踏步登阶），这将有助于提升球员的整体柔韧性和增强解剖学核心区域的力量[2]。将重点放在自重练习上，并逐步融入一定强度的抗阻训练，将使球员能够更好地应对随后较高强度的抗阻训练，并能在休赛期训练开始时达到最佳状态。

训练计划的时长

赛季后阶段的训练时间长短取决于许多因素，包括比赛级别、赛季结束的时间、假期的长度，以及球员必须复工或复学的时间。高中和大学的条件可能相似，但仍有很大差异。大多数高中赛季都在11月初~11月中旬结束，但如果球队进入季后赛，其赛季可能会在11月下旬或12月初结束。同样，大学橄榄球赛季可能会在11月中旬结束，但是如果他们参加碗赛或季后赛，他们的赛季可能会延续到1月中旬。未能进入季后赛的NFL球队在12月的最后一周或1月的第一周结束其赛季。高中和大学可能会在开始休赛期训练之前有6~8周的时间，但是职业球队可能在仅3周或半个月之后就要到场馆开始自愿训练。在本章中，我们将针对所有3个级别提出建议的训练计划。

本章中列出的赛季后训练计划示例基于8周的时间段。不管赛季后的时间有多长，训练计划通常都由两个阶段组成：常规准备阶段和基础力量阶段。表12.1显示了基于比赛级别的赛季后训练计划时间分配。

表12.1 基于比赛级别的赛季后训练计划时间分配

比赛级别	休息	常规准备	基础力量	休息	总周数
高中	1周	3周	3周	1周	8周
大学	1周	3周	3周	1周	8周
职业	2周	3周	4周	1周	10周

训练计划的结构

赛季后训练计划始于常规准备阶段：每周3天的全身训练，重点放在动作质量及两组之间的休息时间上，以建立综合体能素质。在周一、周三和周五进行训练是首选。但是，也可以选择在周一、周三和周四进行训练，以解决与其他活动时间冲突或长周末的情况。

赛季后训练计划的第2个阶段是基础力量阶段，其中包括局部肌群训练法，类似于为休赛期推荐的训练。此训练计划包括在周一和周四训练上肢，在周二和周五训练下肢，周三为休息日。此训练计划将每周递增训练量和强度。心肺功能水平也应逐步递增，但这不是此阶段最重要的训练目的。

推荐的练习

赛季后力量训练计划包括涉及踝、膝和髋的三关节伸展的爆发式练习。在上肢训练日，爆发力练习之后将进行上肢推和拉的练习及一些辅助练习。在下肢训练日，爆发力练习之后是三关节伸展下肢练习和辅助练习。

全身练习

在此阶段中，全身练习的重点是建立身体素质的基线水平并逐步提高身体素质以适应之后较高的强度。橄榄球运动是力量和爆发力的结合，但是逐步增强球员的能力也非常重要，在赛季结束和新的训练阶段开始时尤其如此。在此阶段的前半部分进行的全身练习将会对全身所有部位施加压力，包括上肢、下肢、核心，并在一定程度上对心血管系统施加压力。常规准备阶段之后是赛季后训练计划的基础力量阶段，训练将转换为有更多常规练习。这些练习与休赛期训练计划的开始非常相似（即具有爆发性，与场上练习有关，且需要三关节伸展）。

以下是常规准备阶段的全身练习。

- 开合跳、跳绳和快速脚步练习都是为了使身体动起来并恢复状态而进行的。这些练习可提高球员的整体身体素质和心肺功能水平，而不是锻炼特定的肌肉。
- 毛毛虫爬练习和原地毛毛虫爬练习都有助于提高球员的整体身体素质，同时还可增强柔韧性并对核心肌肉产生压力。

以下是基础力量阶段的全身练习。

- 悬垂高翻高拉和杠铃抓举是要求三关节伸展的爆发力练习，强调的是髋部肌肉、股四头肌和臀肌，同时还要与上肢配合。这些练习能迫使中枢神经系统的激活和工作方式类似于球场上的实际情况。这两个练习都能帮助球员顺利过渡到休赛期训练阶段。
- 跳箱、哑铃1/4蹲跳、正面过臀抛药球和砸药球都是与橄榄球运动相关的练习。这些练习会迫使髋铰链同时激活上肢、下肢，并对中枢神经系统施加压力。

下肢练习

下肢力量对于在球场上取得成功至关重要，此外它还可以帮助球员保持和增加瘦体重。

- 颈后深蹲和前蹲通常被认为是锻炼下肢的最佳练习。这些练习类似于橄榄球场上的移动，它们需要身体做出有效的反应，在训练量和强度逐渐增加时尤其如此。这两个练习会对髋部、股四头肌、下背部、核心和臀肌施加压力。但是，前蹲已被证明可募集股内侧肌[3]、腹直肌和竖脊肌，且募集效果优于颈后深蹲[1]。

- 踏步登阶、弓箭步行走、反向弓箭步、箭步蹲和单腿深蹲都是指定动作，可以帮助球员增强单腿力量和对称性、协调性以及平衡能力。通常，橄榄球运动员会发现自己被迫进入必须拥有良好单腿力量的情况，其中包括需要单腿蹬地、切入、跳跃或单腿落地的动作。

- 侧向深蹲、滑板侧向弓箭步、90–90侧向弓箭步、滑板外展和内收、侧向弓箭步、拉力器内收，以及等距腹股沟保持或收缩肌肉练习可以锻炼腹股沟。由于橄榄球运动中有大量多方向动作，所以腹股沟力量非常重要，它也有助于预防损伤。

- 稳定球腿弯举和滑板腿弯举可锻炼腘绳肌。此外，其他练习（深蹲、踏步登阶和弓箭步）也使用腘绳肌作为协同收缩肌。重要的是腘绳肌和股四头肌的力量和对称性要保持良好的平衡，因为这有助于预防下肢受伤。

- 反向背部伸展可增强下背部肌肉的力量。在此练习过程中，对髋关节有很强的交叉拉伸，从而也增强了它的力量。

- 提踵走可增强灵活性、协调性和稳定性，同时还能增强踝关节周围的肌肉力量。由于时间限制和训练中多以增强较大的肌群的力量为重点，所以在训练时往往会忽略此部位。训练这些肌肉有助于降低踝关节受伤的风险。

上肢练习

橄榄球是一项身体多次出现碰撞的激烈运动，需要执行拦截、阻挡、臂挡和摆臂动作，因此对上肢的力量有很高的要求。

- 卧推、上斜卧推和所有哑铃卧推练习都与橄榄球运动在推的方面的动作非常相似。这些练习主要锻炼胸部、肩部和肱三头肌，这些部位都有助于减轻橄榄球运动中的碰撞影响。

- 过头推举是一个自然的动作，适用于橄榄球运动中的大多数位置。这些练习对于保持肩关节的正常运作很重要。它们还有助于增加肩部的肌肉量和增强力量，同时为橄榄球运动的撞击提供额外的保护层。

- 引体向上以及在垂直和水平平面上的所有拉和划船动作都模仿了橄榄球场上所需的拉扯技术。这些练习对于保持肩关节的姿势和位置正确起着重要的作用。胸肌力量通常较容易强化，所以针对胸肌的练习在球员中较受欢迎，但这通常会造成严重的不平衡。练习的重点应是垂直和水平拉，以防止出现不平衡和对称性问题，并有助于预防损伤。

- 任何涉及头部接触的运动都会进行颈部练习。大多数奥林匹克举重练习都可以锻炼斜方肌和颈部肌肉，这些肌肉有助于保护颈部和头部。适当训练肩部以上的身体部位可以帮助降低出现诸如脑震荡等损伤的风险。

核心练习

在常规准备阶段的训练循环中包含核心练习。当常规准备阶段切换到基础力量阶段时，核心的传统练习和药球练习在周一和周四进行，等距练习在周二、周四和周五进行，而功能练习则在周二和周五进行，全都安排在每次训练的末尾。

位置调整

在设计赛季后训练计划时，应首先制定以自重练习为重点的基本训练计划（第299页的表12.2），为训练奠定基础。在大约3周的常规准备阶段后，训练将进入基础力量阶段（第300 ~ 301页的表12.3），这将持续至休赛期训练的开始。大多数赛季后训练不需要特定于某一位置进行训练调整。四分卫位置可能是个例外，需要对推举练习进行一些调整。

训练量和强度

赛季后训练标志着新一年橄榄球训练的开始。在此期间需要设立一个基线，以进一步提高球员的综合体能素质。这也是在建立训练基础，开始为休赛期训练阶段做准备。由于球员刚刚结束了一个漫长的赛季，并且应该至少休息了一周的时间，因此对他们而言，重要的是引导他们开始思考如何慢慢恢复自己的健康、体能，并恢复橄榄球运动所需的体格。

常规准备阶段的训练循环是针对自重训练设计的，会使用较大的训练量，目的是让球员不断从一个练习转到另一个练习。对于每一个练习，球员都应尝试实现全范围活动，同时注重使用良好的技术。球员无须急于从一个练习转向另一个练习，但应保持良好的节奏。在常规准备阶段的3周中，球员应该慢慢开始进入更好的状态，在每周训练结束时都可明显注意到自己身体素质的提升。球员的目标是使用良好的技术和动作模式，并最终增加每个循环训练的组数。负重背心可能会对某些球员有用，从较轻的重量［6 ~ 10磅（3 ~ 5千克）］开始，并随着时间的推移而增加重量。

在第1周，每个循环训练至少应完成2次，每个循环组结束时不休息。在第1周之后，如果球员有能力，则可以增加训练量，执行3 ~ 4次循环。对于球员来说，更为重要的是注重技术和动作质量，而不是尽快或尽可能多次地完成循环训练。

经过3周的常规准备训练后，球员将进入基础力量训练阶段。该阶段将保持较大的训练

解读训练计划示例表
训练计划示例表中灰色的行表示根据场上位置对四分卫在基础力量阶段进行的更改。

量，但低于常规准备阶段。增加传统的力量训练并提高强度对球员会有明显的影响。在基础力量阶段的第2周和第3周，训练量将减小，并且随着正式休赛期训练的即将开始，强度应增加。基础力量阶段应该是训练中的过渡点，技术和动作质量应继续受到高度重视。

练习的顺序

常规准备阶段的练习顺序并不重要，但是要确保没有连续完成全部的上肢或下肢练习，即这两类练习要间隔安排。进入基础力量阶段时，建议按以下顺序安排训练课的练习。

1. 奥林匹克举重（在训练中首先完成）。

2. 非爆发力核心练习。

3. 辅助练习。

4. 解剖学核心区域练习（作为训练课的结束练习）。

赛季后训练计划示例与赛季的其他3个时期的训练计划示例相似，在基础力量阶段中有一些成对的推拉练习（或专门针对孤立部位的一组练习）。但是两组练习之间仍然需要一定的休息时间，这些配对或分组练习并不是连续循环的。

小结

我们可以从许多不同的角度来看待赛季后训练。体能教练需要考虑球员的比赛级别、最适合球队的练习、赛季的时长和比赛次数、球员的实际年龄和训练年龄，而最重要的就是要使球员获得最大利益。本章中介绍的指引——原则就是：混合搭配最有效的练习。

热身

热身1

泡沫轴滚动和动态热身

热身2

泡沫轴滚动、激活和基于动作的热身

迷你带挂钟，每侧2组×5次

- 右臂：1点钟、3点钟、5点钟
- 左臂：11点钟、9点钟、7点钟

  直臂触肩平板支撑，每侧2组×10次

热身3

泡沫轴滚动、激活和基于动作的热身

迷你带行走

- 横向［5码（约4.6米）］，2组×3次，重心向下、向后
- 向前和向后［10码（约9.1米）］，2组×2次，重心向下、向后

表12.2　常规准备阶段

周一

	练习	重复次数		练习	重复次数
	热身 1				
1	深蹲	15	7	反向划船	12 ~ 15
2	俯卧撑	12	8	滑板侧向弓箭步	每侧8次
3	交替仰卧抬腿	30 ~ 50秒	9	凳上反臂屈伸	12 ~ 20
4	平板支撑	40 ~ 65秒	10	杠铃腹肌轮	15
5	反向弓箭步并向上伸臂	每侧8次	11	开合跳	25
6	静止悬垂	30 ~ 60秒	12	直臂触肩平板支撑	每侧10次

连续执行2 ~ 4组，各组之间没有休息时间。

周三

	练习	重复次数		练习	重复次数
	热身 1				
1	高低手位俯卧撑	每侧8次	7	原地毛毛虫爬练习	8
2	弓箭步行走	每侧8次	8	侧向弓箭步	每侧8次
3	仰卧卷腹	15	9	稳定球三项	40 ~ 70秒
4	单腿深蹲	每侧8次	10	药球或稳定球腹股沟挤压	15
5	引体向上	6 ~ 15	11	跳绳	70
6	俯卧天使	25	12	半卷腹（同侧肘触膝）	每侧5次

连续执行2 ~ 4组，各组之间没有休息时间。

周五

	练习	重复次数		练习	重复次数
	热身 1				
1	侧平板支撑	每侧10秒	7	侧向深蹲	每侧10次
2	快速脚步练习［使用 3 ~ 6英寸（8 ~ 15 厘米）的箱子］	先出右脚10次，先出左脚10次	8	反向山羊挺身	15
3	双杠臂屈伸	8 ~ 15	9	悬挂式 Y 和 T 练习	每个练习10次
4	单腿深蹲	每侧8次	10	滑板外展和内收	12
5	交叉腿卷腹	每侧5次	11	踏步登阶	每侧10次
6	毛毛虫爬练习（移动）	8	12	悬挂式反向划船	12 ~ 15

连续执行2 ~ 4组，各组之间没有休息时间。

表12.3 基础力量阶段

周一（上肢）

	练习	组数 × 重复次数		练习	组数 × 重复次数
	热身2				
1	跳箱	第1周：3×8 第2周：2×6 第3周：2×5	4a	稳定球俯卧撑	3×12～15
2a	哑铃卧推	第1周：3×10 第2周：2×8 第3周：2×6	4b	悬挂式L练习	3×12
2b	引体向上	3×10～15	5a	腹部（药球）	依据动作而定
3a	站姿杠铃肩部推举（四分卫使用哑铃）	3×8～10	5b	悬挂式W练习	3×12
3b	直臂平板哑铃划船	3×10	6	4个方向的颈部练习	每个方向1×8

周二（下肢）

	练习	组数 × 重复次数		练习	组数 × 重复次数
	热身3				
1a	哑铃 1/4 蹲跳	2×6，2×8	3b	反向背部伸展	第1周：3×12 第2周：3×15 第3周：3×20
1b	正面过臀抛药球	每侧3×8	4a	稳定球腿弯举	第1周： 2×（10+8） 第2周： 2×（15+10） 第3周： 2×（15+12）
2a	前蹲或颈后深蹲	第1周：3×8 第2周：2×6 第3周：2×5	4b	腹部（功能）	依据动作而定
2b	药球或稳定球腹股沟挤压	第1周： 3×15秒 第2周： 3×20秒 第3周： 3×25秒	4c	提踵走	每只脚3×20码（约18米）
3a	侧向深蹲	每侧3×8	5	弹力带柔韧性练习：抬腿、外展、内收、股四头肌、屈髋肌	每侧1×10秒

续表

周四（上肢）

	练习	组数×重复次数		练习	组数×重复次数
	热身2				
1	抓举拉	第1周：3×6 第2周：2×5 第3周：2×4	4a	站姿哑铃或壶铃风车	每侧3×8
2a	上斜卧推（四分卫使用哑铃）	第1周：3×10 第2周：2×8 第3周：2×6	4b	20度上斜长凳俯卧肩部练习组合：L，T，W，Y	每个练习2×15
2b	反向划船（杠铃或TRX）	4×10～15	5a	仰卧哑铃肱三头肌伸展	3×12
3a	交替式哑铃卧推	3×10～12	5b	腹部（等距）	依据动作而定
3b	20度俯卧哑铃划船	3×10	6	4个方向的颈部练习	每个方向1×8

周五（下肢）

	练习	组数×重复次数		练习	组数×重复次数
	热身3				
1a	悬垂高翻高拉	第1周：3×5 第2周：3×5 第3周：2×5	3b	拉力器髋屈伸	3×15
1b	砸药球	3×10	4a	腹肌轮腿弯举	2×（15秒+8次重复）
2a	单腿深蹲	第1周：3×8 第2周：2×6 第3周：2×5	4b	腹部（功能）	依据动作而定
2b	弹力带或拉力器内收和屈髋	3×每侧10次	5	弹力带柔韧性练习：抬腿、外展、内收、股四头肌、屈髋肌	每侧1×10秒
3a	踏步登阶	每侧3×8，7，6			

第1章

[1] Anderson, LL, and Aagaard, P. Inf luence of maximal muscle strength and intrinsic muscle contractile properties on contractile rate of force development. *Eur J Appl Physiol* 96(4):46–52, 2006.

[2] Baker, D. A series of studies on the training of high–intensity muscle power in rugby league football players. *J Strength Cond Res* 15(2):198–209, 2001.

[3] Blazevich, AJ, and Jenkins, DG. Effect of the movement of resistance training exercises on sprint and strength performance in concur–rently training elite junior sprinters. *J Sports Sci* 20:981–990, 2002.

[4] Brown, SR, Feldman, ER, Cross, MR, Helms, ER, Marrier, B, Samozino, P, and Morin, JB. The potential for a target strength–training program to decrease asymmetry and increase performance: A proof of concept in sprinting. *Intl J Sports Physiol and Perf* 12(10):1392–1395, 2017.

[5] Bilsborough, JC, Kempton, T, Greenway, K, Cordy, J, and Coutts, AJ. Longitudinal changes and seasonal variation in body composition in professional Australian football players. *Inter J Sports Physiol and Perf* 12:10–17, 2017.

[6] Caterisano, A, Hutchison, R, Parker, C, James, S, and Opskar, S. Improved functional power over a 5–week period: Comparison of combined weight–training to f lexible barbell training. *J Strength Cond Res* 32(8):2109–2115, 2018.

[7] Chelly, MS, Hermassi, S, Aouadi, R, and Shepard, RJ. Effects of 8–week in–season plyometric training on upper and lower limb performance of elite adolescent handball players. *J Strength Cond Res* 28(5):1401–1410, 2014.

[8] Collins, CL, Fletcher, EN, Fields, SK, Klu–churosky, L, Rohrkemper, MK, Comstock, and Cantu, R. Neck strength: A protective factor reducing risk for concussion in high school sports. *J Primary Prevent* 35:309–319, 2014.

[9] Colquhoun, RJ, Tomko, PM, Magrini, MA, Muddle, TWD, and Jenkins, NDM. The influence of input excitation on the inter– and intraday reliability of the motor unit firing rate versus recruitment threshold relationship. *J Neurophysiol* 120:3131–3139, 2018.

[10] de Hoyo, M, Pozzo, M, Sanudo, B, Carrasco, L, Gonzalo–Skok, O, Dominguez–Cobo, S, and Moran–Camacho, E. Effects of a 10–week in–season eccentric–overload training program on muscle–injury prevention and performance in junior elite soccer players. *Intl J Sports Physiol and Perf* 10(1):46–52, 2015.

[11] Del Vecchio, A, Negro, F, Falla, D, Bazzucchi, I, Farina, D and Felici, F. Higher muscle fiber conduction velocity and early rate of torque development in chronically strength trained individuals. *J Appl Physiol* 125(4):1218–1226, 2018.

[12] Gentry, M, and Caterisano, A. *The Ultimate Guide to Physical Training for Football*. New York: Sports Publishing, 6–18, 2013.

[13] Goolsby, MA, and Boniquit, N. Bone health in athletes: The role of exercise, nutrition, and hormones. *Sports Health* 9(2):108–117, 2017.

[14] Goode, AP, Reiman, MP, Harris, L, DeLisa, L, Kauffman, A, Beltramo, D, Poole, C, Led–better, L, and Taylor, AB. Eccentric training for prevention of hamstring injuries may depend on intervention and compliance: A systematic review and meta–analysis. *Brit J Sports Med* 49(6):349–356, 2015.

[15] Haff, GG, and Nimphius, S. Training principles for power. *Strength Cond J* 34(1):2–12, 2012.

[16] Haff, GG, and Triplett, NT. *Essentials of Strength Training and Conditioning.* 4th ed. Champaign, IL: Human Kinetics, 25, 261, 522–523, 2016.

[17] Hislop, MD, Stokes, KA, Williams, S, McKay, CD, England, ME, Kemp, SPT, and Trewartha, G. Reducing musculoskeletal injury and concussion risk in schoolboy rugby players with preactivity movement control exercise program: A cluster randomized controlled trial. *Brit J Sports Med* 51(15):1473–1480, 2017.

[18] Hodgson, M, Docherty, D, and Robbins, D. Post–activation potentiation: Underlying physiology and implications for motor performance. *Sports Med* 35(7):585–595, 2005.

[19] Hutchison, R, and Caterisano, A. Electromyographic and kinetic comparison of a flexible and steel barbell. *J of Human Sport and Exer* 12:380–385, 2017.

[20] Jakobsen, JR, Jakobsen, NR, Mackey, AL, Knudsen, AB, Koch, M, Kjaer, M, and Krogsgaard, MR. Composition and adaptation of human myotendinous junction and neighboring muscle fibers to heavy resistance training. *Scand J Med Sci Sports* 27(12):1547–1559, 2016.

[21] Jakobsen, JR, Mackey, AL, Koch, M, Kjaer, M, and Krogsgaard, MR. Remodeling of muscle fibers approaching the human myotendinous junction. *Scand J Med Sci Sports* 28(6):1–13, 2018.

[22] Kelly, JS, and Metcalfe, J. Validity and reliability of body composition analysis using the Tanita BC418–MA. *J Exer Physiol* 15(6):74–83, 2012.

[23] Knuttgen, HG, and Kraemer, WJ. Terminology and measurement in exercise performance. *J Appl Sport Sci Res* 1:1–10, 1987.

[24] Mehl, J, Diermieir, T, Herbst, E, Imhoff, AB, Stoffels, T, Zantop, T, Petersen, W, and Achtnich, A. Evidence–based concepts for prevention of knee and ACL injuries. 2017 guidelines of the ligament committee of the German Knee Society (DKG). *Arthro Sports Med* 138:51–61, 2018.

[25] McBride, JM. Nature of power. In *NSCA Sport Performance Series: Developing Power.* McGuigan, M, ed. Champaign, IL: Human Kinetics, 2017.

[26] McBride, JM, Blow, D, Kirby, TJ, Haines, TL, Dayne, AM, and Triplett, NT. Relationship between maximal squat strength and five, ten, and forty–yard sprint times. *J Strength Cond Res* 23(6):1633–1636, 2009.

[27] Muller, W, Furhapter–Rieger, A, Kainz, P, Kropfl, JM, Maughan, RJ, and Ahammer, H. Body composition in sport: A comparison of a novel ultrasound imaging technique to measure subcutaneous fat tissue compared with skinfold measurement. *Brit J Sports Med* 47(16):1028–1035, 2013.

[28] Owen, A, Dunlop, G, Chtara, M, Zouhal, H, and Wong P. The relationship between lower–limb strength and match–related muscle damage in elite level professional European soccer players. *J Sports Sci* 33(20):2100–2105, 2015.

[29] Ramos, VR, Requena, B, Suarez–Arrones, L, Newton, RU, and Saez de Villareal, E. Effects of an 18–week in–season heavy–resistance and power training on throwing velocity, strength, jumping and maximal sprint swim performance of elite male water polo players. *J Strength Cond Res* 28(4):1007–1014, 2014.

[30] Ratamess, NA, Hoffman, JR, Faigenbaum, AD, Mangine, GT, Falvo, MJ, and Kang, J. The combined effect of protein intake and resistance training on serum osteocalcin concentrations in strength and power athletes. *J Strength Cond Res* 21(4):1197–1207, 2007.

[31] Rector, RS, Rogers, R, Ruebel, M, Widzer, MO, and Hinton, PS. Lean body mass and weight–bearing activity in the prediction of bone mineral density in physically active men. *J Strength Cond Res* 23(2):427–435, 2009.

[32] Rodriguez–Rosell, D, Franco–Marquez, F, Pareja–Blanco, F, Mora–Custodio, R, Yanez–Garcia, JM, Gonzalez–Suarez, JM, and Gonzalez–Badillo, JJ. Effects of 6 weeks resistance training combined with plyometric and speed exercises on physical performance of pre–peak–height–velocity soccer players. *Intl J Sports Physiol* 11:240–246, 2016.

[33] Sale, D. Post–activation potentiation: Role in human performance. *Exer Sport Sci Rev* 30:138–143, 2002.

[34] Seitz, LB, and Haff, GG. Factors modulating post–activation potentiation of jump, sprint, throw, and upper–body ballistic performances: A systemic review with meta-analysis. *Sports Med* 46:231–240, 2016.

[35] Serpell, BG, and Young, WB. Are the perceptual and decision making components of agility trainable? A preliminary investigation. *J Strength Cond Res* 25(5):1240–1248, 2011.

[36] Soomro, N, Sanders, R, Hackett, D, Hubka, T, Ebrahimi, S, Freeston, J, and Cobley, S. The efficacy of injury prevention programs in adolescent team sports. *Am J Sports Med* 44(9):2415–2424, 2015.

[37] Speirs, DE, Bennett, MA, Finn, CV, and Turner, AP. Unilateral and bilateral squat training for strength, sprints, and agility in academy rugby players. *J Strength Cond Res* 30(2):386–392, 2016.

[38] Stodden, DF, and Galitsky, M. Longitudinal effects of a collegiate strength and conditioning program in American football. *J Strength Cond Res* 24(9):2300–2308, 2010.

[39] Stone, MH, Collins, D, Plisk, S, Haff, GG, and Stone, ME. Training principles: Evaluation of modes and methods of training. *NSCA Journal* 22(3):65–76, 2000.

[40] Suchomel, T, Nimphius, S, and Stone, MH. The importance of muscular strength in athletic performance. *Sports Med* 46(10): 1419–1431, 2016.

[41] Sugiura, Y, Sakuma, K, Sakuraba, K, and Sato, Y. Prevention of hamstring injuries in collegiate sprinters. *Ortho J Sports Med* 5(1):1–6, 2017.

[42] Thomas, K, French, D, and Hayes, PR. The effect of two plyometric training techniques on muscular power and agility in youth soccer players. *J Strength Cond Res* 23(1):332–335, 2009.

[43] Tucker, LA, Lecheminant, JD, and Bailey, BW. Test–retest reliability of the Bod Pod: The effect of multiple assessments. *Percep Motor Skills* 118(2):563–570, 2014.

[44] Van der Horst, N, Smits, DW, Petersen, J, Goedhart, EA, and Backx, FJ. The preventative effect of the Nordic hamstring exercise on hamstring injuries in amateur soccer players: Study protocol for a randomized controlled trial. *J Int Soc Child Adol Inj Prevent* 20(4):e8, 2013.

[45] Zatsiorsky, VM, and Kraemer, WJ. *Science and Practice of Strength Training*. 2nd ed. Champaign, IL: Human Kinetics, 26–27, 61–65, 2006.

第2章

[1] Aagaard, P, Simonsen, EB, Andersen, JL, Magnusson, P, and Dyhre–Poulsen, P. Increased rate of force development and neural drive of human skeletal muscle following resistance training. *J Appl Physiol* 93(4): 1318–1326, 2002.

[2] Anderson, T, and Kearney, JT. Effects of three resistance training programs on muscular strength and absolute and relative endurance. *Res Q Exerc Sport*, 53(1):1–7, 1982.

[3] Angelino, D, McCabe, TJ, and Earp, JE. Comparing acceleration and change of direction ability between backpedal and cross–over run techniques for use in American football. *J Strength Cond Res*, 2018.

[4] Arthur, RC, Liotta, FJ, Klootwyk, TE, Porter, DA, and Mieling, P. Potential risk of reruption in primary Achilles tendon repair in athletes younger than 30 years of age. *Am J Sports Med* 33:119–123, 2005.

[5] Baker, D. Comparison of upper–body strength and power between professional and college–aged rugby league players. *J Strength Cond Res* 15(1):30–35, 2001.

[6] Bernstein, N. *The Coordination and Regulation of Movements*. Oxford, England: Pergamon Press, 1967.

[7] Cormie, P, McGuigan, MR, and Newton, RU. Developing maximal neuromuscular power. *Sports Med* 41(2):125–146, 2011.

[8] DeWeese, B, and Nimphius, S. Speed and agility program design and technique. In *Essentials of Strength Training and Conditioning*. Triplett, NT, and Haff, GG, eds. Champaign, IL: Human Kinetics, 521–557, 2016.

[9] Flynn, TW, and Soutas–Little, RW. Mechanical power and muscle action during

forward and backward running. *J Orthop Sports Phys Ther* 17:108–112, 1993.

[10] Haff, GG, and Nimphius, S. Training principles for power. *Strength Cond J* 34: 2–12, 2012.

[11] Hoff, J, Støren, Ø, Finstad, A, Wang, E, and Helgerud, J. Increased blood lactate level deteriorates running economy in world class endurance athletes. *J Strength Cond Res* 30(5):1373–1378, 2016.

[12] Howe, LP, Read, P, and Waldron, M. Muscle hypertrophy. *Strength Cond J* 39(5):72–81, 2017.

[13] Järvinen, TA, Järvinen, TL, Kääriäinen, M, Aärimaa, V, Vaittinen, S, Kalimo, H, and Järvinen, M. Muscle injuries: Optimising recovery. *Best Pract Res Clin Rheumatol* 21:317–331, 2007.

[14] Kraemer, WJ. A series of studies—the physiological basis for strength training in American football. *J Strength Cond Res* 11(3):131–142, 1997.

[15] Komi, PV. Physiological and biomechanical correlates of muscle function: Effects of muscle structure and stretch–shortening cycle on force and speed. *Exerc Sport Sci Rev* 12:81–121, 1984.

[16] Lacquaniti, F, Ivanenko, YP, and Zago, M. Patterned control of human locomotion. *J Physiol* 590:2189–2199, 2012.

[17] Novacheck, TF. The biomechanics of running. *Gait Posture* 7:77–95, 1998.

[18] Peterson, MD, Alvar, BA, and Rhea, MR. The contribution of maximal force production to explosive movement among young collegiate athletes. *J Strength Cond Res* 20:867–873, 2006.

[19] Pincivero, DM, and Bompa, TO. A physiological review of American football. *Sports Med* 23(4):247–260, 1997.

[20] Rhea, MR, Hunter, RL, and Hunter, TJ. Competition modeling of American football. *J Strength Cond Res* 20(1):58–61, 2006.

[21] Sheppard, JM, and Young, WB. Agility literature review: classifications, training and testing. *J Sports Sci* 24(9):919–932, 2006.

[22] Siff M. Biomechanical foundations of strength and power training. In *Biome-chanics in Sport*. Zatsiorsky, V, ed. London: Blackwell Scientific Ltd, 103–139, 2001.

[23] Sparrow, WA. Measuring changes in coordination and control. In *Approaches to the study of motor control and learning*. Summers, J.J., ed. North Holland: Elsevier Science Publishers, 147–162, 1992.

[24] Stone, MH. Position statement: Explosive exercises and training. *J Strength Cond Res* 15(3):7–15, 1993.

[25] Stone MH, Moir, G, Glaister, M, and Sanders, R. How much strength is necessary? *Phys Ther Sport* 3:88–96, 2002.

[26] Suchomel, TJ, Nimphius, S, and Stone, MH. The importance of muscular strength in athletic performance. *Sports Med* 46(10): 1419–1449, 2016.

[27] Turvey, MT. Coordination. *Am Psychol* 45:938–953, 1990.

[28] Ward, PA, Ramsden, S, Coutts, AJ, Hulton, AT, and Drust, B. Positional differences in running and non–running activities during elite American football training. *J Strength Cond Res* 32(7):2072–2084, 2018.

[29] Wellman, AD, Coad, SC, Goulet, GC, and McLellan, CP. Quantification of competitive game demands of NCAA Division I college football players using global positioning systems. *J Strength Cond Res* 30(1):11–19, 2016.

[30] Wellman, AD, Coad, SC, Goulet, GC, Coffey, VG, and McLellan, CP. Quantification of accelerometer derived impacts associated with competitive games in NCAA Division I college football players. *J Strength Cond Res* 31(2):330–338, 2016.

[31] Weyand, PG, Sternlight, DB, Bellizzi, MJ, and Wright, S. Faster top running speeds are achieved with greater ground forces, not more rapid leg movements. *J Appl Physiol* 89(5):1991–1999, 2000.

[32] Wickkiser, JD, and Kelly, JM. The body composition of a college football team. *Med Sci Sports Exerc* 7(3):199–202, 1975.

[33] Young, WB, Dawson, B, and Henry, GJ. Agility and change–of–direction speed are independent skills: Implications for training for agility in invasion sports. *Int J Sports Sci Coach* 10(1):159–169, 2015.

[34] Zamparo, P, Minetti AM, and Prampero, PD. Interplay among the changes of muscle strength, cross–sectional area and maximal explosive power: *Theory and facts. Eur J Appl Physiol* 88(3):193–202, 2002.

第3章

[1] Earle, RW. Weight training exercise pres–cription. In *Essentials of Personal Training Symposium Workbook*. Lincoln, NE: NSCA Certification Commission, 3–39, 2006.

[2] Haff, GG, and Triplett, NT. Principles of test selection and administration; Administration, scoring, and interpretation of selected tests. In *Essentials of Strength Training and Con–ditioning*. 4th ed. Champaign, IL: Human Kinetics, 249–316, 2016.

[3] Hopkins WG, Schabort EJ, and Hawley JA. Reliability of power in physical performance tests. *Sports Med* 31: 211–234, 2001.

[4] Ivey, P, and Stoner, J. *Complete Conditi–oning for Football*. Champaign, IL: Human Kinetics, 15, 20, 69, 103–186, 2012.

[5] McBride, MJ. Nature of power. In *Deve–loping Power*. McGuigan, M, ed. Champaign, IL: Human Kinetics, 11–12, 2017.

[6] McGuigan, M. Principles of test selection and administration. In *Essentials of Strength Training and Conditioning*. 4th ed. Haff, GG, and Triplett, NT, eds. Champaign, IL: Human Kinetics, 250–252, 2016.

[7] Sheppard, MJ. Lower body power exercises. In *Developing Power*. McGuigan, M, ed. Champaign, IL: Human Kinetics, 113–114, 2017.

第4章

[1] Colquhoun, RJ, Gai, CM, Aguilar, D, Bove, D, Dolan, J, Vargas, A, Couvillion, K, Jenkins, ND, and Campbell, BI. Training volume, not frequency, indicative of maximal strength adaptations to resistance training. *J Strength Cond Res* 32:1207–1213, 2018.

[2] DeLorme, TL. Restoration of muscle power by heavy–resistance exercises. *J Bone Joint Surg* 27:645, 1945.

[3] Sale, D, and MacDougall, D. Specificity in strength training: A review for the coach and athlete. *Can J Appl Sport Sci* 6:87–91, 1981.

[4] Sheppard, J, and Triplett, NT. Program design for resistance training. In *Essentials of Strength Training and Conditioning*. 4th ed. Haff, GG, and Triplett, NT, eds. Champaign, IL: Human Kinetics, 439–470, 2016.

第5章

[1] Carlock, JM, Smith, SL, Hartman, MJ, Morris, RT, Ciroslan, DA, Pierce, KC, Newton, RU, Harman, EA, Sands, WA, and Stone, MH. The relationship between vertical jump power estimates and weightlifting ability: A field test approach. *J Strength Cond Res* 18:534–539, 2004.

[2] Channell, BT, and Barfield, JP. Effect of Olympic and traditional resistance training on vertical jump improvement in high school boys. *J Strength Cond Res* 22:1522–1527, 2008.

[3] Chiu, L, and Schilling, BK. A primer on weightlifting: From sport to sports training. *Strength Cond J* 27:42–48, 2005.

[4] Conroy, M, Dimas, P, Dreschler, A, Feher, T, and Gattone, M. *USA Weightlifting Sports Performance Coaching Manual*. Colorado Springs, CO: USA Weightlifting, 26–29, 64, 2017.

[5] Gambetta, V, and Odgers, S. *The Complete Guide to Medicine Ball Training*. Sarasota, FL: Optimum Sports Training, 1991.

[6] Hori, N, Newton, RU, Nosaka, K, and Stone, MH. Weightlifting exercises enhance athletic performance that requires high–load speed strength. *Strength Cond J* 27:50–55, 2005.

第6章

[1] Caulfield, S, and Berninger, D. Exercise techniques for free weight and machine training. In *Essentials of Strength Training and Conditioning*. 4th ed. Haff, GG, and Triplett, NT, eds. Champaign, IL: Human Kinetics, 351–408, 2016.

[2] Haff, GG, Caulfield, S, and Berninger, D. Exercise techniques for alternative modes and nontraditional implement training. In *Essentials of Strength Training and Condi–tioning*. 4th ed. Haff, GG, and Triplett, NT,

eds. Champaign, IL: Human Kinetics, 409–438, 2016.

[3] McBride, J. Biomechanics of resistance exercise. In *Essentials of Strength Training and Conditioning*. 4th ed. Haff, GG, and Triplett, NT, eds. Champaign, IL: Human Kinetics, 19–42, 2016.

[4] Glassbrook, DJ, Helms, ER, Brown, SR, and Storey, AG. A review of the biomechanical differences between the high–bar and low–bar back squat. *J Strength Cond Res* 31(9): 2618–2634, 2017.

第7章

[1] Caulfield, S., and Berninger, D. Exercise techniques for free weight and machine training. In *Essentials of Strength Training and Conditioning*. 4th ed. Haff, GG, and Triplett, NT, eds. Champaign, IL: Human Kinetics, 351–408, 2016.

[2] Delavier, F. *Strength Training Anatomy*. 3rd ed. Champaign, IL: Human Kinetics, 6–119, 2010.

[3] Haff, GG, Caulfield, S, and Berninger, D. Exercise techniques for alternative modes and nontraditional implement training. In *Essentials of Strength Training and Conditioning*. 4th ed. Haff, GG, and Triplett, NT, eds. Champaign, IL: Human Kinetics, 413–416, 2016.

[4] Potach, DH, and Chu, DC. Program design and technique for plyometric training. In *Essentials of Strength Training and Conditioning*. 4th ed. Haff, GG, and Triplett, NT, eds. Champaign, IL: Human Kinetics, 514, 517, 2016.

第8章

[1] Behm, DG, Drinkwater, EJ, Willardson, JM, and Cowley, PM. Canadian Society for Exercise Physiology position stand: The use of instability to train the core in athletic and nonathletic conditioning. *Appl Physiol Nutr Metab* 35:109–112, 2010.

[2] Behm, DG, Drinkwater, EJ, Willardson, JM, and Cowley, PM. The use of instability to train the core musculature. *Appl Physiol Nutr Metab* 35:91–108, 2010.

[3] Haff, GG, Caulfield, S, and Berninger, D. Exercise techniques for alternative modes and nontraditional implement training. In *Essentials of Strength Training and Conditioning*. 4th ed. Haff, GG, and Triplett, NT, eds. Champaign, IL: Human Kinetics, 409–438, 2016.

[4] Hamlyn, N, Behm, DG, and Young, WB. Trunk muscle activation during dynamic weight–training exercises and isometric instability activities. *J Strength Cond Res* 21:1108–1112, 2007.

[5] Nuzzo, JL, McCaulley, GO, Cormie, P, Cavill, MJ, and McBride, JM. Trunk muscle activity during stability ball and free weight exercises. *J Strength Cond Res* 22: 95–102, 2008.

[6] Willardson, JM. Core stability training: Applications to sports conditioning programs. *J Strength Cond Res* 21:979–985, 2007.

第12章

[1] Comfort, P, Pearson, S, and Mather, D. An electromyographical comparison of trunk muscle activity during isometric trunk and dynamic strengthening exercises. *J Strength Cond Res* 25(1):149–154, 2011.

[2] Haff, GG, Berninger, D, and Caulfield, S. Exercise technique for alternative modes and nontraditional implement training. In *Essentials of Strength Training and Conditioning*. 4th ed. Haff, GG, and Triplett, NT, eds. Champaign, IL: Human Kinetics, 409–438, 2016.

[3] Yavuz, U, Erdag, D, Amca, A, and Aritan, S. Kinematic and EMG activities during front squat and back squat variations in maximum loads. *J Sport Sci* 33(10):1058–1066, 2015.

关于 NSCA

美国国家体能协会（National Strength and Conditioning Association，NSCA）在体能训练领域是全球领先的组织。凭借在体能训练、运动科学、运动表现研究、教育和运动医学领域中最杰出的专业人员所提供的资源和专业知识，NSCA成为全世界教练和运动员信赖的运动知识及训练指南来源。NSCA架起了实验室和训练实践之间的桥梁。

杰里·帕尔米耶里（Jerry Palmieri），曾在汤姆·库格林领导的纽约巨人队中担任体能教练长达12年。帕尔米耶里在就读新泽西州杜蒙特市的杜蒙特高中期间打橄榄球，并从那时开始以业余拳击手的身份参加拳击赛。在蒙特克莱尔州立大学获得体育学学士学位后，他回到杜蒙特高中担任橄榄球和田径助理教练，由此开始教练生涯。

帕尔米耶里后来在北卡罗来纳大学教堂山分校获得了运动生理学硕士学位。然后，他在俄克拉何马州、堪萨斯州和波士顿学院担任体能教练。1995年，他在杰克逊维尔美洲虎队开启其在美国职业橄榄球联盟的职业之路，并在该队执教了8个赛季。2003年，他在新奥尔良圣徒队度过，然后于2004年回到家乡，在纽约巨人队执教。他于2017年退出美国职业橄榄球联盟，由此结束了长达34年的体能教练生涯。

1999年，帕尔米耶里被职业橄榄球体能教练协会评为年度最佳教练。之后，他被Samson Equipment评为2007年度美国职业橄榄球联盟最佳体能教练。在纽约巨人队的2007年和2011年超级碗冠军赛季中，他均是教练组成员。他撰写了许多有关体能训练的文章。他不仅喜欢谈论自己的专业，还喜欢分享自己的精神世界。

帕尔米耶里与他的高中恋人埃伦（Ellen）结为伉俪。他们的女儿安娜玛丽（Annamarie）是位于加利福尼亚州圣莫尼卡市的咨询公司Winner & Mandabach Campaigns的副总裁。他们的儿子托尼（Tony）是特拉华大学的橄榄球视频协调员。托尼和妻子萨布丽娜（Sabrina）为帕尔米耶里和埃伦生下了他们的第1个孙子加布里埃尔（Gabriel）。

达伦·克赖因（Darren Krein），目前受雇于极限职业橄榄球联盟（Xtreme Football League，XFL）的坦帕队。他拥有18年的美国职业橄榄球联盟执教经验，于2011年至2017年担任印第安纳波利斯小马队的体能主教练，于2011年至2015年担任迈阿密海豚队的体能主教练。2013年，在美国职业橄榄球联盟的体能教练年度晚宴上，他被同行们评为美国职业橄榄球联盟年度最佳力量教练。

1997年至1998年及2001年至2009年，克赖因担任西雅图海鹰队的助理体能教练，他在任期间协助球员的力量训练计划和休赛期体能训练计划的执行。他还是为受伤球员设计康复计划和实施康复训练的主要人员。

在开始执教之前，克赖因于1994年美国职业橄榄球联盟选秀的第5轮（总第150名）被圣迭戈电光队选中，但由于膝伤缺席了新秀赛季。克赖因是科罗拉多州奥罗拉人，他在迈阿密大学飓风队连续4个赛季（1989年至1993年）获评优秀球员。在大四那年，他以全票入选美国大学大东联盟第1阵容，并入选美联社全美第2阵容。在迈阿密大学期间，克赖因作为飓风队的球员共收获190个拦截和17.5个擒杀，并获得了商业管理学位。他还拥有A.T.斯蒂尔健康科学大学的运动机能学硕士学位。

布雷特·巴塞洛缪（Brett Bartholomew），MSEd，CSCS*D，RSCC*D，是运动表现教练、畅销书作家和主题演讲人。他是教练培训公司Art of Coaching的创始人，拥有丰富的经验，合作过的客户包括运动团队、个人运动员及美国特种部队成员。此外，他还和《财富》杂志评出的世界500强公司的员工一起工作。巴塞洛缪已指导过20个体育项目的各级别运动员，包括青少年运动员、奥运参赛者，以及美国职业橄榄球联盟、美国职业篮球联赛、美国职业棒球联盟、终极格斗冠军赛、美国职业足球联盟和美国大学体育协会的运动员。

安东尼·卡泰里萨诺（Anthony Caterisano），PhD，FACSM，在北卡罗来纳大学教堂山分校获得硕士学位，并于1984年在康涅狄格大学获得博士学位。他自1999年以来一直是美国运动医学会的会员。作为福尔曼大学的教授，他在健康科学系教授运动生理学课程已超过35年，并且在1984年至1991年担任福尔曼大学摔跤队的主教练。卡泰里萨诺博士与迈克·金特里博士合著了两本关于橄榄球运动体能训练的书，并在体能训练研究期刊上发表了几篇论文。

迈克·金特里（Mike Gentry），EdD，CSCS，MSCC，RSCC*E，曾于1987年至2015年担任弗吉尼亚理工学院运动表现专业的运动副主任。1982年至1986年，他担任东卡罗来纳州立大学的体能训练主任。金特里博士是美国国家体能协会体能训练专家认证的第42位通过者。他于1999年在弗吉尼亚理工学院获得教育学博士学位。金特里博士与安东尼·卡泰里萨诺博士合著了两本书：2004年的《获胜机会：橄榄球体能训练完整指南》（*A Chance*

to Win: A Complete Guide to Physical Training for Football）和2013年的《橄榄球体能训练终极指南》（*The Ultimate Guide to Physical Training for Football*）。

杰夫·赫德（Jeff Hurd），MS，CSCS，RSCC*E，在担任美国职业橄榄球联盟体能教练25年后退休。在此之前，他曾担任大学体能教练达10年。赫德在福特海斯州立大学获得学士和硕士学位。目前，他是位于得克萨斯州乔治敦的Hurd Performance公司的老板兼首席执行官。

纳塔涅尔·D. M. 詹金斯（Nathaniel D. M. Jenkins），PhD，CSCS*D，NSCA-CPT*D，俄克拉何马州立大学运动机能学系、应用健康和娱乐系及营养科学系联合任命的助理教授。他负责指导应用神经肌肉生理学及应用营养和运动科学实验室的研究生。詹金斯博士在2018年获得美国国家体能协会的特里·J. 胡斯杰出青年调查员奖及俄克拉何马州立大学教育、健康和航空学院的杰出研究员奖。他是美国国家体能协会、美国运动医学会、美国心脏协会和美国生理学会的成员。

理查德·C. 兰斯基（Richard C. Lansky），CSCS，ACSM-EP，美国举重协会高级国际教练5级，佛罗里达州布雷登顿市布雷登河高中的体能教练。在30年的职业生涯中，他执教过全国排名很高的海牛高中、萨拉索塔－布克高中及私营企业的运动员。兰斯基于1988年从雪城大学毕业，执教过各个级别的举重运动员（包括泛美运动会和世界锦标赛参赛运动员）。他获得的奖项包括2006年美国奥林匹克委员会的康瑟尔曼博士举重科学奖，《美国橄榄球

月刊》（*American Football Monthly*）2014年度最佳高中力量教练，以及美国国家高中力量教练协会2018年度最佳东南地区力量教练。

安东尼·罗曼多（Anthony Lomando），CSCS，NASM-CES，NASM-PES，FS TLevel Ⅱ，目前担任丹佛野马队的助理体能教练，并在美国职业橄榄球联盟执教多年。在去丹佛之前，罗曼多于2009年至2011年在杰克逊维尔美洲虎队工作了3年，任职体能训练人员。此前，他在Athletes' Performance（现在更名为EXOS）公司任职运动表现专家。他于2007年至2008年受雇于卡塔尔国家足球队和足球奥运代表队。罗曼多于2006年获得位于圣路易斯-奥比斯波的加利福尼亚州立理工大学的运动机能学学士学位，并于2008年获得宾州加利福尼亚大学的复健科学硕士学位。

埃里克·米拉（Erik Myyra），MS，CSCS，目前在佛罗里达州立大学工作，负责田径队的训练。在加入佛罗里达州立大学之前，米拉曾在巴特勒大学、陶森大学和密歇根大学任职。米拉在东密歇根大学获得硕士学位，在校期间是田径运动员兼教练。在本科学习期间，他是阿尔比恩学院的田径运动员和橄榄球运动员，并在该校获得了运动科学学士学位。

吉姆·皮尔（Jim Peal），MS，CSCS，拥有30多年的体能训练经验。皮尔的职业生涯始于俄亥俄州的迈阿密大学，他当时是一名非奖学金球员，在场上的位置是线锋。随后他在埃文斯维尔大学、田纳西大学、堪萨斯州立大学、堡垒军事学院、纽约州立大学布法罗分校和巴特勒大学担任教练职位，并在最近从巴特勒大学退休。皮尔的理念是在强调全身发展的同时，注重运动项目的要求和对锻炼的坚持。他的职业生涯成就包括2次执教球队进入决赛阶段的经历，是首批通过美国国家体能协会体能训练专家认证的人之一。

　　泰德·拉思（Ted Rath）是洛杉矶公羊队的力量训练和运动表现主管，并且在美国职业橄榄球联盟拥有10多年的执教经验。他的教练生涯从高中和大学级别的球队开始。他为多份出版物撰写过文章，并经常在国内外的会议、研习班和企业活动中进行演讲。在执行由他自己设计的训练计划的第1个赛季，拉思就被职业橄榄球体能教练协会评为年度最佳体能教练。

　　扎克·伍德芬（Zac Woodfin），CSCS，美国举重协会教练2级，堪萨斯大学橄榄球队体能主教练。在加入堪萨斯大学之前，他在南密西西比大学担任了2年体能主教练。2014年，伍德芬在母校亚拉巴马大学伯明翰分校任职体能主教练期间，被FootballScoop网站评为年度最佳力量教练。在此之前，他在绿湾包装工队作为助理力量教练工作了3个赛季。伍德芬通过与Athletes's Performance公司的合作入行，他在该公司训练过奥运运动员及美国职业橄榄球联盟、美国职业篮球联赛和美国职业棒球联盟的运动员。在大学期间，伍德芬是亚拉巴马大学伯明翰分校史上的最佳拦截球员。大学毕业后，他与绿湾包装工队签约、成为自由球员。后来，他与巴尔的摩乌鸦队签约，并在该队度过了一个赛季，随后在美国职业橄榄球联盟欧洲联赛度过了一个赛季，并在之后不久与休斯敦得州人队签约。

关于译者

曹晓捷，CSCS，NASM-CES，EXOS-XPS，动作分析与体能训练专家，毕业于加拿大西门弗雷泽大学，之后于美国春田大学完成人体运动表现与运动康复学进修，于美国斯坦福大学完成营养科学进修。他曾担任赛普研究院院长、美国国家运动医学院中国项目负责人等职务，译有《人体运动平衡》与《终生动作发展》等运动学经典著作。

邢天宇，CSCS，腾讯体育橄榄球赛事解说，毕业于北京理工大学。他曾是美国职业橄榄球联盟中国腰旗橄榄球锦标赛裁判长兼北京赛区负责人。2019年，他效力于全国室内美式橄榄球职业联赛（CAFL）的北京雄狮队，担任主力角卫。

马震，MBA，NASM-PES，在美国俄勒冈大学获得硕士学位。他在校期间曾入选中国大学生美式橄榄球国家队，赴瑞典与墨西哥参加世界大学生橄榄球锦标赛。2016年，他效力于CAFL的大连龙王队。2018年至2019年，他在美留学期间效力于南雷恩秃鹰队并获得太平洋西北地区橄榄球联赛冠军。